日本で学ぶ
文化人類学

宮岡真央子・渋谷努・中村八重・兼城糸絵 編

昭和堂

はじめに

──日本で文化人類学を学ぶ──

「文化人類学」とは？

　「文化人類学」と聞いて，みなさんは何を思い浮かべるだろう。字面を一見しても，何を研究する学問か，すぐには察知できないかもしれない。

　私がこの学問に出会った大学生のころ，ある先輩との会話で，横浜の港近くの下町にある中華料理店の話題になった。料理はどれも安くて美味しく，特に餃子が有名だが，店構えも店内も非常に簡素で店員の応対も素っ気ない。そこでいろいろな人が実に楽しそうに食事するのを眺め，私自身も餃子の美味しさを堪能し，感激した。この経験について「どこにでも美味しいものはあって，みなそれぞれに楽しんでいるのだと思った」という感想を話したら，「それがわかれば，人類学をわかったのも同然だ」と笑顔で返された。当時はその言葉の意味がよくわからなかったのだが，今はある程度理解できる。どのような場所でも人々の生活は営まれ，それぞれに美味しいものが作られ食べられている。そこには自分の知らなかった別の生のかたち，豊かさが広がっている。そしてそれらは実に多様である。そこに行けば自分もその豊かさに触れられるし，共感することができる。そして自分の世界も広がる。先輩が言わんとしたのは，おそらくそのようなことだったのだろう。

　文化人類学という語は，「文化」と「人類学」という２つの部分から成る。「人類学」とは，文字通り人類を研究する学問を指す。それに「文化」という語が付き，人類を文化という側面から研究する，文化を営む存在としての人間を研究することを示す。文化人類学と類似する「社会人類学」「民族学」という学問名称もある。「文化人類学」がアメリカで広く用いられてきたのに対して，これらはそれぞれイギリスやフランス，ドイツやオーストリアなどで広く用いられてきた名称だが，今日では三者の違いが強調されることはあまりない。一方，人類学のなかには「自然人類学」という分野もあ

り，そちらは人類を生物学的・形質的な観点から研究する理系分野である。本書では，「文化」を省略した「人類学」「人類学者」という表記を，原則として社会人類学や民族学などをも含めた広義の文化人類学，文化人類学者の意味で用いる。その点をまず了解いただきたい。

　文化人類学の研究方法で特に大切にされているのが，フィールドワーク（現地調査）だ。他者のなかに分け入って暮らし，その社会における人々の日常生活の具体的なありよう，社会関係，知識や知恵や技術，コミュニケーションの方法，共有される価値や規範などについて，身をもって調べる。分け入る場所は，自分が暮らす所から物理的に近くても遠くてもどちらでもよい。調査対象となる人々の間に入り込ませてもらい，ラポール（信頼関係）を築き，その人々について共感をもって理解しようとする。このような調査で得られた個別具体的な経験や情報を，エスノグラフィ（民族誌）として記述する。そのなかで，文化が地域の環境や歴史や社会のあり方により大きく異なること（人類社会の多様性，個別性），しかしそのなかにも地域を越えて共通するような価値や規範も存在すること（人類社会の一様性，普遍性）を具体的に発見し，それを通じて人とはどのような存在なのかを考える。そしてさらには，人類のより多くの人が豊かに幸せに生きるためにどのような課題があるのか，それをいかに解決したらよいのかをも考えようとする。つまり文化人類学は，人について具体的に広く深く知り，自己を振り返りながら他者とともに生きるための知を学び，考え，切り拓く学問だといえる。なお，フィールドワークのより具体的な方法については，本書「おわりに――教室から出る」に詳述しているので，そちらを参照されたい。

「日本で学ぶ文化人類学」

　本書の書名は，「日本で学ぶ文化人類学」であり，「日本を学ぶ文化人類学」ではない。「日本」を主な題材として文化人類学を学ぶ，という趣旨である。この点は，本書の構想段階から，執筆者一同で幾度も検討し確認し合ってきた。本書の執筆者の過半は，人類学や社会学の立場から日本国内で調査研究をした経験をもつものの，海外での調査研究にも積極的に取り組ん

できた。そして，本書の執筆者はみな文化人類学の学界内で，必ずしもいわゆる「日本研究の専門家」とみなされてきたわけではない。とはいえ，みな（おそらく日本で人類学教育に携わる方の多くが同様であろうが），これまで文化人類学を講じる際に，聴く側がそれをなるべく「我がこと」として考えられるよう，その工夫の一つとして日本に関わる具体的事例を積極的に取り上げてもきた。本書は2008年から有志で続けている「東アジア人類学再考研究会」の成果の一つであり，2017年に刊行した『東アジアで学ぶ文化人類学』（上水流久彦・太田心平・尾崎孝宏・川口幸大編）の姉妹編にもあたる。その刊行後の研究会のなかで「日本を題材にした入門書があったら」という話がもちあがり，本書が生まれることになった。

　「日本研究の専門家」とはいえない集団が，大胆にもこのような書籍を世に問うことの強みをあえて挙げるとすれば，日本以外のフィールドを多く歩いてきた経験をもとに，そこから自分自身が生活する日本という社会を相対化して捉える視点をもつ，という点だろう。本書「おわりに」で渋谷のいう「『斜め』からみる視線をもつ」である。ゆえに本書は，日本の社会や文化に関する専門的な研究成果を網羅的に概説することを目指した書ではない。もちろん，文化人類学や隣接分野における日本に関する先行研究の優れた成果を参照している部分も少なからずあり，日本研究の一端をも学ぶことにはなるだろう。しかしそれにもまして，本書を手にした読者が文化人類学の概念や理論を学びつつ，それを日常のなかで生かして考え，日本社会を相対化して思考しようとする視点や手がかりを手に入れる機会を提供することを目指している。各章ではなるべく幅広い主題を扱うことを心がけた。本書が，読者自身の生活の場における文化人類学的思考の契機となれば幸甚である。

　なお，本書の執筆者が人類学研究をしつつ「日本研究の専門家」ではないという点は，日本の人類学の歴史に多少関わる事情でもある。従来日本で刊行された人類学の入門書で日本の人類学研究の歴史に言及したものは少なく，本書もいずれの章でも扱えなかったのだが，ここでそれについて簡単に触れておきたい。なぜなら，日本の人類学的営為の歴史は，日本における他者との関係，理解や表象のあり方の変遷の一端をも示すものであり，これに

ついて知ることは，現在の自分たちの他者との関係，理解や表象のあり方を相対化することに役立つと考えるからである。またそれは，人類学という学問の地域的な多様性の一例を学ぶことでもあり，さらに日本と周辺国家・地域との歴史的関係を振り返ることにもつながる。以下は，各自の興味に応じて適宜参照してもらえればと思う。

日本の人類学研究の歴史概略

　人類学は19世紀後半に欧米で生まれ，発展してきた（第1章参照）。今も理論的な中心は欧米の学界にある。しかし日本は，非欧米社会のなかでは比較的早くから人類学のフィールドワークと研究に着手した歴史と独自の研究蓄積をもつ。その起源は，1884年（明治17）に坪井正五郎（1863-1913）らが設立した「じんるいがくのとも」にさかのぼる（2年後に「東京人類学会」へと改称）。当初は日本各地の情報が中心だったが，帝国日本が領土を拡大するにしたがい，フィールドワークの場は台湾，朝鮮半島，中国大陸へと拡大し，坪井の高弟鳥居龍蔵（1870-1953）がその先頭に立った。坪井や鳥居は明治期の日本で人類学や人類の多様性に関する知識の普及に努めたが，1903年（明治36）に大阪で開かれた内国勧業博覧会で坪井が関与した「学術人類館」などでは，アイヌ民族や台湾の先住民族，沖縄の女性など生身の人間が「展示」される事件があった。

　一方，日本の統治下におかれた台湾と朝鮮半島，旧南洋群島（グアムを除く赤道以北のミクロネシア）では，統治政策の一環として各種調査研究がなされた。1920年代には京城（現ソウル）と台北にそれぞれ帝国大学が設立され，宗教や民族史などの学術的研究も進んだ。1940年代には旧満州でも建国大学や満鉄調査部などによる各種調査が行われた。欧米の人類学の展開の背景に帝国主義や植民地主義が大きく関与してきたことは1970年代から盛んに指摘され議論されてきたが，同様のことは日本にも当てはまる。そしてこれらの研究蓄積は，今日現地社会においても批判的検証を交えつつ，自社会に関する早期の記録・研究として参照・利用もされている。

　他方，東京では1934年（昭和9）に今日の「日本文化人類学会」の直接の

前身となる「日本民族学会」が発足し，欧州留学帰りの岡正雄（1898-1982）や石田英一郎（1903-1968）らが集い，私設研究所「アチックミューゼアム」を主宰した渋沢敬三（1896-1963）が資金援助をした。この翌年には，柳田國男（1875-1962）を中心に日本研究に重点をおく「民間伝承の会」も発足し，これが後に「日本民俗学会」となる。また既存の「東京人類学会」は自然人類学へと専門化し，1941年（昭和16）に「日本人類学会」へと改称した。以来，各分野の学会組織は分離され，時に学際的協働をする関係にある。この時期を境に明治期以来の文化の研究には，海外を主対象とする文化人類学と，日本を主対象とする民俗学というゆるやかな棲み分けが次第に生じた。ただし，いうまでもなく日本においても，日本を対象とした優れた人類学研究は少なからずなされてきたし，今日は増加傾向にある。

　敗戦を経て1950年代以降，東京大学，東京都立大学，京都大学などで人類学の教育研究が始められた。これを主導したのは石田，岡のほか，京城と台北でそれぞれ人類学を修めた泉精一（1915-1970），馬淵東一（1909-1988），戦中期の大陸などで探検調査を行った今西錦司（1902-1992）らだった。1960年代の高度経済成長期以降，日本の人類学者のフィールドは文字通り世界各地へと漸次拡大した。研究拠点となる国立民族学博物館が1974年（昭和49）に大阪に開館し，大学での人類学教育の場も大幅に増加し，今日に至る。

　このように日本の人類学は，日本の近現代とともに歩を進め，「日本人とは何か」という問いと表裏の関係で，他者研究をしてきた（第2章参照）。この歴史に興味を抱いた読者は，山路勝彦『近代日本の海外学術調査』，山路勝彦編『日本の人類学——植民地主義，異文化研究，学術調査の歴史』，中生勝美『近代日本の人類学史——帝国と植民地の記憶』などを手がかりに，ぜひ詳細を辿ってみてほしい。

　以上，前置きが長くなった。ここからいよいよ，日本で文化人類学を学んでみよう。

　　　2021年8月1日

　　　　　　　　　　　　　　　　　　　　　　　　　宮岡真央子

目　次

第1章

文化と出会う

自分と世界を豊かにするために

宮岡真央子

相撲（sumo）は今日多くの国で男女ともに愛好され，国際大会も
盛んだ。写真は，第7回国際女子相撲選抜堺大会の無差別級で準
優勝した台湾選手の表彰の様子（2019年，大阪府堺市，中華民国相撲協
会撮影・提供）

1 他者との出会いで生じる驚き，戸惑い，嫌悪

(1) 他者の意外性

　他者との出会いとやりとりは意外性に満ちている。相手が自分とは異なる
存在だからこそ，新たな発見により喜びも生じる。しかし，時に驚きや戸惑
いや嫌悪の感情を抱くこともある。みなさんにそのような経験はないだろう
か。それはまた，どうしてだったのだろう。友人との会話，旅先での出来事

など，思い出してみてほしい。

　他者の意外性の背景には，しばしば文化の違いが存在する。その違いが大きいほど，反射的に拒否や否定をしてしまうこともあるかもしれない。しかし，驚きや戸惑いや嫌悪を感じつつ，自分の常識が揺さぶられることもある。その過程で，私たちは目の前の他者を理解しようとし，自分自身を問い直す。異なる価値や規範の間での摩擦や葛藤が社会的な議論を生み，それらのいずれかあるいはどちらもが見直されることもある。

　今日の日本社会で議論されているものの一つに，大相撲における「土俵に女性を上げない」という規範が挙げられる。

(2)　大相撲の土俵の聖性

　相撲に類する格闘技は，古くから世界各地の民族の間で行われてきた。日本で相撲は，農耕生産の吉凶を占い，神意を伺う神事として古来発達し，宮廷行事や地域社会の祭礼における「奉納」など，儀礼的競技として広く盛んに行われてきた。他方，それらは地域社会における娯楽的競技でもあり，今日まで人々に親しまれている。

　プロ力士の相撲の場である大相撲は，興行でありつつ，様々な儀礼的・宗教的要素を維持している。その代表が土俵である。大相撲の土俵は，毎回の場所ごとに行司によって土と俵で新たに造られ，初日午前に儀礼「土俵祭」が行われる。大相撲の主催団体である公益財団法人日本相撲協会（以下，日本相撲協会）の説明によれば，「土俵祭とは立行司が祭主となり，祝詞を奏上し，供物を捧げて場所中の安全と興行の成功，さらには国家の安泰，五穀豊穣を祈念するもの」であり，「土俵の中央に穴を開け，塩，昆布，するめ，勝栗，洗米，かやの実などの縁起物が沈められ」る（日本相撲協会ウェブサイト）。この儀礼により土俵には神が迎えられ，土俵はその外側とは異なる特別な空間，「聖域」となる。そして，この聖域とされた土俵に，女性を上げない。これは「伝統」として維持されてきたという。大相撲の力士をはじめ，相撲の取り組みを支える行司，呼出などにも女性は皆無である。

　最終日の表彰式で日本相撲協会の会員以外の人が土俵に上がる場面がある

が，その場合も男性だけが許されている。目的や身分を問わず，女性が上がることは認められていない（2021年3月末現在）。例えば，1990年1月に森山真弓内閣官房長官が内閣総理大臣杯を代理で優勝力士に授与しようとしたが，その申し出は断わられた。2000年3月の大阪春場所では，太田房江大阪府知事が府知事賞を渡すことを拒否された。さらに2018年4月，京都府舞鶴市での大相撲春巡業で挨拶のために土俵に上がった同市長が発作を起こした際，場内にいた看護師を含む女性2人が救命目的で土俵に上がり応急措置をしたところ，動揺した若手行司が「女性の方は土俵から下りてください」などと複数回アナウンスした。その後に日本相撲協会理事長は「人命にかかわる状況には不適切な対応」だったと謝罪した（朝日新聞2018年4月6日朝刊）。この大相撲の「伝統」には，その後複数の地方自治体の女性首長からも異議が表された。それらを受け，同理事長は後日あらためて談話を発表した。女性差別の意図は一切なく，女性を土俵に上げない理由は「第一に相撲はもともと神事を起源としていること，第二に大相撲の伝統文化を守りたいこと，第三に大相撲の土俵は力士らにとっては男が上がる神聖な戦いの場，鍛錬の場であること」で，特に3点目が大きいとしたうえで，今後外部意見も参考にこの問題を検討すると表明した（読売新聞2018年4月29日朝刊）。

　日本相撲協会の「伝統」と社会一般の通念や男女共同参画の理念，両者の間の葛藤をいったいどのように考えればよいだろう。

(3)　摩擦や葛藤を超えるために

　このような文化の違いを背景とした異なる価値の間の摩擦や葛藤を考える際，文化人類学は間違いなく役に立つ。その一端を示すべく，この章では，第2節で文化人類学における「文化」の概念を，第3節で異なる文化を理解するときの態度・姿勢である「文化相対主義」について概説する。そして第4節で，異なる規範や価値の間で摩擦や葛藤が生じたとき，どのように考え，折り合いをつけようとするのかという問題について，上の大相撲の土俵の例をもとに考えてみたい。

2　文化という概念の諸相

(1)　「複合的全体」「生活様式の体系」

　文化の定義は，人類学者の数ほどあるといわれる。なかでも古典としてよく知られるのは，イギリスの文化人類学者エドワード・タイラー（Edward B. Taylor, 1832-1917）が1871年刊行の著書『原始文化』に記した次のものである。

　　　〈文化〉または〈文明〉とは，民族誌的な広い意味で捉えるならば，知識，信念，技術，道徳，法，慣習など，社会の成員としての人間が身につけるあらゆる能力と習慣からなる複合的な全体である。　　　　　（タイラー 2019：9）

　タイラーのこの定義で重要な指摘は3点ある。まず，文化が個人を超えて社会により共有されるものだという点，次に，文化が生得的なものではなく後天的に学習され獲得されるものだという点，そして文化が全体性をもち総体的なものだという点である。タイラーの指摘したこの3点は，今日まで文化という概念についての共通理解となっている。

　20世紀アメリカの文化人類学では，文化を「生活様式の体系」あるいは「生活様式の総体」と表現することが主流になる。クライド・クラックホーン（Clyde Kluckhohn, 1905-1960）による，文化は「一民族の生活様式の総体，個々の人間が集団から受け取る社会的遺産である」という定義がその一つである（クラックホーン 1971：34）。

　日本人が家に戻ると玄関で靴を脱ぐ，食事の際に「いただきます」と言うなどの行為は，半ば無意識のうちになされる。日常を生きる諸個人は，自分や自分の属する社会の「生活様式」の全体像を俯瞰的には捉え難い。文化は，そのなかで生きる人には自明（意識しないほど当たり前）のものだからだ。それを異邦人としての人類学者が捉えようとして用いた概念が，文化だともいえる。この当事者にとっての文化の自明性，他者にとっての文化の非

自明性を，クラックホーンは地図の比喩を用いて説明する。

> 文化とは地図のようなものである。地図が土地そのものではなく，特定の地域の抽象的表現であると同じように，ある集団の言語，行動，器物などにみられる統一性を志向する諸傾向を抽象的に記述したものが文化である。地図が正確で，人間がそれを読むことができさえすれば，道に迷うことはないように，ある社会の文化がわかっていれば，そこで暮らしていくのに戸惑うことはないであろう。
> 　　　　　　　　　　　　　　　　　　　　　（クラックホーン 1971：35）

ある土地で生まれ育った者はその土地の地図を必要としない。地図を必要とするのは，その土地の人々にとっての他者である。地図を手に入れてこそ，つまりその土地の文化を理解してこそ，そこで生きる人々の行動や言葉の意味が理解できるというわけだ。

(2)　「意味の網の目」「環境適応の手段」

　以上をふまえ，クリフォード・ギアーツ（Clifford Geertz, 1926-2006）は1973年刊行の『文化の解釈学』で，「人間は，自分自身がはりめぐらした意味の網のなかにかかっている動物であると私は考え，文化をこの網として捉える」という有名な定義を示した（ギアーツ 1987：6）。そしてタイラーの定義と対比させ，以下の2つの考え方を提示した。

> まず第一は，文化は，大体今日までそうであったように，具体的な行動様式の複合体――慣習，慣例，伝統，習慣――としてではなく，行動を支配する制御装置――計画，処方，規則，指示（コンピューター技師が「プログラム」とよぶもの）――として見られるべきであるという考え方である。第二の考え方は，人間は人間の行動を秩序付ける，遺伝を越え，身体の外にある制御装置，すなわち文化的プログラムに何よりも依存する動物であるというものである。
> 　　　　　　　　　　　　　　　　　　　　　　　（ギアーツ 1987：77）

ギアーツの見方は，クラックホーンらの見方をさらに抽象化させ，文化を意味，象徴（シンボル）の次元で捉えるものである。例えば，相手に対して腰を折り曲げて頭を下げる動作は何を意味するか。日本ではそれが相手への挨拶や敬意を表す「お辞儀」だと誰もが知っている。相手には自分の姿が見えない電話口で礼や詫びを伝えるとき，無意識のうちに頭を下げていることもある。これなどは，まさに身体が文化的プログラムに制御されている例である。このような身体動作を無意識のうちに行う能力は，日本で生活するうちにその文化的プログラムに制御された結果，身についたものである（遺伝によるものではない）。また，その動作を見てただちに意味を了解する能力も，同様の文化的プログラムにある程度制御されて身につく。人は共通の文化的プログラムのうちにあってこそ，互いの言葉や行動の意味を説明なしに理解しあえる。今日，人間は世界に意味を与え解釈する動物だというこのギアーツの見方は，文化人類学で広く受け入れられている。

加えてもう一つ，文化についての重要な指摘は，文化が自然環境への適応の手段であるという点である。これは，主にアメリカで「新進化主義」「文化生態学」という立場をとるジュリアン・スチュワード（Julian H. Steward, 1902-1972）らにより議論されてきた（スチュワード 1979）。例えば昆虫食は，身近な自然環境から動物性タンパク質やカルシウムを手軽に効率よく摂取できる優れた食の形態であり，世界各地で古くから用いられてきた。日本でも各地に様々な昆虫食がみられるが，イネの「害虫」として大量に捕獲されたイナゴを佃煮にするのはその一例である。

文化を意味の網の目とする見方，文化を自然環境への適応の手段とみる見方，どちらが正解という話ではない。いずれも文化という概念をめぐる妥当な指摘である。

(3) 文化概念の見直し

文化の概念は，その後も今日まで検討が加えられてきた。まず批判されたのは，上述の文化概念で前提となった土地−民族−文化の結び付き，アメリカの人類学で「文化」がcultures と複数形で表され，社会の境界に対応し

て文化にも明確な境界があるように観念された点である（リーチ 1985：46-48）。多くの社会の内部には，階層，複数の民族集団や異なる信仰などが存在し，それぞれに独自の衣食住のスタイルやマナー，言葉遣いなどがある。文化は多様なものが混在・混淆し，多元性をもつため，境界線で区切ることは難しい。日本において様々な地域や集団が独自の歴史や文化的特徴を育んできたこと，隣接する国々とも共通するような文化的要素が多くみられることを想像してほしい（第2章参照）。文化は必ずしも社会や国家の枠組みに区切られて存在しているわけではない（第13章参照）。そして文化の流動，混淆，変容は20世紀終盤からのグローバリゼーションにより加速している。

　また，エドワード・サイード（Edward W. Said, 1935-2003）の『オリエンタリズム』を機に，西洋の文学や人文科学が植民地主義的・帝国主義的な権力関係を背景に，他者としての「東洋」を表象してきたことが広く認識されるようになる（サイード 1993）。人類学においても，ジェームズ・クリフォード（James Clifford）らの『文化を書く』により，民族誌を書くという人類学者の行為の特権や政治性が鋭く問われた（クリフォード／マーカス 1996）。歴史学からは，従来「伝統」と認識されてきたものの多くが実は近代に新たに創られたものであるという「伝統の創造論」が提示された（ボブズボウム／レンジャー 1992）。このような思潮を背景に，文化と政治権力との結び付き，そして文化の構築性という側面は，今日の文化の理解に欠かせない観点となった（第9章参照）。ただし，たとえ権力者から押しつけられたり新たに創られたりした文化であったとしても，それはある人々にとっては日常を構成する生きられた文化でもあることに留意しておきたい（コラム10参照）。

　さらに近年，人という存在をモノや科学技術や他生物種など人以外の存在との関係性のなかで捉え直すアクターネットワーク理論（ラトゥール 2019）に依拠し，従来の人類学の前提としてあった「自然／文化」という西洋的二元論，あるいは人という概念そのものを問い直す動きが進む。例えば，スマートフォンの電源が切れて立ち往生する。蚊に刺されないよう服を着替える。このとき，スマートフォンや蚊は，人に働きかけ行動を起こさせる存在である。人との間で行為の主体的作用として働く存在を，人であれ人以外で

あれ，エイジェンシー（和訳は「行為主体性」など）と呼ぶ。人以外の存在をもエイジェンシーとして人との関係性を軸に捉えることで，従来の人間を中心とした文化の概念は大きく変更されつつある（宮武編 2007，奥野他編 2019など）。

3　文化相対主義という方法あるいは態度

(1)　「進化」のものさしとそれを脱した文化人類学

　前節で引用したタイラーによる文化の定義では，「文化 culture」が「文明 civilization」といいかえられていた。タイラーを含めた19世紀西洋の社会科学者たちは，産業革命を経験し高度な物質文化の繁栄と市民社会を築いた西洋の文明が，自らとは異なる非西洋社会——文字をもたない，金属器を用いない，唯一神を信仰しない，あるいは国家に相当する政治的統合体をもたないような社会——の文化に比べ，「進化」した状態にあると考えた。タイラーによれば，両者の違いは「発展ないし進化の段階の違いによるもの」で，「低級な諸部族の文明」は「発展」「進化」すればやがて「高級な諸民族の文明」と同等の「水準」になるという（タイラー 2019：6）。

　進化論といえば，ダーウィンの『種の起源』を想起するが，文化（社会）進化論はこれとはまったく異なる。ダーウィンの生物進化論は生物種の多様性を説明したが，タイラーの文化進化論は，同一種である現生人類（ホモ・サピエンス）の集団間の文化の違いを，発展の度合いという尺度で説明した。つまり，人類の文化は，低度な状態から高度な状態へと一系的，直線的に進化するもので，眼前に観察される集団間の文化の違いは，それぞれが直線的進化の過程の諸段階に位置することを示すと考えたのである。これは実証的でなく机上の空論だったが，西洋の近代文明を進化の頂点に据える優越意識に基づき，西洋による他者支配を正当化する理論として当時歓迎された。モーガン（Lewis H. Morgan, 1818-1881）の『古代社会』，フレイザー（James G. Frazer, 1854-1941）の『金枝篇』も，同様の文化（社会）進化論に基づく。後に「肘掛け椅子の人類学者」と呼ばれた彼らの壮大な進化論は，

20世紀のフィールドワークに基づく人類学により否定される。

　その若い世代の一人が，1915〜18年，のべ2年半にわたりニューギニアの東に浮かぶトロブリアンド諸島に滞在したポーランド出身の文化人類学者ブロニスワフ・マリノフスキ（Bronislaw K. Malinowski, 1884-1942）だった。マリノフスキは，オーストラリア滞在時に第一次世界大戦が勃発し，敵国人との理由で当時の留学先イギリスに戻れなくなった。それを機に，従来の人類学者よりもずっと長い時間をフィールドワークに費やし，この海域の男性たちが島を結んで行う貝の装飾品の交換活動「クラ」に焦点を当てたエスノグラフィ『西太平洋の遠洋航海者』を1922年に刊行した（マリノフスキ 2010）。

　マリノフスキはこの書において，クラがこの社会の信仰や経済や威信などとどのように関係し，どのような価値をもつのかを明らかにし，それらを「統一的全体」として示した。前時代の人類学者のように宗教，技術，社会組織など個別の事項だけを切り取り，単系的な進化の図式に断片的に並べるという方法を，マリノフスキは拒絶し，社会全体を理解しようとしたのである。同書の最終的目標は「人々のものの考え方，および彼と生活との関係を把握し，彼の世界についての彼の見方を理解すること」であり，それは「人間を研究」することだと述べる（マリノフスキ 2010：65）。この著作からは，この地域固有の慣行や価値とともに，他地域にも通じる人類普遍ともいえる価値があることを知ることができる。

　このようにして20世紀のフィールドワークという方法を得た実証的な人類学研究は，19世紀の文化（社会）進化論を脱し，それを科学的に誤った理論として否定した。

(2) 文化相対主義という方法

　文化（社会）進化論を乗り越えた文化人類学が獲得した異文化理解の重要な概念が，文化相対主義（cultural relativism）である。文化相対主義は，一見奇異に思える慣習や行動も，その文化全体の他の要素と有機的に結び付き，それらとの関係のなかで意義や価値をもつとみなす。それゆえにどの文化もそれぞれに価値があり，対等なものとして尊重されねばならない，と考

える。今日の文化人類学者はこれを前提に，異なる文化に接した際，まずは
価値中立的な態度をとろうとする。異なる文化どうしの優劣を即座に判断す
ることはしない。

　文化相対主義は，アメリカの文化人類学の父といわれるフランツ・ボアズ
（Franz Boas, 1858-1942）とその弟子たちによって整えられてきた。弟子の一
人，メルヴィル・ハースコヴィッツ（Melville J. Herskovits, 1895-1963）は，
文化相対主義が「それぞれの社会がその成員の生活を導くために打ち立てた
価値を認め，あらゆる慣習に内在する尊厳と，自身のものとは異なる伝統へ
の寛容の必要性とを強調する哲学」であり，その核心は「文化の違いの尊
重，それも相互の尊重の態度を養うこと」だと述べる（Herskovits 1948: 76-
77，訳は沼崎 2006：63による）。ハースコヴィッツの議論を概括した沼崎一郎
は，文化相対主義が，文化が複数存在しそれぞれが対等であることを承認す
る哲学であり，文化相対主義の実践とは，「文化の複数性と対等性の承認と
いう理念を，実際の異文化交流の場面に応用することなのだ」と論じる（沼
崎 2006：65）。

　前項で述べた文化（社会）進化論は，西洋近代文明を人類の最も高度な文
化と前提していた。そのように自民族の文化に最高の価値をおき，その枠組
みで異文化を判断する態度や考え方を自民族中心主義あるいは自文化中心主
義（ethnocentrism）という。文化の定義でみたように，人間はそもそも自文
化の枠組みでものを理解し判断する生き物であり，自民族中心主義的であ
る。しかし文化相対主義は，それを乗り越え，他者を理解しうる視点を人類
にもたらしたのだ。

(3) 文化相対主義批判——2つの観点から

　文化相対主義により，他者理解と対話は可能になる。文化人類学はそのよ
うに考えてきた。とはいえ，実は，文化相対主義は，2つの観点から批判も
されてきた。ただしあらかじめ断っておけば，それらの批判は文化相対主義
に対する誤解や誤用から来たものである。

　まず，普遍主義の観点からの批判である。文化の相対性を過度に強調する

ことが，人類に普遍的な価値の存在を軽視または否定することにつながりかねない，というものだ。異なる文化がそれぞれに価値をもつとして，もしそれらの間に何らかの共通価値を見出そうとしなければ，共感をもって他者を理解することは難しい。例えば，大相撲の土俵に女性を上げないという慣行は，土俵の聖性を大切にするために維持されている「伝統」であり，大相撲界の独自の価値だと認める。だがそれと男女平等の実現を目指す一般社会の共有する価値とは相容れない。両者の違いだけを強調すれば，対話は成立しなくなる。その結果，文化相対主義にかこつけて他者に対して無関心・無理解のまま，他者との対話を拒絶してしまう可能性もある。「彼らには彼らの考え方があるならば，好きにやらせておけばよい。しかしそれは自分たちとは関係ない話だ」という具合である。あるいは「これは私たちの文化だから文句は言わせない」式の自らの主張を正当化する道具立てに使われる可能性もある。どちらにせよ，結局は他者との間の交通を遮断し，自文化中心主義に陥ってしまう。

　もう一つは，上にも関係するが，倫理的観点による批判である。文化相対主義に則って客観的・中立的立場から異文化の意義や価値を説くことが，結果的に道徳的・倫理的問題を放置する可能性をもつというものだ。人権や生命に関わる課題について，この点は深刻である。例えば，親が定めた婚約者以外の男性との交際や婚外交渉など，家族や一族の「名誉を汚す」とされる行いをした女性が，家族により殺されてしまう「名誉殺人」という慣行がある。これについて，当該社会の名誉や共同体の観念に基づいて理解しその意味を説明したところで終われば，結果的に名誉殺人を肯定し放置することにつながりかねない。

(4) 文化相対主義批判に対する反論

　しかし，これらの批判は，文化相対主義を誤って解釈したり部分的に適用したりした結果，なされたものである。まず普遍主義との関係についての議論をみてみよう。

　浜本満は，文化相対主義の最も重要な特質は，「自文化の自明性と絶対性

に対する疑いから発する他者への関心，他者が示す差異への関心に突き動かされた脱中心化の運動」だという（浜本 1996：72）。この文化相対主義の「他者が自己の相対化の契機となる——他者を知ることが自らの世界の相対化につながる——という構図」は，普遍主義にも内在する（浜本 1996：88）。それゆえに，文化相対主義は自文化中心主義を否定するものであっても，普遍主義を否定するものではない。そして文化相対主義がなお普遍主義と異なるのは，他者との対話を通じて，自らが「普遍」と信じてきた観念——例えば，自然を普遍的，文化を相対的なものと腑分けするような——を確認し，それをも相対化して捉える契機となりうるという点である（浜本 1996：91）。

　倫理的観点からの批判については，文化相対主義に対する認識の違いからくる誤解だという反論が可能である。すなわち，文化相対主義は，異文化に対したとき「自文化のバイアスを自覚し，性急な判断をしないことを求める」ものである（鈴木 2014：71）。とはいえ，異なる価値の衝突や相剋はしばしば起こりうる。そのとき人類学者は，文化相対主義により判断を放棄することを求められているわけではない。鈴木紀は，「ある程度異文化に関する洞察を試みた後，人類学者は一時停止を解除して，異文化の判断に向き合わざるをえない」のであり，「そこでは，異文化の論理と自文化の論理，そしてそれらを止揚した先に立ち現れる普遍的な人間性をめぐって，何が正しいのかを判断することになるだろう。そうした検討をへて，研究対象の文化に対する一定の価値判断に至ることが『異文化を尊重する』ということの真の意味ではないだろうか」と述べる（鈴木 2014：71）。つまり文化相対主義は対話をするために必要な構えなのだといえる。

　文化相対主義は，浜本がいうように，何よりもまず他者の世界を知ることにより自己の相対化を促す契機である。その先に見出せるかもしれない普遍的価値や共通理解を必ずしも否定するものではない。そして，対話やその先にある価値判断を否定するものでもない。

　それでは，先ほどみた沼崎のいう「文化相対主義の実践」とは，どのようなものなのか。次節で，大相撲の土俵の例に立ち返り，考えてみよう。

4 異なる価値と出会い，考えてみよう

(1) 日本における女人禁制

　日本各地で古くから信仰される山，古くから行われる祭りや行事には，女性の立入りを禁じるものが少なくない。修験道の行場である奈良県の大峯山は，今日まで宗教的聖地として女性を入れない。西日本各地の農村で各家の代表が集まって年に一度行われる宮座などの祭祀は，多くの地域で一部始終が男性のみで行われてきた。さらには，山の神は女だから嫉妬するといった理由で，かつてトンネル工事の現場に女性は入ることができなかった。

　このような宗教的な聖域や祭祀の場における女性の排除を「女人禁制」という。これについて人類学者の鈴木正崇は，「女性の生理にかかわる妊娠・出産・月経などの特定の時を忌みと称して，祭場や聖地への立入りを禁じ，一定期間の後は解かれる一時的な女人禁制と，女性そのものを排除して祭場・社寺・山岳といった空間に恒常的に立入りを禁ずる永続的な女人禁制に分けられる」という（鈴木 2002：6）。月経中の女性が神社の参拝を避けたのは前者にあたる。相撲の土俵への女性の立入り禁止は，後者である。

　歴史をひもとけば，古来の山岳信仰において聖地であり修行場であった山（聖山）では修行僧や僧侶以外の俗人の立入りが禁じられていた。その後，仏教が男性中心に展開し，修行も男性中心に整備されるなか，男女双方に課されていた入山規制が，次第に女性の排除，女人禁制の禁忌となった。中世後期，中国伝来の偽経『血盆経』の影響が強まり，女性の「血穢」による罪悪が強調され，女性の劣位性が確立したという（鈴木 2017：109-111）。そして，ほかの宗教的な場でも女性の排除は上記のように様々に行われてきた。

　女性初の横綱審議委員を務め，大相撲の女人禁制を研究した内館牧子によれば，大相撲の原型は室町末期に始まった寺社の建立・修理への寄付を募ることを目的とした勧進相撲にある。江戸期に入り勧進相撲は一度禁止され，1684年の再開後に土俵が設けられるようになった。そして18世紀末には，宗教性を帯びた横綱の制度が生み出されるなど聖性が加えられていった。相撲

の権威を誇示するため，相撲集団が戦略的に相撲の様式に聖性を帯びさせ禁忌を設けたのだとみる（内館 2006：110-114）。

　内館は，今日女人禁制が維持される理由は，「血穢の名残り」よりも「今まで守ってきた何かが消える」という恐さや淋しさが大きいと主張する（内館 2006：224-225）。鈴木は聖山の女人禁制について，「近代以降の人権の尊重や差別の廃止を前提とする状況においては，〈穢れ〉のような前近代概念は慎重に腑分けされ，女人禁制は『伝統』と読み替えられ，近代と接合する新たな言説を紡ぎ出してきた」という（鈴木 2017：108）。冒頭にみた日本相撲協会の「伝統」言説も，これと同様のものといえよう。

　つまり，日本における大相撲の土俵を含む多様な女人禁制は，中世以来の宗教的慣行，伝統文化として維持されてきた。文化相対主義の立場から，まずはそう理解できる。

(2)　理解と呼びかけ

　文化相対主義により，他者理解と対話は可能になる。文化人類学はそのように考えてきた。しかし，大相撲の土俵の女人禁制の例では，大相撲界の視点に立ちその価値をある程度は理解し，その意味を説明しえたとしても，私には釈然としない気持ちが残る。今日の大相撲は，「公益財団法人」である日本相撲協会が主催し「国技」を名乗る。公共放送を通じて日本全国や海外で親しまれている。そのような公益性と公共性を有する場で，「伝統」という理由で女性だけ土俵から排除されることを肯定してよいのか。男女の格差，女性排除の社会的風潮がまだまだ根強い日本社会の現状を，結果として肯定することにはならないか。

　先述の通り，相撲に今日のような形態の土俵が誕生したのは江戸時代のことであり，土俵の女人禁制もそれ以降のことである。また，女性が相撲をとることがまったくないわけでもない。江戸期から昭和初期までは女相撲の興行があり，地域社会で伝承されてきた例もある。そして，相撲の国際競技化を目指す動きのなか，競技としての女子相撲は1997年に初めて全国大会が開催され，今日では国際大会も行われている（日本女子相撲連盟ウェブサイト）。

それゆえに，力士は男性のみ，土俵は女人禁制とするのは，江戸期の勧進相撲を前身とする今日の大相撲に限定される。このことはまず確認しておきたい。

　大相撲の「伝統」とされる土俵造りを見学した内館牧子は，材料が土と俵のみで，男40人が4日間をかけすべて手作業により行われた土俵を眺め，「畏怖を感じた。男だけで守ってきたものを，守り抜けばいいではないかと思った」といい，土俵の女人禁制維持を支持する（内館 2006：173-174）。また，先にも引用した人類学者の鈴木正崇は土俵祭を見学し，「この儀礼を見て，なぜ協会がかたくなに『伝統』にこだわるかがわかった」という。土俵に上がるには精進潔斎を必要とし，当事者は「土俵は神が宿るという意識はあります」「土俵は聖域って，もちろん意識してますよ」と語るのだといい，土俵祭でのカミの来臨が観念され信じられていることを確認する（鈴木 2019）。

　聖域としての土俵が造られる過程を実見した内館と鈴木はどちらも，大相撲の「伝統」とその価値をある程度理解し尊重したうえで，土俵の女人禁制を維持しながら問題を解決できる新たな方法として，土俵の神送り後，つまり行司の胴上げ後に表彰式を行うことを提言した。聖性の解かれた土俵ならば，女性を上げることも論理的に問題はない（そもそも神送り前の土俵での表彰式で，精進潔斎をしていない男性を上げている現状は論理的矛盾を抱えているとも指摘された）（内館 2006：238-243，鈴木 2019）。両者とも現代の日本社会においてどのようなあり方が望ましいかを模索し，一定の結論を導こうとした。鈴木は「相撲協会は，『創られた伝統』を柔軟に活用して，存続する智恵や方策を検討すべき時期にきている」と明言もした（鈴木 2019）。文化が変化を伴うものであり，折衷や融合もありうるという認識のもと，日本相撲協会への応答を呼びかけたのである。

⑶　留意しておきたい点──権力との関係

　ここでもう一つ留意しておきたい点がある。自らの価値を押し通すために文化相対主義を理論的根拠として用いることは，自文化中心主義に陥ること

を意味する。とりわけ権力をもつ強者の側がそれを行うことは，弱者を排除し抑圧する暴力となりうる。日本相撲協会はその前身期も含め，古くから寺社や国家など権力と近い位置に自らをおいて存続してきた。その日本相撲協会が，「伝統」の名のもとに土俵の女人禁制を維持することが妥当か否か，その点でもやはり慎重な考察が必要とされよう。

　2019年10月，英国の公共放送 BBC は，「女性が未来を動かすとすれば，未来はどのような姿になるだろうか」をテーマに，世界各地から「2019年の女性100人」を選び発表した。そのなかに，女子相撲選手の今日和氏（当時立命館大学 4 年生）がいた。これを受けた大学によるインタビューで，今氏は以下の言葉を語った。

> 世界中の子どもたちのために様々な固定観念に対して女子相撲という分野で闘っています。今後も Beyond Borders という言葉を大切に，何ごとにも限界を決めず，自分らしく頑張っていきます。　　　　（立命館大学ウェブサイト）

　今氏は相撲を世界に広めるべく，大学卒業後は実業団に入り，相撲を続けているという。もちろん，競技としての相撲と興行としての大相撲は別物である。しかし日本社会における「相撲は男のもの」という固定観念を前に，境界を越えていこうとする女性たちがいる。

　日本相撲協会は，大相撲土俵の女人禁制をめぐり，今後どのような応答をするだろう。みなさんは，この問題をどのように考えるだろう。

⑷　文化と出会う——自分と世界を豊かにするために

　文化人類学者は，捉えどころのない文化を捉えることに奮闘してきた。文化を知ることは，他者を知ることであり，自分を知ることであり，人間とは何かを考えることでもある。それゆえにこの営みは，他者理解ばかりではなく自己を省察・批判する視点をもたらし，他者との対話の契機となる。文化人類学の視点，文化相対主義の考え方を身につけることで，自分は豊かになる。そして，豊かになるのは自分だけではない。対話により，他者との摩擦

や葛藤が解消される契機が生まれるのだとすれば，それはより多くの人の生が豊かになる，つまり世界を豊かにすることにもつながる。

　文化は私たちの日常そのものである。文化と出会うことは，すぐにでも始められる。みなさんも文化人類学の視点や考え方を身につけ，他者と出会い，文化と出会い，対話と思考を続けていこう。

参考文献

内館牧子　2006『なぜ女は土俵にあがれないのか』幻冬舎。

奥野克巳・シンジルト・近藤祉秋編　2019『たぐい』1，亜紀書房。

ギアーツ，C　1987『文化の解釈学Ⅰ』吉田禎吾・柳川啓一・中牧弘允・板橋作美訳，岩波書店。

クラックホーン，C　1971『文化人類学の世界——人間の鏡』外山滋比古・金丸由雄訳，講談社。

クリフォード，J／G・マーカス編　1996『文化を書く』春日直樹・足羽與志子・橋本和也・多和田裕司・西川麦子・和邇悦子訳，紀伊國屋書店。

サイード，E　1993『オリエンタリズム』上・下，今沢紀子訳，平凡社。

スチュワード，J　1979『文化変化の理論』米山俊直・石田紙子訳，弘文堂。

鈴木紀　2014「開発」山下晋司編『公共人類学』東京大学出版会，69-84頁。

鈴木正崇　2002『女人禁制』吉川弘文館。

鈴木正崇　2017「〈穢れ〉と女人禁制」『宗教民俗研究』27：102-127。

鈴木正崇　2019「相撲と女人禁制をめぐって問われていること」『中外日報』28468：7（3月22日付「論」）中外日報社（https://www.chugainippoh.co.jp/article/ron-kikou/ron/20190322-001.html，2021年8月7日閲覧）。

タイラー，E　2019『原始文化』上，奥山倫明・奥山史亮・長谷千代子・堀雅彦訳，国書刊行会。

沼崎一郎　2006「文化相対主義」綾部恒雄編『文化人類学20の理論』弘文堂，55-72頁。

浜本満　1996「差異のとらえかた——相対主義と普遍主義」清水昭俊編『思想化される周辺世界』岩波講座文化人類学12，69-96頁。

ホブズボウム，E／T・レンジャー編　1992『創られた伝統』前川啓治他訳，紀伊國屋書店。

マリノフスキ，B　2010『西太平洋の遠洋航海者』増田義郎訳，講談社。

宮武公夫編　2007「特集　科学技術の人類学」『文化人類学』71（4）：483-559。

ラトゥール，B　2019『社会的なものを組み直す——アクターネットワーク理論入

門』伊藤嘉高訳，法政大学出版局。

リーチ，E　1985『社会人類学案内』長島信弘訳，岩波書店。

Herskovits, M. 1948. *Man and His Work*. New York: Alfred A. Knopf.

（ウェブサイト）

日本女子相撲連盟「女子相撲とは」https://joshisumo-renmei.jp/html/jyoshisumo_
　toha.html（2021年8月7日閲覧）。

日本相撲協会「協会からのお知らせ」2019年11月9日付「大相撲11月場所『土俵祭』
　のご案内」http://www.sumo.or.jp/IrohaKyokaiInformation/detail?id=283（2021
　年8月7日閲覧）。

立命館大学2019年10月17日付記事「NEWS & TOPICS 英国BBC が選ぶ『2019年の
　女性100人』に相撲部今日和さんが選ばれました」http://www.ritsumei.ac.jp/
　news/detail/?id=1535（2021年8月7日閲覧）。

●課題●

1 今日における昆虫食の展開について具体的に調べ，その意義や文化との関わりについて
考えてみよう。
2 日本の学校の制服について，着用させる側の規範や論理と着用する側の創造性や主体性
および両者の関係について，自分の経験を振り返ったり身近な例を調べたりして，考え
てみよう。
3 国際的な争点となっている文化的慣行の事例を一つ調べ，文化相対主義の視点から複数
の立場で考察し，対話の糸口を見つけてみよう。

●読書案内●

『人類がたどってきた道──文化の多様性の起源を探る』海部陽介，NHK 出版，2005年
　　　ホモ・サピエンスの初源期と世界各地への拡散の歴史の概説書。近年の
自然人類学者は，人類史の大きな転換点をホモ・サピエンスにおけるシ
ンボルの操作能力の進化にみるという。文化人類学とは異なる角度か
ら，人と文化との根源的関係について知り考えることができる。

『われらみな食人種──レヴィ＝ストロース随想集』
　　　クロード・レヴィ＝ストロース，渡辺公三監訳，泉克典訳，創元社，2019年
20世紀を代表する人類学者による，1989〜2000年のイタリアの日刊紙掲
載の論考などを収めた時評集。著者自身の親族・神話研究の知見を駆使
した西洋社会の諸事象・諸問題──生殖補助や狂牛病など──の徹底的
な相対化と批判的考察は，21世紀を生きる私たちにも省察を促す。

『女相撲民俗誌──越境する芸能』亀井好恵，慶友社，2012年
　　　興行・芸能として日本で行われてきた女相撲と女子プロレスの研究書。
膨大な史資料と丁寧なフィールドワークから興行の歴史，観る側の反応
とその変化，地域共同体での伝承の諸相などを明らかにし，女相撲の越
境性を鮮やかに論じる。女相撲を自ら楽しむ女性たちの姿が印象的だ。

【コラム❶】

海外の日本研究

川口幸大

　海外の人類学者による日本研究で真っ先に挙げなければならないのは，1946年に出版されたルース・ベネディクト（Ruth Benedict, 1887-1948）の『菊と刀』である。第二次世界大戦の敵国・日本の理解のためにアメリカの戦時情報局からの依頼によって，ベネディクトは一度も日本を訪れることなく，在米日系人へのインタビューや種々のメディアに依拠して，この世界一有名な日本研究を書き上げた。菊を愛でる優美さをもちながら，しかしまた，刀を崇拝する暴力性をもあわせもつ日本人についての分析は，自己のなかの確固たる基準ではなく世間がふさわしいとする位置を忖度して振る舞いを自重するという，今日とも鮮やかに符合する特質を指摘するが，返す刀でアメリカ文化の特殊性も照射して相対化してみせるという，優れて人類学な作品である（第2章参照）。

　このほか，ジョン・F・エンブリー（John F. Embree, 1908-1950）による1930年代の熊本の農村についての詳細な民族誌『須恵村』や，時代は下って，母親が作るお弁当に着目して日本の家族とジェンダーの特徴を指摘したアン・アリソン（Anne Allison）の論文 "Japanese Mothers and Obentōs: The Lunch−Box as Ideological State Apparatus" など，人類学ならではの興味深い知見を示した研究は数多くある。しかし，その一方で，英語圏以外の日本研究について私たちはあまり知らないことを認めないわけにはいかない。もちろん，例えば中国や韓国などでも人類学は盛んで優れた日本研究がなされるようになってはいるが，しかし日本について何かを指摘されるのは，あるいは日本と比較の対象とするというとき，我々が想定するのは常に欧米であるのは事実だろう。そういえば，日本人ほど欧米を意識した自国論や日本文化論が大好きな人々はいないとされている。いや，これは人ごとではない。「海外の日本研究」というこの文章を書いている私も，いやそもそも『日本で学ぶ文化人類学』というこの本もそうではないのか。海外の日本研究についての小さなコラムからも，「日本文化」の特質の一端が垣間見えるのかもしれない。

20

第2章

「日本人」を問い直す

多様性に寛容な社会にむけて

飯髙伸五

8月15日の靖国神社。終戦記念日に戦没者遺族をはじめ，多数の人々が参拝する。戦争を経験した年長者のほか，戦後世代の姿も目立つ。神社には国旗が掲げられているが，日の丸や旭日旗を持って闊歩する若者もいる。戦没者が追悼されるとき，人々を魅了し，突き動かすものの正体は何であろうか（2013年，筆者撮影）

1　「日本人」とは誰のことか

(1)　「日本人っぽい」「日本人っぽくない」

　プロ・テニスプレーヤーの大坂なおみ選手のことを「日本人っぽくない」とした人々の差別的な発言が問題になったことは記憶に新しい。大坂選手の父親はハイチ系アメリカ人，母親は日本人である。幼少時に一家でアメリカに移住したが，大坂選手は成人してから日本国籍を選択した。日本人と外国

人の間に生まれた人々が，日本国籍をもっていても「日本人っぽくない」と奇異な目で見られたり，何らかの差別を受けたりすることは，現代日本でしばしばある（下地 2018）。では，自分のことを「日本人っぽい」と思っている人々は，どんな自己イメージをもっているだろうか（ましこ 2008：129）。「黄色」の皮膚や直毛で黒髪（パーマをかけたり，茶髪にしたりする人も多いのだが……）など見た目が「アジア系」で，日本に住んでいて流暢な日本語を話す人々といったところであろうか。だから「日本人っぽく」見えなかったり，海外生活が長くて日本語がカタコトだったりすると，「それでも日本人なのか」と揶揄する。

　こうした想像力を支える「日本人」とは誰のことであろうか。日本国籍を保持していても「日本人っぽくない」というのだから，単に国籍だけの問題ではなさそうだ。これから詳しく検討していくが，こうした用法の「日本人」は確たる実体ではなく，特定の時代背景のなかで文化的価値観と結び付いて構築されてきたものである。したがって，ここでは括弧つきで表記しておく。一方，単に日本国籍保持者を指す場合はカッコなしで表記し，区別しておく。「日本人」は単なる自己イメージであるだけでなく，他者に対する嫌悪感や差別とも結び付いているから厄介である。ここで問題となっているのは，人の外見と文化的特徴を結び付ける想像力，特定の人々と特定の地理的ないし政治的領域を結び付ける想像力である。「日本には日本人が住んでいて日本語を話すはず」というわけだ。ここでは「日本人」が集団として実体化され，日本という領域と不可分な存在として結び付けられている。

　しかし，日本列島には単一の集団が脈々と居住し続けてきたのではない。約6万年前にアフリカ大陸を出た現生人類は，約4万年前以降に東アジアを経由して日本列島に到ったが，彼らの末裔が「日本人」とはいえない。DNA分析によれば，日本列島における集団の成立は重層的で，狩猟採集を営んでいた縄文時代の人々に，朝鮮半島を経由して弥生時代以降に渡来した人々が混交して，現代に連なる集団が形成されていった（篠田 2019）。地理的に離れている沖縄と北海道では，本土の人々とは異なるDNAの組成が確認されている。鎌倉時代の元寇襲来，幕末の黒船来航，第二次世界大戦後の

占領などを除けば，外来権力に脅かされなかったためか，単一の集団が脈々と存続してきたと誤解されがちだが，日本列島の集団構成は多様で一枚岩ではない。自分で自分のことを典型的な「日本人」だと思っていても，その出自は多様であることが予想される。

このように，長期的な歴史的視野をふまえれば，「日本人」は確たる実体をもっているとはいえない。それでも「日本人」は実体であるかのような魔力をもち，私たちの想像力を拘束している。そして，多様性に対する認識や他者への寛容性を阻害し，ときには排外主義的な考え方の根拠として参照されることもある。

(2) 民族，国民，国民国家

「日本人っぽい」「日本人っぽくない」というときに人々が無意識に抱いている前提を検討するには，民族や国民，国民国家などの概念についても整理しておく必要がある。日本語の民族の意味内容は多義的であいまいであるが，学術的には大まかに2種類の用法がある。第一に，言語や慣習を共有し，集団として一定のアイデンティティを保持している人々を指す用法がある。ただし，同一の言語を話していても，あるいは同一の宗教を信仰していても同じ民族であるとは限らない。旧ユーゴスラビアには異なる宗教を信仰する複数の民族が混在していたが，日常生活においてはセルボ＝クロアチア語で意思疎通し，共生していた。キリスト教，仏教，イスラームなどの世界宗教の信者は民族を超えて散在しており，一つの民族と結び付いているわけではない。また，アイデンティティという指標は，民族の客観的な定義を難しくしている。日系4世や日系5世が移住先の言語を母語とし，日本語を話さなくても，日本からの移住者の子孫であるという自己認識をもっていれば，日系人（ethnic Japanese）といっていい。父方と母方の双方の出自を辿り，複数の民族的アイデンティティをもつこともある。

第二に，近代以降に成立した国家を念頭においた用法がある（塩川2008）。ヨーロッパでは市民革命を通じて世襲的専制君主制が終焉を迎え，人民が主権をもつ国家が誕生した。これを国民国家（nation state）という

が，ネーション（nation）に対して国民とともに，民族の訳語があてられることもある。こうして国際政治上，自治権を行使できる人々の単位のことを，国民と同義で民族ということがある。ここでいう国民ないし民族とは国籍をもち，国家のなかで権利とともに義務をもつ人々のことである。現代日本には定住外国人も多くいるが，労働者として南米や東南アジアからやってきた人々の子どものなかには，日本で生まれ，日本語を流暢に話す者もいる。彼らは，両親の出自を意識しながらも日本社会の一員として日本人と同等の権利と義務をもつことを望み，日本国籍の取得を選択することもある。この場合，民族という用語は用いずに，単に帰化したとか「日本人になった」というだろう。

　第一の用法の民族，つまり言語や慣習を共有する集団という定義に従えば，人は生まれながらではなく，獲得された文化や自己認識を通じて「民族になる」あるいは「民族集団の一員になる」ことができる。また，第二の意味での民族，つまり国籍をもち国家のなかで権利と義務をもっている人々という定義に従えば，やはり帰化を通じて人は「民族（国民）になる」ことができる。科学的なエビデンスからは，民族が歴史過程や政治過程のなかで構築されたものであることが解明されてきたが（スチュアート 2002：18），実社会において民族は不変の属性であるかのように本質主義的に実体化され，民族の名のもとで行われる差別，そして紛争や殺戮も後を絶たない。「日本人っぽくない」ことを根拠とした排除の論理もまた，その一形態である。

2　単一民族説と日本文化論

(1)　単一民族説の貧困

　国民国家の動向に連動した国民意識の高まりをナショナリズムというが，ナショナリズムは政治経済的事象のほか，文化的現象のなかでも認められる。近代日本では，明治期以降の国家形成過程やアジア太平洋戦争後の復興期に文化ナショナリズムの高まりがあり，人々にアイデンティティのよりどころを提供してきた。例えば，明治期の国家体制の整備を経て，大正末期か

ら昭和初期には様々な国民文化が形成されていったが，民俗学や民族学のなかで「日本人」の起源や日本文化の内実が議論されるようになった。また，アジア太平洋戦争の敗戦後，戦後復興が進むなかで，1960年代から1970年代にかけては多くの日本文化論が生み出され，その特性が肯定的に評価された（青木 1999：87）。

　日本には「日本人」が脈々と住んできたという考え方を単一民族説というが，これは戦後に顕在化していった比較的歴史の浅い文化的自画像である（小熊 1995）。明治期初期に内国植民地として沖縄と北海道を組み込み，日清戦争以降，台湾，朝鮮半島，南洋群島（ミクロネシア），満州などの外地に帝国主義的拡張をしていった戦前の日本では，帝国内の周辺民族を取り込んだ「日本人」の起源論がいくつも構想された。愛知県伊良湖岬に流れ着いた椰子の実から着想を得たという柳田國男による「日本人」の南方起源説，朝鮮半島と日本列島の人々の祖先は共通であるとする日鮮同祖論などである。一見，多様性に配慮しているようにみえるが，どれも植民地の支配や外地への進出を正当化するために都合よく参照された。

　戦後，外地を喪失した日本は，外地との関係を忘却しつつ，北海道から沖縄県までの閉じられた空間を前提として日本という地理的ないし政治的領域を構想し，そこに単一民族としての「日本人」がいると認識するようになった（スチュアート 2002：56）。アイヌや沖縄の人々の文化的特殊性が経験的に理解できるにもかかわらず，自分のことを典型的な「日本人」だと思う人々は，彼らを少数派で例外的であるとみなし，マジョリティに属するという安心感をもとうとした。単一民族説は外地を喪失した敗戦後の世界のなかで思い描かれた一種の幻想で，他者に非寛容な戦後日本の貧困な想像力を支えている。

⑵　日本文化論の曲解

　「日本人」に実体を付与するために，日本文化論もまた都合よく受容されてきた。曲解された日本文化論を通して，「和」「忠誠」「協調」などを重んじるという「日本人」の類い希な精神性が賛美されることもある。観察や実

証が不可能な抽象的な特性によって「日本人」に実体が与えられているとき，よく疑ってみる必要がある。日本が軍国主義の道をひた走っていった戦前には，自己犠牲が賛美されたり，理不尽な軍事作戦が正当化されたりした。太平洋戦争末期，片道の燃料だけを積んで死ぬことを運命付けられた若い特攻隊員は，はかなく散りゆく桜の花に見立てられ，その死は桜の花のイメージと重ね合わされ，美化された（大貫 2003：258）。

　敗戦後，高度経済成長を経て日本が復興を遂げていく過程で，「日本人」の精神性は賛美され続けた。日本的経営は欧米とは比較にならない集団主義に支えられ，企業成績を著しく伸ばしたとされる。「ジャパン・イズ・ナンバーワン」というわけである。しかし，それは過度に本質化された見方であり，日本的経営と集団主義を安易に結び付けることは適切ではない。近年，日本社会における非効率な働き方が見直されているように，日本的経営が卓越しているとはいいきれない。経済情勢の変化に伴う終身雇用の崩壊からも，「家族的」といわれた企業のあり方はさほど強固ではなかったことが白日に晒されている。

　同様に，集団スポーツの解説で，プレーヤーが「日本人らしく規律を守っている」という説明を耳にすることがあるが，本当にそうなのだろうか。実際のところ「日本人とはそういうものだから」という以上のことは何も言っていない。観察や実証が不可能な抽象的な特性によって「日本人」に実体が与えられているだけなのである。科学的に「日本人」の特性を論じるならば，歴史や社会のなかに文脈化し，検証可能なかたちで提示する必要があろう。実際，優れた日本文化論のなかでは，こうした作業が行われてきた。中根千枝『タテ社会の人間関係——単一社会の理論』（1967年），土居健郎『「甘え」の構造』（1971年）は，日本人と外国人の二分法を前提にしており，均質な「日本人」像が温存されているという批判もあるが（下地 2018：138），発表から半世紀以上が過ぎた現代でも社会分析としての意義を失っていない。中根は「タテ社会」の視座を，終身雇用崩壊後にも温存された上下関係の分析など，現代社会の分析にも適用してみせている（中根 2019）。土居の意図を離れて日本社会の「甘え」はよくないものとみなされるようになって

いったが，母子関係における甘えは子どもの成長に欠かせない情愛の基盤であり，欧米にはない考え方である。戦後日本では，農業社会から産業社会への転換に伴って，夫や子どものケアを期待されてきた母親像が変化していったが，現代日本の家族をめぐる諸問題を「母（妻）への甘え」をめぐるせめぎあいとして読み解くこともできる（船曳 2010：213）。

(3) 「日本スゴイ」「日本人スゴイ」

　近年，「日本人」は「スゴイ」のだという話をよく聞くようになった。災害が起きてもパニックにならずに秩序を保つ人々，スポーツ観戦で日本チームが負けても騒がずにゴミを片付けて帰る人々，外国人観光客が感激するほどの礼儀正しさやおもてなしの作法を心得た人々。こうした人々の姿は，テレビで映し出され，広く消費されている。また「日本スゴイ」「日本人スゴイ」と説く本が多数出版されてジャンルを構成し，ベストセラーにもなっている（早川 2016：13）。こうした現代の動向と戦前の軍国主義の動向との類似性を指摘する声もある。早川タダノリの言葉をかりれば，それは「日本スゴイのディストピア」，つまり戦前は軍国主義のなかで妄想され，現代では「嫌韓」「嫌中」など他者への攻撃性とともに妄想される暗黒世界である（早川 2016：13）。

　近代日本のなかで「日本スゴイ」「日本人スゴイ」という自画自賛の態度は，理不尽や非合理を正当化したり，他者への非寛容な態度を生み出したりしてきた。アジア太平洋戦争の道を歩んでいた頃，大日本帝国は負けるはずのない「神の国」であった。天皇は現人神（あらひとがみ）であり，帝国臣民はその赤子（せきし）でやはり特別な存在であった。現代日本では，バブル経済が崩壊した1990年代前半ごろから，それでも「日本スゴイ」「日本人スゴイ」と声高に叫ぶメディア表象が増えていった。これは，在日朝鮮人・韓国人に対するヘイトスピーチなど，差別的な発言や示威行動を伴う排外主義が，実社会においてもサイバースペース上の言論空間においても，顕在化していったのと同時期のことであった。

　「日本スゴイ」「日本人スゴイ」は戦前の軍国主義の時代に発達した特異な

考え方であるとも，現代世界において一部の偏屈な人々が抱く特殊な考え方であるともいえない。冒頭で紹介した「日本人っぽくない」のエピソードが示すように，現代日本において自分が典型的な「日本人」だと思っている人々は，他者への非寛容に容易に陥ってしまう。彼らは「日本スゴイのディストピア」にもまた魅了されるであろう。そして，民族的出自に基づく差別を掲げる排外主義に加担してしまう危険性もある。

3　日本文化論の文脈化

(1)　軍隊文化論としての『菊と刀』

　アメリカの文化人類学者によって著された日本文化論の古典に，ルース・ベネディクト（Ruth Benedict, 1887–1948）による『菊と刀』（1946年）がある。義理，負い目，恩，人情，徳など「日本人」の行動を支える様々な論理が分析されており，個人主義的な西洋社会と異なり，集団主義や上下関係で成り立つ日本社会のありようが，広く読まれてきた。インドのカースト制度と異なり，日本社会の階層制は柔軟だが，士農工商に区分された近世の身分制度の伝統があり，明治維新を経ても四民平等はなかなか浸透していない。したがって「各々其ノ所ヲ得」すなわち「各人がそれぞれ自分にふさわしい立場を占め，役割を果たす」社会のありようが，近代社会のなかでも生きており，アメリカのような自由や平等は根付いてないという（ベネディクト1967：110）。また，「日本人」は祖先に対しても世間に対しても「負い目」を常に感じている。両親に対する恩返しは「孝」，天皇に対する恩返しは「忠」であり，一生恩返ししても「受けた恩の万分の一も返せない」と考えているのだという（ベネディクト 1967：135）。

　現代日本に生きる一個人として『菊と刀』を読めば，戯画化された「日本人」の姿が浮かび上がってくるようで，「いつの時代の日本人や日本文化についてのことであろうか」と異議申し立てをしたくなるであろう。義理や負い目など，集団主義を支えているという論理が，観察可能な具体的事象から論証されているともいえない。それでも，『菊と刀』を歴史的文脈において

検討してみると，なぜ日本文化がそのように描かれたのかが見えてくる。

　ダグラス・ラミスは『内なる外国——「菊と刀」再考』（1981年）のなか
で，ベネディクトが提示した日本文化のありようは「文化の型」ではなく，
「明治の政策立案者やイデオローグが注入し」「軍国主義時代に強化され誇張
された」イデオロギーであったと評している（ラミス 1981：169）。ベネディ
クトは，アメリカ合衆国の戦時情報局海外情報部基礎分析課長として敵国日
本の国民性の分析にあたっていた。日本でフィールドワークをしたわけでは
なく，日本兵捕虜の話や日本の映画作品から日本文化を抽出したため，必然
的に歪曲された日本イメージ，すなわち軍国主義下での価値観が提示され
た。『菊と刀』を歴史的文脈のなかにおいて検討すれば，何が日本文化とし
て本質化されたのかが見えてくる。そうした作業は「日本人」に実体を与え
てきた日本文化論を解体するであろう。

(2) 〈お茶〉の女性化と戦後の主婦

　新しい日本研究のなかでは，既存の日本文化論の再検討が様々なかたちで
行われ，その呪縛が解かれようとしている。例えば，戦後の文化ナショナリ
ズムのなかで，茶道は日本文化の神髄であり，点前と呼ばれる複雑な作法，
建築物としての茶室，わびさびの表現された庭園，工芸品としての道具な
ど，洗練された日本文化のあらゆる要素を含み込んでいるとして，もてはや
されるようになった。文化人類学者の加藤恵津子は，これを〈お茶〉の「総
合文化」言説と呼び，戦後の急速な社会変化のなかで〈お茶〉の伝統化が進
展していったと捉えている。同時に，近世まで主に支配階層の男性によって
担われていた〈お茶〉が，明治期以降，女性による作法の修練の場となり，
20世紀初頭には男女比が逆転し，戦後世界のなかで40代後半以上の「主婦」
を中心に担われるようになった過程を追い，これを「〈お茶〉の女性化」と
呼んだ（加藤 2004：102-128）。

　着物を着て〈お茶〉を点てる女性の姿は奥ゆかしく，東洋的神秘のイメー
ジをかきたてるが，〈お茶〉が女性のものになった歴史は浅い。実際に戦後
「〈お茶〉の女性化」を担った人々の実像もまた東洋的神秘のイメージとはか

け離れたもので，産業社会の日常を生きた「主婦」であった。日本社会における主婦とは，もともと農作業に従事する一家の労働を管理する存在であり，杓文字の使用に象徴されるように，台所を切り盛りする存在であった。ところが都市部への人口集中と産業社会化が進んだ戦後日本において，主婦とは結婚を契機にフルタイムの仕事を辞め，会社勤めをする夫の帰りを待つ存在となった。家事労働もまた夫を陰で支える，賃金の出ないシャドーワークとして私的領域に閉じ込められ，主婦は夫と子どもそして義理の両親のケアをも担うことを期待された。「〈お茶〉の女性化」は戦後日本の産業社会化とともに，こうして主婦になった人々を中心に担われた。主婦を従属的な立場におく「戦後の家族体制」のなかで，個の確立のために主婦たちは〈お茶〉を熱心に営んだのではないか（加藤 2004：123）。

　ここでは，日本文化の神髄としての茶道のエッセンスを抽出することに意義は見出されていない。〈お茶〉を営む人々にとって，その活動がどのような意味をもつのかが，参与観察と聞き取り調査によって明らかにされている。女性たちの年齢層や属性に応じた分類と分析がなされているが，同時に〈お茶〉を担う個人の姿が生き生きと等身大で描かれている。こうして〈お茶〉は戦後日本の歴史や社会のなかに位置付けられている。

(3)　創られた「日本人の心」

　「日本人」のアイデンティティの拠り所として，日本文化論が積極的に参照されたという意味で，1960年代は文化ナショナリズムの高まりをみた時期であった。また，この時期には，高度経済成長のなかでそれまでにないような生活様式の変化を人々は経験し，新幹線開通，東京タワー竣工，東京オリンピック開催など戦後復興を象徴するような事績が立て続けに成し遂げられた。最近では，さほど遠い過去ではないこの時期を，古き良き時代として懐かしむ昭和ノスタルジーという文化的現象もみられるようになった。

　演歌が「日本人の心」を歌った「真正な日本文化」とみなされるようになったのも1960年代以降のことであった。演歌とは，もともと明治期に「演説の歌」として誕生し，曲に乗せて社会批判や風刺をする「語り芸」のこと

であった。それは現代の演歌とは別物で，音楽のジャンルとしての演歌は1960年代まで存在しなかった。現代あるような演歌は「流行歌」や「歌謡曲」と呼ばれたジャンルに入れられており，洋楽に対比される日本調の歌の一つに過ぎなかった。それが1960年代になると，叙情豊かに「日本の心」を歌った音楽のジャンルとして区別されるようになった（輪島 2010：14）。歌手のほか，作曲・作詞家，演奏者まですべてがレコード会社と専属契約を結んでいた時代から，フリーランスの作曲・作詞家が台頭し，歌い手自らも曲を作るようになっていった時代の転換点に，旧態依然の音楽業界の要素を温存していた演歌は「時代遅れ」とみなされる一方で，「真正な日本文化」を体現する音楽的ジャンルとなった。

　こうして，美空ひばりは「日本人の心」を歌った民族的音楽文化の守護者として再発見され，賛美されるようになった。しかし，彼女はもともと演歌歌手と呼ばれていたわけではない。輪島裕介によれば，美空ひばりをそう呼ぶことは「レコード歌謡がもつ近代性と異種混交性を半ば意図的に看過し，実証不可能な『民族性』の領域にレコード歌謡と美空ひばりを押し込める危険をはらむもの」（輪島 2010：215）である。輪島は，現在の演歌が「日本的なもの」を暗さ，貧しさ，寒々しさなどの画一的なイメージで描いていることに違和感をもち，演歌を研究するようになったという（輪島 2010：67）。実際には演歌の歴史は浅く，演歌と呼ばれる以前の「流行歌」や「歌謡曲」には様々な音楽的要素が取り込まれていた。純日本的な音楽のジャンルとしての演歌など存在しないのである。演歌を戦後史のなかに位置付ければ，「日本人の心」を歌う音楽のジャンルとしての演歌は解体される。

4　日本社会の多様性を想像する

　「日本人」は実体ではなく歴史過程のなかで創られてきた。それらに実体を付与してきた日本文化論もまた歴史や社会のなかに文脈化し，再検討する必要がある。こういわれると，「日本人」が徹底的に否定されているようで，うんざりしてしまう人もいるだろう。しかし，これは「日本人」の存立危機

をわざわざ唱えて，人々を不安に陥れようとしているのではない。むしろ，輪島が演歌研究の出発点としてもった違和感と同じように，画一的な「日本人」のイメージを見直し，他者に開かれた社会の実現に向けた可能性を開こうとしている。冒頭で日本列島の多様な成り立ちについて指摘したが，日本をより広い地理的空間のなかに位置付けたり，日本社会の多様性を改めて認識したりすることは，豊かな社会の実現に向けた一助となるであろう。

(1) 列島，琉球弧，ヤポネシア

　例えば，2013年3月にリニューアル・オープンした国立歴史民俗博物館の総合展示第4展示室（民俗）は，「列島の民俗文化」をテーマとして，南島，沖縄，九州，四国，本州，北海道，そして北方の島々までを含めて，より広い地域的な広がりのなかで日本を捉え直そうとしている。ここでいう民俗とは，庶民に伝承された生活文化一般のことである。リニューアル以前の常設展も日本における「民俗文化の多元性」をテーマに，柳田國男が描いた稲作を生業とする常民に加えて，畑作や漁撈を営む人々も含めた多元的な生活が展示されていた。新しい常設展示では，東アジア地域の海域の交流，ユーラシア大陸につながる文化的広がりのなかに日本が位置付けられている（小池2013：2）。展示のなかでは，アイヌの芸術家による現代アートの展示，東アジア世界との交流のなかで形成された沖縄および宮古・八重山の祭礼行事の展示などが存在感をもっており，日本列島を一部に含むより広範な「列島」の空間的広がりのなかで，日本を捉え直すことの重要性を認識させてくれる。

　ここに提示された「列島」の視座は，作家の島尾敏雄（1917-1986）が構想したヤポネシア，すなわちユーラシア大陸に沿って連なる島々のまとまりにも相通じる。島尾は，神奈川県で生まれ，九州帝国大学を卒業後，海軍予備学生に志願し，特攻隊長として奄美群島加計呂麻島に赴任するも，作品のタイトルにあるように「出撃は遂に訪れず」生き延びた。戦後，妻の実家がある奄美大島に移住したが，本籍のある福島と移住した奄美を介して周辺から日本をみる視点を獲得し，琉球弧，本州弧，千島弧の島々の重なりから列島

をみて，ラテン語の「Japonia」に古典ギリシア語で島々を意味する「nesia」をつけてヤポネシアの造語で呼んだ。ヤポネシアの構想は，日本が沖縄やアイヌの人々を統合してきた近代の政治史を文化的に正当化しているという批判もあるが，島尾は同化を念頭において戦後日本の中心から周辺をみたのではない。むしろ，日本社会を単一とみなすことに強い違和感をもち，周辺に身をおきながら多様性のなかにある日本社会を構想した（廣瀬 2005：3）。テッサ・モーリス＝鈴木がアイヌの近代について論じたように，周辺から中心を眺める視座には，同化を強いる近代日本の支配を批判的に捉え，重層的で多様な日本を思い描く想像力が込められている（モーリス＝鈴木 2000）。

(2) 民族共生象徴空間ウポポイ

　多様性のなかにある日本社会を想像するにあたって，2020年には画期的な出来事があった。北海道白老郡白老町に，アイヌの歴史・文化を学び，アイヌ文化の復興や振興を進めるための「民族共生象徴空間（ウアイヌコロ　コタン）ウポポイ」がオープンしたことである。ウポポイとは「おおぜいで歌うこと」を意味するアイヌ語である。湖畔の敷地に設けられた同空間は，アイヌ文化の展示や調査研究に特化した国立アイヌ民族博物館（アヌココロ　アイヌ　イコロマケンル）のほか，国立民族共生公園（アヌココロ　ウアイヌコロ　ミンタラ），慰霊施設（シンヌラッパ　ウシ）などを擁する。

　施設名にアイヌ語が併記されていることからもわかるように，アイヌの人々の観点や関わりが重視されており，国立の施設ではあるが上から押し付けられた官製の文化施設とはならないように，配慮と工夫がなされている。国立アイヌ民族博物館のアイヌ語名「アヌココロ　アイヌ　イコロマケンル」とは，「私たちが共有するアイヌの宝物がある建物」という意味で，アイヌの人々が主体となって博物館の事業を企画，運営する様々な仕組みがある（佐々木 2020：3）。もっとも，民族共生象徴空間の構想が，すべてのアイヌの人々に受け入れられてきたわけではない。同空間の設立は，明治から昭和に至るまで行われてきた研究者によるアイヌ人骨盗掘問題を隠蔽し，その幕引きを図るための宥和政策であると批判的な立場をとるアイヌの人々も

いる。(野本 2014：8）。

　日本の近代史のなかで，確かにアイヌの尊厳は守られてこなかった。明治期以降の北海道開拓の歴史は，近代日本の中心からみた歴史観では国土整備の一環として開拓団や屯田兵の労苦とともに描かれる。札幌市内の「野外博物館北海道開拓の村」で当時の開拓精神に触れ，感激する観光客は少なくない。北海道開拓の過程でアイヌの人々は周辺に追いやられ，戸籍法のもとで民族名を失った。また，北海道旧土人保護法（1899年）のもとで移動が制限されて従来の狩猟や漁撈の場を失い，「土人学校」で強制的に受けた日本語教育を通じてアイヌ語を否定された。アイヌ文化振興法（1997年）の制定とともに，旧土人保護法は廃止され，そしてアイヌ施策推進法（2019年）が制定されると，ようやくアイヌは北海道の「先住民族」と認定された。こうした歴史を経て，アイヌ文化の振興，そして日本社会における多様な人々の共生にむけて民族共生象徴空間が構想され，開設に至った（佐々木 2020：5）。

　近代以降，アイヌを周辺に追いやってきた日本社会にあって，ウポポイを通じて先住民文化の意義や他者との共生が謳われている意義は大きい。しかし，先住民の文化振興や多様な人々の共生を念頭においた国立の文化施設ができたからといって，他者に寛容な社会が即座に実現されるわけではない。現在でもアイヌに対する様々な差別が後を絶たず，他者への非寛容な態度が広くみられるのが日本社会の現実である。非寛容な態度は，民族的な他者のみならず，性的マイノリティ，原発事件後の福島からの転入者，COVID-19流行下の感染者や医療従事者など，身近な他者にも向けられている。そうした態度を支えているのが，自分はマジョリティの側にいるという感覚であり，他者への想像力の欠如である。

(3)　グローバル化時代の「日本人」のゆくえ

　沖縄やアイヌといった周辺から日本社会を照射することで，重層的で多様な日本の現実が浮かび上がってくる。また，私たちは地球規模でヒト，モノ，情報が流通するグローバル化時代を生きるなかで，重層的で多様な日本社会のありようを日々体験している。それでも自分のことを典型的な「日本

人」だと思っている人々，すなわち「日本人」の幻想に生きる人々は，どのような態度で他者にのぞむのであろうか。

　在日朝鮮人・韓国人のように帝国日本の外地にルーツをもつ人々のなかには，戦後も日本社会での生活を余儀なくされた者も多く，戦後日本にやってきたニューカマーのなかにも旧外地出身の人々は多くいる。1970年代後半から受け入れたインドシナ難民，バブル経済期に来日した南米日系人の労働者や東南アジアからの女性労働者。そして近年増加するアジア諸国の留学生や技能実習生，高齢化社会を支えるために不可欠な東南アジア系の介護職労働者。ここ半世紀の間に日本にやってきた外国人と在来の日本人との関係をめぐっては，多文化共生の試みが一定の成果を上げている地域もあるが（第11章参照），あからさまな差別や労働・研修現場での差別的な処遇も多く報告されている。日本に住んでいることを自明視し，自分がマジョリティであると信じて疑わない「日本人」なら，彼らを日本社会に迎え，受け入れるのではなく，使い捨てて当然と考えてしまうのかもしれない。日常生活のなかで「日本人」の幻想を越え，重層性や多様性のなかにある日本社会を想像することが，残念ながら十分に浸透しているとはいえない社会のなかで私たちは生きている。

　しかし悲観することばかりではない。誰でも日常生活のなかで身をもって「日本人」の幻想を乗り越える機会がある。私は神奈川県横浜市鶴見区の鶴見沖縄県人会の沖縄角力大会に参加したときに，こうした経験をしたことがある。2006年のこと，所属していた大学院の研究プロジェクトで鶴見沖縄県人会に出入りするようになった私は「みているだけではなくて，やってごらんよ」といわれ，大学院の先輩や後輩を誘って沖縄角力大会に参加してみた。角力大会は県人会館からほど近い公立小学校の校

写真2-1　鶴見沖縄県人会の沖縄角力大会（2006年，筆者撮影）

庭を借りて，現在では70回以上も回を重ねている（写真2-1）。

　沖縄県人会は会員数の減少や若年層の会離れに悩まされていたこともあってか，私のような「よそ者」も拒まなかった。沖縄に出自をもたない近隣住民のほか，在日朝鮮人・韓国人や日系ブラジル人，そして首都圏から来たモンゴル人らが参加し，大会を盛り上げた。角力着を着て，組み手をして始まる沖縄角力はモンゴル相撲とよく似ていて，屈強なモンゴル人がここぞとばかりに「荒らし」に来て，優勝をさらっていっていた。それでも，沖縄県人会の人々には，外国人横綱を冷遇するような偏屈さはなかった。けっこうな賞金を出しているので県人会の人々は悔しがるのだが，それでも大会が盛り上がればいいのだと「よそ者」を拒まず，歓迎する。私は沖縄に出自もなく，外見もひ弱で実際に瞬殺されてしまい，完全に浮いていたのだが，それでもどことなくこの場に受け入れてもらっている感覚を覚えた。そして，大会終了後に県人会館で泡盛をいただいて酩酊した。

　「日本人」の幻想を超えるためには，自分が「よそ者」となるような経験が重要になるであろう。大学生なら海外での一人旅や留学を通して，こうした体験をすることがあるかもしれない。日本社会に身をおいたままでも，自分がマジョリティの側に身をおくことができない瞬間を経験することがある。「よそ者」であるかどうかは相対的で，誰もが関係性のなかでマイノリティになる可能性がある。そうした経験を通して，主流社会の視点を相対化することができる（森 2019：72）。それは必ずしも排除される経験を意味しない。私が沖縄角力大会で体験したように，寛大にも受容される経験になるかもしれない。他者として受け入れられたり，他者を受け入れたりする経験を通じて，「日本人」の幻想を超えて多様性のなかにある日本社会を想像することができる。「日本人」を問い直すことは，グローバル化の時代にあって豊かな日本社会の実現に向けた想像力を養うことに寄与するであろう。

参考文献
青木保　1999『「日本文化論」の変容——戦後日本の文化とアイデンティティー』中央公論新社。

大貫恵美子　2003『ねじ曲げられた桜——美意識と軍国主義』岩波書店。

小熊英二　1995『単一民族神話の起源——「日本人」の自画像の系譜』新曜社。

加藤恵津子　2004『〈お茶〉はなぜ女のものになったか——茶道から見る戦後の家族』紀伊國屋書店。

小池淳一　2013「総合展示第4展示室『列島の民俗文化』の射程」『歴博』176：2-5。

佐々木史郎　2020「アヌココロ　アイヌ　イコロマケンル——新国立博物館への道」『季刊民族学』171：3-10。

塩川伸明　2008『民族とネイション——ナショナリズムという難問』岩波書店。

下地ローレンス吉孝　2018『「混血」と「日本人」——ハーフ・ダブル・ミックスの社会史』青土社。

篠田謙一　2019『新版　日本人になった祖先たち——DNAが解明する多元的構造』NHK出版。

スチュアート　ヘンリ　2002『民族幻想論——あいまいな民族つくられた人種』解放出版社。

土居健郎　1971『「甘え」の構造』弘文堂。

中根千枝　1967『タテ社会の人間関係——単一社会の理論』講談社。

中根千枝　2019『タテ社会と現代日本』講談社。

野本正博　2014「アイヌ民族による文化資源の活用——『象徴的空間』と国立博物館の行方」『地域共生研究』3：1-15。

早川タダノリ　2016『「日本スゴイ」のディストピア——戦時下自画自賛の系譜』青弓社。

廣瀬晋也　2005「島尾敏雄の南島論」『奄美ニューズレター』24：1-7。

船曳建夫　2010『「日本人論」再考』講談社。

ベネディクト，R　1967『菊と刀——日本文化の型』長谷川松治訳，社会思想社。

ましこひでのり　2008『幻想としての人種／民族／国民——「日本人という自画像」』三元社。

森千香子　2019「共生社会で求められる『相対的よそ者』の視点」（特集「新移民時代——入管法改正・技能実習生・外国人差別」）,『現代思想』2019年4月号：68-72。

モーリス＝鈴木，T　2000『辺境から眺める——アイヌが経験する近代』大川正彦訳，みすず書房。

ラミス，D　1981『内なる外国——「菊と刀」再考』加地永都子訳，時事通信社。

輪島裕介　2010『創られた「日本の心」神話——「演歌」をめぐる戦後大衆音楽史』光文社。

●課題●

1 現代でも広く信奉されている単一民族説（日本には「日本人」が脈々と住み続けてきたという考え方）の誤りはどこにあるだろうか。周囲の人と話し合い，考えてみよう。
2 「日本人」を特別視したり，スゴイと思ったりすることが，出自や民族に基づく差別につながっていく危険性があるとは，具体的にどういうことだろうか。説明してみよう。
3 日本文化論を歴史や社会の文脈のなかで再検討したり，日本を周辺社会やマイノリティの観点から考え直したりすることにどんな意義があるだろうか。列挙してみよう。

●読書案内●

『もうひとつの日本への旅──モノとワザの原点を探る』川田順造，中央公論新社，2008年

多様な集団が往来してきた日本列島の物質文化や身体技法が，欧米やアフリカとの通文化的比較やアジア・太平洋地域の文化的広がりのなかで捉え直される。猫皮や絹糸を用いる三味線の制作，板を接ぎ合せる和船の造船，福島以北で発達した「非木綿」繊維の織物技術など，消滅の危機にある伝統的技術に筆者は注目する。

『日本を問い直す──人類学者の視座』川田順造，青土社，2010年

近代国家のありようを相対化する文化人類学的観点から，戦前および戦後の日本が問い直される。筆者の探求の原点には，東京大空襲で親族や知人を無くした戦争体験や，天皇中心の国家観が一夜にして否定された戦後経験がある。8月15日，筆者は靖国神社と遊就館，千鳥ヶ淵戦没者墓苑，東京都慰霊堂を巡りながら，戦没者慰霊の多様性を再認識する。

『「混血」と「日本人」──ハーフ・ダブル・ミックスの社会史』

下地ローレンス吉孝，青土社，2018年

「日本人」の境界領域には，「日本人」と「外国人」の間に生まれた人々が存在する。彼らは，混血，ハーフ（あるいは，その多様性に注目してダブルないしミックス）などと呼ばれるが，日本社会のなかで差別され，不平等を被ってきた。筆者は自身の体験や人々のライフヒストリーを追いながら，戦後日本で「日本人」や「混血」が人種化されていった過程を辿る。

【コラム❷】

国民国家

久保田亮

　2019年9月から1ヶ月半にわたって開催されたラグビーワールドカップ日本大会での日本代表チームの快進撃に熱狂したのは，私だけではないだろう。日本代表が世界の強豪国と対戦した5試合の総観客動員数は24万9750人，瞬間最高視聴率は対スコットランド戦の53.7％だった。また，いわゆる「にわか」ファンの出現も話題となった。かくいう私も，競技に関する知識こそあったものの，どちらかといえばそんな「にわか」の一人だった。自宅にはあの日以来袖を通していない，桜のジャージが眠っている。

　ラグビー日本代表の顔ぶれをみたとき，彼らが他競技の日本代表とは非常に異なっていることに気づくのは難しくない。それは，ラグビーの国際試合に国の代表として競技参加するための資格が，①本人が当該国で出生したこと，②両親，祖父母のいずれか一人が当該国で出生していること，③60ヶ月間連続で当該国に居住していること，④当該国に通算10年以上居住していること，のいずれかを満たすこと，と定められているためだ。つまり，プレイヤーの国籍が代表資格の絶対条件ではないのだ。実際，日本大会の代表チーム31人のうち外国籍のプレイヤーは16人おり，日本を含めて6ヶ国とつながる人々から構成されている。なお，他の代表チームの構成もやはり多国籍であり，これは日本代表チームに限った話ではない。

　当該国の国籍をもたないプレイヤーが，その国の代表として，その国の威信と名誉をかけて他国の代表と競い合い，観客は自国の代表に惜しみない声援を送る。この表現が喚起する問題は大英帝国につながる歴史を有するラグビー強豪国と，その歴史や政治体制を共有しない日本とでは違いがあろう。日本に引きつけた場合，それはネーションという枠組みの埒外に位置付けられているものの，ともに同じ社会で生きる多様な人々との共同性や代表性，そして権力についての問題になる。また日本社会に生きる私たちと述べる際の「私たち」が誰を指し示しているのかを慎重に見極める必要性や，多様なる人々の差異を尊重しつつ，まとめあげる象徴や実践の重要性も示唆されている。

第3章

「家」にとらわれる

フツウの家族を考え直す

兼城糸絵

家族をとりまく環境の変化に伴い，墓のかたちも変化している。鹿児島県奄美大島では集落で管理する納骨堂が次々と誕生している（2019年，筆者撮影）

1 「家」について考える

(1) 「家」とは何か

　あなたは「家」という言葉を聞くと，いったい何をイメージするだろうか。建物としての家屋やそこで暮らす家族の姿をイメージする人もいれば，そうした情景から「いつでも帰れる場所」というフレーズを連想する人もいるかもしれない。住まいのかたちも多様化している一方で，そこで暮らす家族のあり方も変化している。現代日本では，少子高齢化や晩婚化，セクシュアリティ

の多様化を背景に，家族のあり方が多様なものになりつつある。このような変化がみられる一方で，例えば「同性婚を認めることは伝統的な家族の破壊につながる」というように，「新たな家族」に対する批判的な声も聞かれる。

　しかし，本章で述べていくように，世界各地の家族の研究を通じて明らかになったことは，どの社会にも家族（family）のような関係にある人々がいるようにみえるが，実際には私たちがイメージする家族像とは必ずしも一致しないこと，かつ家族とされる集団の構成原理や居住方式にはかなりの多様性が認められるということである。また，日本という一地域を取り上げてみても，家族のあり方は時代や政治状況によって異なっている。そう考えると，「新しい家族」が生まれることは歴史的にみれば必然的に起こりうることだといえる。

　以上をふまえて，本章では，文化人類学的な角度から家族や親族について考えてみたい。そこで注目したいのが「家」である。「家」という言葉を広辞苑で引いてみると，「①居住用の建物」「②同じ家に住む人々の集合体」「③代々伝えてきた家，またはそう見立てられるもの」などという説明が出てくる。言い方を変えれば，「家」という言葉は，建物や生活共同体という実体に超世代的に存続するという観念が組み合わさったものであるということがわかる。本章で「家」という言葉を用いる場合には，この3つの意味を含むものとして使用する。そして，特に「②同じ家に住む人々の集合体」を指す場合には，家族という言葉を使用する。さらに，後述するように民俗学などでは日本独自の家族のありようをカタカナでイエと表記してきた。そのため，本章でもイエとする場合には，そのような意味で使用する。

　以下では，まず文化人類学における家族・親族研究を紹介していく。続く第2節では，日本の家族（イエ）について述べていく。第3節では，「家」を意識する機会として結婚と墓を取り上げる。そして，第4節では家族・親族研究のこれからについて述べていく。

(2)　文化人類学と親族研究

　文化人類学が学問として成立した19世紀ごろから家族や親族は重要なテー

マとみなされ，特に親族研究（kinship studies）という枠組みのもと研究が行われていた。では，なぜ家族や親族が重要な研究テーマだとみなされたのだろうか。初期の科学者たちは社会進化論的な観点から人間社会の進化の過程を明らかにするべく，非西欧社会，特に国家をもたず産業化もされていない比較的小規模な社会に注目した。彼らは，高度に文明化された西欧社会の成り立ちを探るには，その前段階の（つまり文明化されていない）社会をみていく必要があると考えた。なかでも，家族や親族は社会を構成する基礎的な要素とみなされた。ゆえに，人類の進化を検討するにあたって，非西欧社会の家族や親族のあり方に注目することは一定の価値があると考えられていた。だが，第1章でも触れられているように，このような進化主義に基づく研究はのちのフィールドワークに基づく研究によって批判されることになった。

　一方で，「家族や親族が社会を構成する重要な要素である」という見方は，その後の人類学者たちにも引き継がれた。例えば，国家機能が相対的に弱い地域では人々が親族集団ごとに生活していた。そこでは，政治や経済，宗教，婚姻など生活の様々な側面に親族集団の構成原理が影響を与えている様子がみられた。よって，親族に関する研究はその社会の構造を理解するために必要なものとして行われてきた。特に，1940年代から1960年代にかけて，イギリスの社会人類学者たちが親族に関する研究を盛んに行い，出自理論など人類学の重要な理論を生み出してきた。

　ここでいう出自理論とは，出自関係から社会のありようを探るために構築された理論のことである。出自（descent）とは，親子関係の連鎖に基づいた系譜関係のことを指す。人々が自らと他者の関係を説明するにあたって，父子関係を辿る場合には父系出自（patrilineal）と呼び，母子関係を辿る場合には母系出自（matrilineal）と呼ぶ。これらはどちらか一方の関係を辿ることから単系出自と総称されるが，社会によっては両方の出自を辿る場合もある。その場合には双系出自と呼ばれる。そして，出自を同じくする人々によって形成されるのが出自集団（descent group）である。これらの集団はおもに祖先との関係が重要になる。漠然としか祖先の存在を認識していなければその集団はクラン（氏族 clan）と呼ばれ，祖先との関係が明確であればリ

ニージ（lineage）と呼ばれた。特に国家なき社会においては出自集団が政治
や外交の単位となり，人々の生活に一定の影響を与えた。そのため，出自と
いった見方を軸に親族研究が盛んに進められていった（図3-1）。

　ただ，この本を読んでいるみなさんのなかには，出自集団といってもピン
とこない人もいるかもしれない。なぜなら，日本の場合，父系出自を優先す
る傾向がみられるものの，社会において一定の影響力を与えるような集団を
形成するケースはあまりみられないからだ。例えば東アジアの場合だと，中
国や韓国には「宗族（zongzu）」や「門中（munjung）」と呼ばれる父系出自
集団が形成される地域があるほか，日本のなかでも沖縄の一部地域には「門
中」と呼ばれる父系出自集団が存在している。

　ちなみに，日本の親族（親戚）は，キンドレッド（kindred）という言葉を
用いて説明されることが多い。キンドレッドとは，自己（ego）からみて血
縁を双方向的（父方・母方の両方）に辿っていく親族の範囲のことを指す（図
3-2）。そこには，血縁関係にある人もいれば，姻戚のように血のつながら
ない人々も含まれている。また，キンドレッドの範囲は同じ家族でも個人や
世代によって異なっている。例えば，あなたからみて親戚だとみなす範囲と
あなたの祖母からみて親戚だとみなす範囲は微妙にずれていないだろうか。
このようなキンドレッドの範囲にあたる人々は，しばしば日常的に助け合う
関係（例えば農作業の手伝いやお裾分けなど）にあるとされるほか，共同で儀
礼（結婚式や葬式など）を行う間柄であることが多い。

　もっとも，近年では親戚同士が近くで暮らすのではなく，遠く離れたとこ
ろで暮らしているため，日常的に物のやりとりをする機会が少なくなってい
る人も多いかもしれない。そのうえ，いくら親戚であろうとも日常的な交流
が少ない場合には，親戚よりも近くにいる他人の方が助けになる場合もある
だろう。とはいえ，近しい親戚（オジ・オバ，イトコなど）とはよく交流して
いるという人もいるだろうし，例えば結婚式や葬式のような場には親戚が参
加することが必要だと考えている人も少なくない。そのことをふまえると，
親戚は依然として重要な存在だといえるだろう。

親族を表す記号

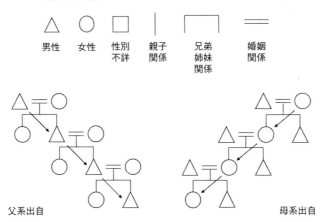

図3-1　親族を表す記号と父系出自・母系出自
出所：筆者作成。

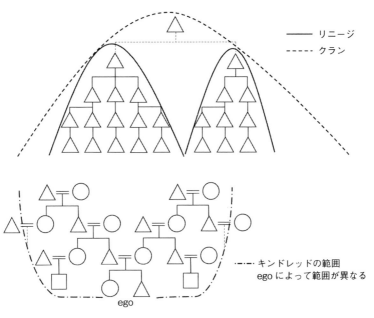

図3-2　リニージとクラン，キンドレッド
出所：筆者作成。

(3)　家族に関する研究

　次に，本章の主題となる家族に関する研究をみておきたい。初期の人類学では社会進化論的な観点から研究が行われており，それは家族に関しても同様であった。例えば，アメリカの文化人類学者であるルイス・モーガン（モルガン）は，社会が野蛮から未開へ，そして高度に発達した文明時代へ発展するに従って，結婚や家族のあり方も原始的な状態から西欧社会でスタンダードとされるような一夫一妻制へと段階的に発展していくと考えた。そして，著書『古代社会』（初版は1877年）では主にアメリカ先住民のデータに依拠しながら，進化論的な観点から人類の発展史を復元することを試みた（モルガン 1971）。だが，こうした研究は自文化中心主義にたった極めて偏った視点に基づいたものであったため，後に否定されることになる。

　また，家族に関する重要な成果として，アメリカの人類学者ジョージ・P・マードック（George P. Murdock, 1897-1985）による核家族論が挙げられる。マードックは，著書『社会構造』（初版は1949年）で統計的手法に基づいて250もの社会の家族や婚姻に関する事例を通文化的に比較した。そして，その結果見出された家族の基本的なかたちを核家族（nuclear family）と呼んだ。核家族とは，一組の夫婦とその未婚の子どもから構成される集団である。マードックは核家族をこれ以上分割することができない基本的な集団であるとみなし，あらゆる社会の家族には核家族が見出せるとする「核家族普遍説」を提唱した。

　また，マードックは核家族には社会生活を営むための重要な機能，すなわち性，経済，生殖，教育の4つの機能があると指摘している（マードック 2001）。マードックによれば，家族という集団は，社会を構成する一つの単位であるとともに，夫婦にのみ性的関係を認め，共同居住と役割分業によって効率よく生活する経済単位でもある。それと同時に，子を成すことで社会の成員を増やし，彼らを社会の一員とするための教育を施していく機能を担っているという。

　マードックの「核家族普遍説」は，家族に関する通文化比較の成果として

大いに注目を集めたが，のちにこの見解には批判が寄せられた。例えば，よく引き合いに出されるのがインド南西部のナーヤル・カーストの「家族」である。以下，ガフの報告（ガフ 1992）に基づいて説明する。ナーヤルでは，母系出自に基づくタラヴァードと呼ばれる大家族を形成して暮らしていた。だが，夫婦は同居しておらず，それぞれの出身のタラヴァードで生活していた。そのため，マードックが想定したような共同居住はナーヤルにはみられなかった。また，ナーヤルの女性はターリと呼ばれる婚姻儀礼を経て男性と「結婚」することになるが，儀礼が終了すると「夫」となった男性は元の家に戻って生活し，「妻」に対して何らかの義務を負うこともなかった。一方，「妻」は「夫」との儀礼後一人前の女性として扱われると同時に，複数の男性と性的な関係をもつことも可能だった（「夫」がその一人になることもあった）。子どもが生まれると「父親」となった男性が子どものことを認知し出産費用を負担するが，その子どもの世話やしつけはすべて母系親族が行っていた。このように，ナーヤルでは性関係を前提とした夫婦関係が欠如し，そもそも「一つ屋根の下で暮らす夫婦とその子ども」という「家族」そのものが成立していなかった。ナーヤル以外にも，マードックのいう核家族モデルに当てはまらない事例も多数報告された。そのため，今やマードックの核家族普遍説は支持されにくくなっている。

⑷ 親族研究の停滞と「家」の人類学

　1980年代に至ると，文化人類学における親族研究は一時的に停滞することになった。そのきっかけの一つが，デイヴィッド・M・シュナイダー（David M. Schneider, 1918-1995）による親族研究批判だった。シュナイダーは，従来の親族研究が西欧の血縁概念を前提として構築されてきたことを指摘し，人類学の家族や親族に関する分析概念がもつ限界を批判した（Schneider 1984）。これは文化人類学が目指した普遍化という手法そのものに一石を投じたものである。

　一方，同じ時期にフランスの人類学者クロード・レヴィ＝ストロース（Claude Lévi-Strauss, 1908-2009）は，「家（house）」という概念を提起した。レヴィ＝ストロースが想定した「家」とは，物質的財と非物質的財の双方か

ら構成された財産を保持する法人格であり，系譜にそって名前や財産，称号を伝えることによって永続させていき，そのためであれば結婚と養子を通じて非血縁者も取り込んでいく，という特徴をもつと述べられている（レヴィ＝ストロース 2018：264）。この説明は，次節で取り上げる日本のイエ概念とほとんど合致するものである。後に述べるように，日本のイエは非血縁者から養子をとることも認めていたため，イエの継承には必ずしも血のつながりを必要としないという点に特徴があった。レヴィ＝ストロースは，これまで家族や出自という視点から議論されてきた集団を捉えるためには，「家」という見方に立った方が有効だとした。このような「家」概念の登場は，小池も指摘するように，それまで出自理論が中心となってきた親族研究を乗り越えるものとして重要な意味をもった（小池 2012：103）。そのため，近年ではレヴィ＝ストロースの「家」概念を参照しながら，「家」という空間でともに暮らす人々がどのように生活を営み，そこでどのようなつながりが編まれているのかという動態的な側面に注目する研究が展開されている（例えば，小池・信田 2013）。

2　「家」と日本社会

(1)　伝統家族としてのイエ

　ここでは岩本（2002）や大野（2014）に基づきながら，伝統家族としてのイエについてみていきたい。

　イエとは，家産としての土地や墓，家業，家名を保有し，世代を超えて継承されていくと捉えられている社会集団である。また，イエのメンバーは同一家屋内に居住していることが多く，夫婦とその子どもたちが中心となって形成されるが，やがて子どもが成人するとそのうち一人が親と同居してイエを継いでいくことが多い。このとき，長男が継承する場合もあれば，末子相続や姉家督（長女が婿養子を迎えて家督を相続すること）のように長男以外が継承する地域もある。

　イエの最も大きな特徴は，何よりも「存続すること」が重視されていたこ

とだ。例えば，農村社会学者の有賀喜左衛門（1897-1979）は，東北地方の事例をもとにイエが経営体としての性格を有し，存続を目指すために非親族の者もイエの成員に含められていたことを指摘している（有賀 1949）。イエの独自性はその点にあり，生活共同体を維持できるのであれば非血縁者がイエを継いでもよいし，養子をとってもよいとされていた。ほかにも，商家などでは長男であっても経営能力がないとみなされれば，次男や三男が家長となるケースもみられた。

　また，イエの成員は祖先祭祀の担い手となることも，イエがもつ永続性と大きく関わっている。イエには祖先を祀る位牌がおかれるほか，墓をもち，両方で祖先を祀っている。そして，イエのメンバーが定期的に集まり祖先を祀ることでそのメンバーシップを確認する。よって，祖先を祀ることとそのイエの家産（土地や墓など）を継承することは表裏一体の関係にあるといえる（祖先祭祀については第4章を参照）。

(2)　イデオロギーとしてのイエ

　一方で，イエは，家父長制度をイメージさせる言葉として知られている。明治政府はいわゆる「家族国家観」に基づいた国民統合を目指した。「家族国家観」とは家族主義を支配原理としたイデオロギーであり，「国家は天皇を中心とした一つの家族である」とみなした点に特徴がある。天皇（国家）と国民は親と子の関係にあると位置付けられ，その支配が正当化された。明治民法（1898年施行）が施行されると，国民は「戸」という単位で管理され，家長（戸主）に強い権限が与えられた。家族は戸主の監督に従う義務を負い，そして戸主は家族を扶養する義務があるとされた。また，特に長男子が優先されていたことも特徴の一つである。例えば，男女ともに子どもがいる場合，家督相続にあたっては男子および年長者（長子）が優先されると定められていた。

　さらに，そうした規範は家庭内の役割にも影響を与えた。妻は夫（戸主）の監督のもと「嫁」として働くことが期待され，夫の親に仕え，子を産むことが何よりも期待された。家族のあるべき姿を考える際に「妻が家族に尽くすべき」というイメージがあるとすれば，おそらくこのような家父長制度的

な家族像が私たちの行動や考え方に影響を及ぼしているのかもしれない。

(3) 近代家族と家族のイメージ

　日本の家族について考える際にもう一つ押さえておきたいのが，近代家族の存在である。近代家族とは，近代化とともに出現した近代特有の家族のあり方を指す。例えばテレビの CM やドラマには，しばしば「仕事から帰ってきた夫を優しくいたわる専業主婦の妻」や「愛情をもって育てられる子どもたち」が「普通の家族」として登場する。そして，CM を見ている側もそれを「普通の家族」として違和感もなく受け止めている。だが，家族社会学の成果によれば，このような家族のあり方は古くからあるわけではなく，近代という時代背景のなかで生まれてきたものだとされている（落合 1989）。

　かつて農業などで生計を立てる人々が多かった時代には，大人の男性だけでなく子どもや女性も労働に従事せざるをえなかった。また，すでにみてきたように「家」は家族だけではなく，奉公人のような非親族も含んでいた。それゆえ，「家」は生活の場でもあると同時に労働の場でもあった。このような状況に変化を与えたのが近代化である。社会構造が変化し，産業化・都市化が進展するとともに，人々の暮らしのあり方も徐々に変化した。特に，戦後の日本社会では，都市部を中心に男性が会社員として働くというパターンが増えてきた。そして高度経済成長期を経て現金収入が増大するとともに，夫の収入のみで生活が成り立つようになり，やがて妻の専業主婦化が進んでいった。このような経緯を経て，「男は外へ，女は内へ」という性別役割分業が定着するようになった（第6章参照）。

　こうした流れにより，「家」という空間に与えられた意味も変化していった。結婚すると妻は家事や子育ての主な担い手とみなされ，家庭内をうまく切り盛りすることが求められた。そして，家は子どもを養育する場として，独立したプライベートな空間であるとみなされるようになった。つまり，「家」は外部（公的空間）と隔たった私的な空間であり，親密な関係にある人々が暮らす場所とみなされるようになった。もちろん実際の家族のあり方は地域や社会階層によって差異がみられるが，このような家族のあり方は私

たちがイメージする「普通の家族」と強くリンクしているのではないだろうか。さらにいえば，例えばドメスティック・バイオレンス（DV）のような問題に対して外部の者が関わるべきか否かという議論の背景には，家族＝私的空間という見方が影響しているのかもしれない（コラム3参照）。

3　「家」にとらわれる

(1)　結婚とは？

　ここまでみてきたように，「家」は家屋にてともに暮らしている人々の総体であり，世代を超えて存続していくことが期待される存在だった。だが，社会の変化に伴い，家族に関する考え方が変わってくるなかで，「家」に対する考え方も変化している様子がみられる。例えば，一戸建てに住む人もいれば，マンションで暮らす人もいるように，家屋をめぐる状況も大きく変化してきた。そのうえ，マンション暮らしで仏壇や位牌をもたないような生活をしている場合には，「家を継ぐ」ということ自体にリアリティが感じられない人もいるかもしれない。だが，一方で「家」は完全に遠い世界の出来事になったわけではない。ここでは「家」に触れる機会として，結婚を取り上げてみたい。

　そもそも結婚とはどのような行為として位置付けられてきたのだろうか。文化人類学において結婚（婚姻）は，家族と並んで重要な研究テーマとみなされた。結婚も家族と同様に多くの社会でみられる現象だが，社会によってそのあり方が異なっている。例えば，誰と誰が結婚できると考えられているのか，そしてどのような状態をもって結婚しているとみなすのか，さらには結婚後誰とどこで暮らすのかという問題に関して様々な事例が報告されてきた。

　また，結婚は，性や生殖に関わる問題でもある。つまり，誰と誰が性行為を行うことができるのか，という問題と密接に関わっている。誰と誰が結婚できるかという問題については文化によってバリエーションがみられる。この点に関しては，インセスト・タブーという観点から様々な議論が行われて

きた。インセスト・タブーとは、近親者との性関係をもつことを禁ずるルールのことである。レヴィ＝ストロースによれば、インセスト・タブーは人類に普遍的にみられるが、性関係が禁止されている範囲は社会によって異なっているという。

例えば、あなたが結婚相手を選ぶとき、誰でも構わないというわけにはいかないはずだ。なぜなら、日本の法律では「直系血族又は三親等内の傍系血族の間では、婚姻をすることができない。ただし、養子と養方の傍系血族との間では、この限りでない」（民法第734条）と定められているからだ。つまり、一定の血縁関係にある人（本人からみて両親、兄弟姉妹、祖父母、オジオバなどの親戚）との結婚は禁じられている。そのため、それ以外の関係の人々から結婚相手を選ぶことになる。「家族や親戚とは結婚できないのは常識だ」と思う人もいるかもしれないが、実際には親戚のなかでもイトコとは結婚することが可能である（イトコは4親等にあたる）。

このことを例えばお隣の国・中国の人々に話してみると、驚かれることも少なくない。実際に筆者の祖父母はイトコ同士で結婚しているが、そのことを中国人の友人に話したらかなり驚かれたことがある。中国の場合、同じ姓をもつ者同士は結婚してはならないという「同姓不婚」の観念が強く存在していて、同姓同士の結婚を忌避する傾向にある。特に、イトコのなかでも「父の兄弟の子ども」は実の兄弟姉妹と同じような存在だとみなされているため、結婚の対象にする可能性は低い。このように社会によって誰を結婚相手とみなすのかという範囲は微妙に異なっているが、一定の血縁関係にある人との結婚を回避しようとする考え方は共通している。

では、なぜ一定の血縁関係にある人々との結婚が禁じられているのだろうか。俗説として「遺伝的に近いため生まれてくる子どもに悪い影響が生じる」という説があるが、これも真偽のほどは定かではない。レヴィ＝ストロースは、インセスト・タブーの存在理由を結婚が女性を介した集団間のコミュニケーションであることに注目した（レヴィ＝ストロース 2000）。結婚は、ある集団とある集団が女性を交換していく過程であると考えると、必然的に自集団の女性は他集団の男性と結婚させなければならない。そこで、イ

ンセスト・タブー，つまり自集団内の男性との性交渉を禁ずるというルール
を設けることで，自集団以外の集団の男性と性交渉（＝結婚）するようにな
るという。この説明には批判もあるが，結婚を集団間の女性の移動と性的関
係の禁止から捉えたものとして一定の説得力がある。

(2) 結婚と「家」

　では，ここから結婚と「家」についてみていこう。日本の場合，「婚姻
は，両性の合意のみに基いて成立」（日本国憲法第24条）すると定められてい
ることから，個人と個人の間で交わされるものだとみなすこともできる。だ
が一方では，結婚するにあたっては「両家の顔合わせ」なるしきたりがあっ
たり，結婚式を行う際には「○○家・△△家　ご結婚披露宴」と書かれた招
待状を招待客に送ったりするなど，至るところに「家」が現れている。その
意味では，結婚は当事者だけの問題にとどまらず，「家」と「家」が強く関
わるものだと考えられていることがわかる。

　また，結婚することを俗に「嫁に行く」や「家に入る」「籍を入れる」と
いうふうに表現することがある。そのことからも，結婚とは妻となる女性が
夫となる男性の「家」の一員になることだとイメージされることが多い。だ
が，本当に結婚は夫の「家に入る」ことなのだろうか。

　このことを戸籍という点から考えてみるとしよう。戸籍とは，個人の家族
関係や身分関係を明らかにするための制度で，自分自身の存在を公的に証明
する方法でもある。戸籍には，本籍地・氏名・性別・生年月日・戸籍に入っ
た日・父母（養父母）の氏名および続柄など，個人の人生に関する情報が記
載されている。例えば，日本国籍をもつ親が子を産んだ場合，必要な書類を
揃えて出生届を提出すると，その子は親がもつ戸籍の一員として記載され
る。そして，そのデータをもとに，親と子が家族であることが証明される。
結婚も同様に，必要な書類とともに「婚姻届」を出すことで夫婦であること
が公的に証明されることになるが，現行の法制下ではどちらかの戸籍に新た
なメンバーとして加わるのではなく，2人で新たに家族として籍を「作る」
ことになる。そのため，厳密にいえば「籍に入る」のではない。だが，先述

したような近代家族や家父長制度がもつイメージの影響で，結婚＝「家に入る」と捉えられることが多いのかもしれない。なお，成年に達した人は，親の戸籍から「分籍」することもできる。

(3) 墓と「家」

　また，結婚する／しないにかかわらず「家」との関わりを意識せざるをえない問題として，墓の存在を挙げることができる。現在では「家を継ぐ」という意識自体が希薄化しているといわれる一方で，墓に関しては継ぐことを希望する声も多い。例えば，NHK が2010年に実施した家族をテーマにした世論調査において，「男の子がいない場合は養子をとって家を継がせるべきだ」という質問に対して「そう思わない」と答えた人が88.3％に上ったのに対し，「先祖伝来の家屋敷や墓などは，大切に守って，子孫に伝えていくべきだ」という質問に対して「そう思う」と回答した人は67.5％にも上った（関谷・加藤 2010：19）。ここからも是が非でも「家を継ぐ」という意識は薄れる一方で，墓は継いでいくべき存在だとみなされていることがわかる。

　だが，墓をめぐる状況も近年変わりつつある。近年の日本社会では，家族構造の変化を受けて，誰が墓を継承するのかという問題が生じている。すでに述べてきたように，墓は「家」の誰かによって受け継がれていくものだと想定されてきた。「家を継ぐ」ことと「墓を継ぐ」ことはセットのように考えられ，そして墓の継承者が実質的に祖先祭祀の責任者であるとみなされた。だが，都市化や少子化といった社会状況の変化に伴って，そもそも「家」に対する考え方も多様化しており，養子をとってでも家を存続させたいと考える人も少なくなってきた。そのため，従来のように「家」のつながりを通じて墓を継承していくこと自体が難しくなりつつある。

　また，死をめぐる価値観の多様化が進むにつれて，継承を前提としない墓を求める人々や，そもそも墓を必要としないという立場に立つ人々も現れた。前者の例としては，自治体や NPO，寺院などが運営する合同墓や永代供養墓などが挙げられる。これらはいわば血縁を超えたつながりで墓を共有するというスタイルの墓でもある。子どもへの継承を前提とせず，宗教者が

定期的に供養してくれることもあって安心というわけだ。また，後者の場合には，散骨や樹木葬が挙げられる。また，他にも子どもが「娘だけ」となった場合の墓継承を解決する手段として「両家墓」が登場したりするなど，「家」の変化に応じて墓に対する考え方も多様化していることがわかる（井上 2003）。

　ここまでみてきたように，価値観や生き方が多様化しようともやはり「家」は私たちの生活と大きく関わっている。それはここで取り上げた結婚や墓だけでなく，例えば親の介護などという文脈でもきっと「家」の存在を意識する機会が出てくるだろう。その意味では，私たちはいつの時代も何らかのかたちで「家」にとらわれ続けるとみることもできる。

4　「家」のこれから

　ここまでみてきたように，文化人類学における親族研究は社会の成り立ちを明らかにするために始められてきたが，親族研究そのものに対する批判を受けて一時的に停滞することになった。だが，近年では親族研究が再び盛り上がりをみせるようになっている。

　その背景の一つには新生殖医療技術の発達が挙げられる。新生殖医療技術が発達するにつれて，体外受精や代理出産制度を利用して子どもを授かるカップルが増加した。これは同時に自然なものと自明視されてきた親と子の関係や家族に対する認識を変えるものとして，様々な角度から研究が行われている（例：上杉 2005）。

　また，現代の家族は，血縁や法的婚姻を前提にした存在ばかりではない。社会状況の変化に伴い，家族のかたちや生き方そのものが多様化している。このことをふまえるとこれからの家族を考えるためには，いかに「家族であるのか」という見方ではなく，いかに「家族になる」のかという視点から家族を考えていく必要がある（cf. 小池・信田 2013）。

　例えば，家族・親族論の新たな見方として近年注目を集めるのが，カーステンの「つながり（relatedness）」という考え方である（Carsten 2004）。カー

ステンは，東南アジアのマレー漁民の親族関係の研究を行い，人々が共同居住と共食を通して親族となる様子を描いた。このように，日常のなかでどのように家族や親族が立ち上がってくるのか，その動態的な側面に目を向けていく必要があるだろう。

　最後に。私たちにとって，家族という存在は身近であり当たり前な存在である。そうであるがゆえに，私たちがもつ家族のイメージは自己の経験に根ざしたものになりがちだ。特に現代では家族のかたちも多様化していることから，これまで培ってきた家族のイメージでは捉えられない出来事にぶつかって混乱してしまうかもしれない。そうならないためにも，様々な家族の多様性に目を向けて，一度「当たり前」を問い直しておく必要がある。今後，家族がどのような存在となっていくのか，みなさん自身も考え続けてほしい。

参考文献

有賀喜左衛門　1949（1969）「日本の家」『社会史の諸問題』有賀喜左衛門著作集7，未來社，265-319頁。

井上治代　2003『墓と家族の変容』岩波書店。

岩本通弥　2002「イエ」小松和彦・関一敏編『新しい民俗学へ——野の学問のためのレッスン26』せりか書房，155-167頁。

上杉富之編　2005『現代生殖医療——社会科学からのアプローチ』世界思想社。

大野啓　2014「家とイエ」民俗学事典編集委員会編『民俗学事典』丸善，244-245頁。

落合恵美子　1989『近代家族とフェミニズム』勁草書房。

ガフ，E・C　1992「ナーヤルと婚姻の定義」杉本良男訳，村武精一編『家族と親族』新装版，未來社，24-52頁。

小池誠　2012「『家』の存続と生命観」河合利光編『家族と生命継承——文化人類学的研究の現在』時潮社，101-122頁。

小池誠・信田敏宏編　2013『生をつなぐ家——親族研究の新たな地平』風響社。

関谷道雄・加藤元宣　2010「家族の中の"すれ違い"——『家族に関する世論調査』から」『放送研究と調査』60（7）：2-23。

マードック，G・P　2001『新版　社会構造』内藤莞爾訳，新泉社。

モルガン，H・L　1971『古代社会』改版，荒畑寒村訳，角川書店。

レヴィ＝ストロース，C　2000『親族の基本構造』福井和美訳，青弓社。

レヴィ＝ストロース，C　2018『仮面の道』山口昌男・渡辺守章・渡辺公三訳，ちく
　　ま学芸文庫。

Carsten, J. 2004. *After Kinship*. Cambridge: Cambridge University Press.

Schneider, D. M. 1984. *A Critique of the Study of Kinship*. Ann Arbor: The
　　University of Michigan Press.

●課題●

1　あなたにとって「親戚」とはどのような範囲の人々だろうか。結婚式や葬式のような機
　　会を例に考えてみよう。
2　「家」によって継承されてきたもの（例えば，墓や位牌など）は今後どうなっていくの
　　だろうか。あなたなりに考えてみよう。
3　夫婦別姓をめぐって様々な意見が出ている。なぜ様々な意見が出ているのか，本章の内
　　容をふまえながら考えてみよう。

●読書案内●

『リン家の人々――台湾農村の家庭生活』
　　　　マージャレイ・ウルフ，中生勝美訳，風響社，1998年
　　　　1960年代の台湾の農村部を舞台とした伝統的家族に関する民族誌。著者
　　　　は人類学者の妻という立場から，婚入した女性が家族関係に影響を与え
　　　　るさまを生き生きと描き出した。女性という視点から家族を考える重要
　　　　性を教えてくれる。

『つながりの文化人類学』高谷紀夫・沼崎一郎編，東北大学出版会，2012年
　　　　本章でも取り上げた「つながり（relatedness）」という視点から編まれ
　　　　た論文集。アジアのみならずヨーロッパやアフリカなど幅広い地域の事
　　　　例を取り上げながら「つながり」のあり方について探求している。

『21世紀家族へ――家族の戦後体制の見かた・超えかた』第4版，
　　　　落合恵美子，有斐閣，2019年
　　　　家族社会学者による近代家族論。主に女性の生き方に着目しながら，戦
　　　　後の日本社会における家族の変容について丁寧に議論している。わかり
　　　　やすい表現で書かれているため，入門書としてオススメの一冊。

【コラム❸】

ドメスティック・バイオレンス

飯高伸五

　ドメスティック・バイオレンス（DV）は，家族や恋人など親密な関係性のなかで発生する暴力のことで，加害者が成人男性，被害者が女性や子どものことが圧倒的に多い。物理的な力の行使のほか，暴言や無視による人格の否定など，継続的な暴力を通して支配が永続化される。日本でDVが問題化されたのは1980年代以降，DV防止法（配偶者からの暴力の防止及び被害者の保護に関する法律）が施行されたのは2001年のことで，欧米諸国より遅い。日本にDVは存在しないといわれたこともあるが，いまや夫から妻へ，パートナー間で，介護を受ける年長者へ，親から子どもへ，子どもから親へ（特に息子から母親へ）など多様なDVが報告されており，深刻な社会問題になっている。

　DVの加害者は，暴力を通じて相手を支配しながら，自分に注意を向けさせる。「会社でストレスがたまっていて」と同情を誘う夫。「いま介抱してくれないと死ぬかも」と懇願するアルコール依存症者。「こんな私になったのはお前のせい」と親を責め立てる息子。彼らは巧妙に妻や母親のケアを引き出し，彼女らがケアに生きがいを見出すように誘導し，自分の犯した罪を相殺する。こうして加害者と被害者が共依存（co-dependency）の関係に陥れば，DVから容易に逃れられなくなる。

　DVの背景には，暴力を振るう者の生い立ちなどの個人的背景から，貧困などの社会経済的要因まで様々な原因があるが，すくなくとも現代日本における夫から妻への暴力の背景には，一定の文化的価値観が見え隠れしている。女性の社会進出が進んでも，不平等なジェンダー規範は温存され，妻は家事や育児への責任，そして夫や夫の両親に対する世話も期待される。ずいぶんと時代錯誤のようだが，日本では妻によるケアへの期待が依然として高く，家事や育児を分担する「理解ある夫」でも，結局は仕事を理由に妻に頼る。こうした態度は，ケアする女性（妻）の存在を無条件にあてにしているという点で，DVの態度と地続きである。家父長制の亡霊をみている男（夫）たちは，誰でも潜在的にDVの加害者になりうる。

58

生を終える

老いと死のこれまでとこれから

兼城糸絵

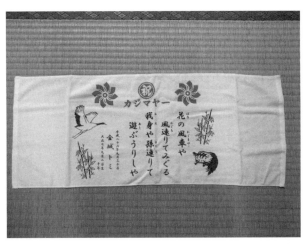

筆者の祖母がカジマヤーを迎えた際に配ったタオル。カジマヤーを迎え
た本人の氏名とともに、民謡「花の風車」の歌詞が印刷されている
(2020年、筆者撮影)

1　人間の一生と通過儀礼

(1)　老いや死の迎え方

　50年後、自分がどうなっているか想像できるだろうか。老いや死は、人間
を含む生物にとって普遍的に起こる出来事であり、今のところ逃れることは
できない。だが、時代や社会によって生活のあり方が異なるように、死に対
する考え方や死への対処法も異なっている。例えば、「畳の上で死ぬ」とい
う言葉があるように、かつては自宅で死を迎えることが「当たり前」とされ

ていたが，今ではそのようなケースはむしろ稀で，病院で死を迎える人の方が多い。同様に葬儀もかつて家族や親族，隣人たちの助けを借りながら自宅で執り行っていたものが，今では葬儀会社に依頼しセレモニーホールで行うことが「当たり前」になっている。

一方で，医療制度の拡充に伴い，日本は世界でも有数の長寿国となった。これは，死を迎えるまでの時間がこれまで以上に長くなっていることを意味する。それゆえ，「終活」のように，老後の有意義な過ごし方を模索したり，人生の最期を迎えるための準備したりといった動きもみられるようになってきた。これらのことから，現代の日本社会では老いや死の迎え方が徐々に変化していることがわかる。

本章では，文化人類学的な視点から日本社会における「生の終え方」，より具体的にいえば老いと死のあり方について考えてみたい。ここまで簡単に述べてきたように，老いと死のあり方は，社会の変化と密接に関わっている。そう考えると，老いと死について考えることは，その社会や文化のあり方を考えることにもつながっている。以上をふまえ，本章では，老いとその先にある死について「通過儀礼」という概念を手がかりにしながら検討していく。

(2) 通過儀礼とは？

まず，通過儀礼について説明しておきたい。通過儀礼とは，ある状態から別の状態へ移行する際に行われる儀礼のことを指す。この概念は，フランスで活躍した民族学者アルノルト・ファン・ヘネップ（Arnold van Gennep, 1873-1957）によって体系化されたものである。ファン・ヘネップは，その著書『通過儀礼』（ファン・ヘネップ 2012）において，個人の一生が年齢の階梯を経て役割を変化させていくこと，そしてその個人の年齢や身分，地位の変化に応じて何らかの儀礼が行われていることに着目した。そして，世界各地の儀礼を検討した結果，それらの儀礼には共通する構造があることを見出した。すなわち，①元の状態・地位から分離するための儀礼（分離儀礼），②元の状態・地位から新しい状態・地位に移行する儀礼（過渡儀礼），③新

たな状態・地位に統合されるための儀礼（統合儀礼）である。これらの儀礼はすべての通過儀礼に均等にみられるのではなく，儀礼の目的に応じて強調される程度が異なっている。例えば，葬儀の場合には分離儀礼が繰り返し行われる様子がみられるし，結婚にまつわる儀礼では過渡や統合に関する儀礼が重視されることが多い。

　また，通過儀礼のなかでも人生儀礼と呼ばれるものは，人間の一生と深く関わっている。人生儀礼とは，人生の節目に行われる儀礼のことである。多くの社会において人間の一生はいくつかのカテゴリーに分けて把握されている。そして，私たちは人生を生きるなかで様々なカテゴリーに所属していくことになる。そのカテゴリーには例えば「子ども」「青年」「成人」「壮年」「老年」といった成長過程に応じたものや，「既婚者」「未婚者」，「父」「母」という社会的地位や立場に基づいたカテゴリーも存在する。あるカテゴリーから別のカテゴリーに移行するタイミングは社会や時代によって異なっているが，移行のタイミング（＝人生の節目）には何らかのかたちで儀礼が行われていることが多い。それらの儀礼を経て「子ども」から「成人」へ，そして「未婚者」から「既婚者」へ，さらには「生者」から「死者」へと社会的地位を変化させていくことになる。

　人生儀礼の代表的な例として，「成人」と認められるための成人儀礼や，「未婚者」から「既婚者」となるために行われる婚姻儀礼が挙げられる。それらの儀礼では，身分や状態の変更を象徴的に表す衣服を身につけることでその地位を表現する様子がみられる。例えば，新婦が着る「白無垢」や「ウェディングドレス」，あるいは還暦を迎えた人が身につける「赤いちゃんちゃんこ」はその代表例だといえる。

　また，人生儀礼の対象は基本的に個人であるが，儀礼の現場には当事者以外にも多くの人々が参加していることが多い（cf. 波平 2009）。例えば，結婚式は，一般的にカップルだけではなく，その家族や友人らが大勢参加して行われることが多い。そこでは，結婚の宣誓や指輪の交換が行われるなど，参加者の目の前でカップルの結婚が成立したことが表明される。結婚式を行うことによって，周囲の人々はそのカップルを「既婚者」として認めることに

なるし，カップルの側も「既婚者」らしい行動を求められることになる。つまり，結婚式は単に新たなカップルの成立を祝福するだけでなく，それを周囲の人々が受け入れ，社会的に承認する機会になっているといえる。通過儀礼は，ある人の社会的な地位の変化を本人に意識させるとともに，新たな責任や役割が生じたことを周囲の人々が認めるという社会的機能も担っている。

　ファン・ヘネップが通過儀礼として取り上げた儀礼は人生儀礼以外にも多岐にわたっており，そのなかには何らかの集団に加入するための儀礼も含まれている。それをふまえると，例えば入学式や入社式も「大学生」や「社会人」というカテゴリーへ移行するための通過儀礼だとみなすことができる。2020年春，新型コロナウイルス感染症の流行拡大に伴い，「密」を避けるために大学の入学式やオリエンテーションが中止された。そのため，当時多くの新入生は，入学式やオリエンテーションという「通過儀礼」を経験することなく大学生活に突入せざるをえなかった。その時期，SNS 上では「大学生になった実感が湧かない」という声が多くみられた。「大学生」としての自覚がもちにくくなったのも，入学式やオリエンテーション，サークル勧誘などといった「通過儀礼」がなかったことと関係しているのかもしれない。

2　老人となる

⑴　老人とはどのような人なのか？

　老いることは，病気や事故である日突然命を落とさないかぎり，長く生きていれば人間誰しもが経験することである。老いは身体機能の衰えなどと密接に関わっていることから，老いること自体がネガティブなイメージで語られることも少なくない。例えば，「アンチエイジング」という言葉があるように，しばしば老いは克服すべき現象としてイメージされている。その一方で「おばあちゃんの知恵袋」というように，歳を重ねたからこそ身についた知識や知恵が称賛の対象になることもある。このように，老いることはネガティブにもポジティブにも表現されているが，これらは「老い」の当事者たちから発せられたというよりも，メディアをはじめとする社会の側が作り出

したイメージであることが多い（菅沼 2017：7-8）。むしろ、「老い」の感じ方・捉え方は、こうした単純なイメージで捉えられないほど多様であることが考えられる。

　それに、何をもって「老いた人」とみなすかは、社会や文化によって異なっている。青柳は「老い」の定義について、年齢を重ねることやそれに伴う身体の変化（白髪や老眼、性的能力など）、社会的地位の変化（隠居する、祖父母になる）といった項目を挙げている（青柳 2004）。だが、年齢一つをとってみても、何歳になれば老人とみなされるのかは時代や社会によって異なっている。例えば、戦前の日本では40歳を迎えると初老に入ったとされ、60歳を迎えるとなると「相当な老人」とみなされ盛大に還暦祝いが行われたという（小野 1979：145-146）。また、日本の農村部ではかつて「隠居」することが老人となることの目安であった。「隠居」を迎えるころになると、男性であればその息子に家長の地位を譲り、女性であれば嫁に「主婦権」を譲るなどして、それぞれの仕事や役割から退いていった。加えて、これまで暮らしていた母屋からその後の生活のために用意された家屋に移るなど、地域によっては生活空間を分離することもあった。

　現在の日本社会は家族のあり方や産業構造も多様化し、さらには平均寿命も以前とは比べものにならないほど長くなっている。そのため、何をもって老人とみなすのかという指標にも変化がみられる。現在では、定年退職や年金受給開始年齢を迎えることが老年期（高齢者）への移行の目安とされているが、高齢者と呼ばれる人々のなかには身体的に目立った衰えがない人もいるだろうし、そもそも高齢者という自覚すらない人もいるかもしれない。そう考えると、社会が用意した高齢者というカテゴリーと自己意識は、必ずしもぴったり重なりあうものではないことがわかる。「老い」の定義も時代や個人を取り巻く状況によって多様化しているというのが現状であろう。

(2)　通過儀礼からみる老人

　では、私たちはどのように老人になっていくのだろうか。この問題を通過儀礼という視点から考えてみよう。老人に関する通過儀礼のうち、最もポ

ピュラーなのが還暦であろう。還暦とは，60歳を迎えると行われる祝い事であり，家族や友人などで宴会を行い，還暦を迎えた者に「赤いちゃんちゃんこ」を贈ったりする。もっとも，近年は60歳に達しても現役として働いている人も多く，本人にも「老人（高齢者）になった」という自覚がない場合もあるため，祝い事を行わないこともある。だが，還暦を皮切りに，以後古希（70歳），喜寿（77歳），傘寿（80歳），米寿（88歳）という具合に一定の年齢に達すると長寿を祝う機会が設けられている。それらの祝い事が行われるたびに，長寿者としての地位を確かなものにしていくことになる。

　このような長寿に対する祝い事に関心が高い地域として，沖縄が挙げられる。ここでは，安達（1991）および片多（2004）の報告をふまえて，長寿を祝う儀礼をみていく。沖縄では長寿儀礼に該当するものがいくつか存在するが，なかでも88歳に行われるトーカチや97歳に行われるカジマヤーは「長寿」の象徴となっている。ここでは最たる例としてカジマヤーをみてみよう。

　カジマヤーとは，97歳（数え年）を迎える年に行われる長寿儀礼のことを指す。カジマヤーという呼び名の由来は不明だが，「この歳を迎えると人は子どもに生まれ変わり，カジマヤー（風車）をもって遊ぶ」ことに由来するという説がある。今ではほとんどみられないが，かつてカジマヤーが行われる際には祝い事だけでなく，模擬葬儀も行われていた（古家 2009）。模擬葬儀はカジマヤーの前夜に行われた。カジマヤーを迎える人に死に装束を着せて布団に横たえ，家族がその周りを取り囲み，本当に死んでしまったかのように泣きながらその人の名前を呼び続ける。それから，その人を起こして死に装束を脱がせる，という具合だ。のちに縁起が悪いという理由でいつしか模擬葬儀は廃れてしまい，現在では祝福の部分だけが残ったとされている。

　さて，沖縄社会におけるカジマヤーは，生きているうちに経験する人生儀礼のなかでは最大規模のものとして位置付けられている。医療が発達したとはいえ，97歳まで生きることは容易ではない。そのため，カジマヤーを迎える人は長寿者の象徴として，そして人々に福を分け与える存在として一目おかれた存在になる。よって，カジマヤーを祝うことは本人とその家族だけではなく，集落の人々にとっても喜ばしいこととして受け止められている。カ

ジマヤーは，旧暦9月7日（この日がカジマヤーの日とされている）に行われる。自宅あるいは公民館などで大々的に祝宴を行うなど，地域を挙げてお祝いする場合が多い。そして，祝宴だけでなく，カジマヤーを迎えた者をオープンカーやトラックに乗せてパレードが行われることもある。その際には，長寿にあやかるべく多くの人が集まる。そして，パレードや祝宴に参加した者には記念品として長寿者の名前や縁起のいい言葉が入った手ぬぐい（冒頭の写真）などが配られる。これは一種のあやかりものでもある。

　ただし，カジマヤーは，97歳まで生きたすべての人々が経験できるわけではない。カジマヤーを迎える年齢まで生きる人はいても，病気や様々な事情によって祝宴が行われない場合もあるからだ。また，祝い事をしないからといって，彼らが高齢者として敬われないわけではない。例えば，高齢者（特に女性）は地域社会の伝統行事の担い手として活躍していることも多く，そうした現場では一定の存在力を発揮しているからだ。カジマヤーをはじめとする長寿儀礼は，人が老いることで祝福され，敬われる「長寿者」となることを示している。そしてそれはまた，当該社会が理想とするような生を終える過程を，つつがなく前進する人への祝福と敬意の表現ともいえるだろう。

　他方，近年の研究では，長寿儀礼のような民俗慣行から「老人像」を再構成するというよりも，むしろ人々がいかにして「老い」を自覚し受け入れているのかという視点から実証的な研究が行われている（例えば，後藤2017，菅沼2017）。それに，「老人」というカテゴリー自体が社会によって生み出され，かつ当人たちにとって相対的で多様なものとするならば，今後も多様化するであろう「老い」の実情を当事者の視点から考えていく必要がある。

3　死者となる

(1)　通過儀礼としての葬儀

　すでに述べたように，人間にとって死は誰にでも平等に訪れる出来事であり，今のところ避けることはできない。では，私たちはどのように死と向き合ってきたのだろうか。共通しているのは，人間が死を迎えるときには，生

き残った者によって何らかの儀礼的な行為が行われていることである。

　本節では人生最後の通過儀礼として葬儀を取り上げてみたい。葬儀はそれまで生きていた者の死を認め，生者から死者へと移行させるための儀礼である。ファン・ヘネップが指摘したように，葬儀にも分離・過渡・統合という３つの構造がみられる。すなわち，生者の世界から死者を分離するための儀礼，そして「生者でもなく，死者でもない」という過渡期の儀礼，さらに死者の世界へ統合するための儀礼である。だが，儀礼の内容は地域によって異なっており，日本社会内部にも多様な形態が存在している。

　このことを具体的な例に基づいて考えてみよう。ここでは，沖縄本島中部にある筆者の実家（以下，K家とする）で2007年に行われた葬儀の様子を取り上げてみたい。本来ならば葬儀は複雑な手順を含むものであるが，紙幅の都合上かなり簡潔に記述することになることを断っておきたい。なお，沖縄本島といえども葬儀の実施方法には多様性がみられる。ゆえに，今回取り上げるケースはあくまで「沖縄本島の葬儀」の一例である。また，本章で「沖縄の葬儀」を提示することは，第２章でも議論されたような日本社会がもつ多様性について考える手がかりになるのではないかと考えている。

(2)　死の確認と葬儀の準備

　2007年８月，筆者の祖母（仮にAとする）が，入院先の病院で息を引き取った。家族は悲しむ間もなく，葬儀の準備にとりかかった。筆者の地元では当時自宅で葬儀を行うことが一般的であったが，棺や祭壇などは葬儀会社に依頼して用意してもらっていた。筆者の父親（Aの長男）も同様に，近くの葬儀会社に連絡をとって葬儀の準備を始めた。そうこうしているうちに，病院で処置を終えた祖母の遺体が自宅に戻ってきた。夜になると自宅にて通夜が行われた。通夜にはごく親しい親族のみが参加し，Aとの別れを惜しんだ。

(3)　葬儀と納骨

　翌日，朝早くから葬儀会社のスタッフが自宅を訪れ，手際よく祭壇を設置し，遺体を納棺した。それから葬儀会社が依頼した僧侶も到着し，葬儀が始

まった。葬儀の進行は基本的に葬儀会社に任される。読経などが終わると出棺し、Aの遺体は火葬場にて荼毘に付された。火葬後、Aの骨は家族の手によって骨壺に納められた。それから自宅に戻り、告別式が行われた。告別式には親族をはじめ知人や集落の人々が大勢集まった。順に焼香を行い、死者へ別れをつげた。

その翌日、納骨が行われた。K家の墓には、すでに他界したAの夫とその両親の遺骨が納められている。この地域では、「墓の扉の向こう側はあの世である」と考えられている。墓の扉を開けると「ヤナムン」と呼ばれる「悪いもの」が出てくるとされ

写真4-1　筆者の実家の墓。納骨のため扉が開いているが、普段は閉じている。白い紙はこれから納骨することを示すサインだという（2007年、筆者撮影）

ていて、危険な行為だと考えられている。そのため、親戚のなかでも「拝み」（神や祖先に対する祈祷や儀礼）に詳しい女性（仮にBとする）の指示のもと、作業が進められた（写真4-1）。

納骨を済ませ自宅に戻ると、Bさん主導のもと「マブイワカシ（魂分かち）」が行われた。「マブイワカシ」とは、死者と近親者が袂を分かつための儀礼である。納骨後、しばらくの間は死者の魂が墓と死者の家の間を自由に行き来しているとされている。死者の霊に対して早くあの世へ行くように促すために行われるのが「マブイワカシ」である。ちなみに、「マブイワカシ」は沖縄本島の他地域では四十九日の前後に行われることが多い。

「マブイワカシ」では、砂浜で拾った珊瑚のかけらを使用する。「マブイワカシ」を始める前に、家中のあかりを落として薄暗い状態にする。そして、Aの長男が「ダン！ダン！」と大きな足音を鳴らしながら家中を歩き回り、大声で「この家にはもういられませんよ、早くあの世に行って下さい！（ウヌヤーンカイウラランドー、ヘークグソーンカイハレー！）」と叫びながら、袋に入った珊瑚のかけらをあちらこちらへ投げつけた。そうすることで、死者

第4章　生を終える　　67

はこの家に居場所がないことを悟り，あの世へ行くのだそうだ。また，この儀礼は同時に墓からついてきた「ヤナムン（悪霊）」を追い払う効果もあるという。「マブイワカシ」が終わると，自宅の外に貼られていた葬儀案内の張り紙を燃やす。それをもって葬儀も終了したことになる。

(4)　葬儀後の儀礼——「ヒヌヤミ」

　葬儀が終わった後も，四十九日を迎えるまでは様々な供養が行われる。朝，昼，晩には，お茶と食事を死者に供えるほか，命日から数えて1週間ごとに墓参りを行う。四十九日を迎えると，それ以降は命日や盆などの機会に定期的に死者を弔うことになる。

　また，葬儀から数日後には「ヒヌヤミ（あるいはヒヌヤミスーコー）」と呼ばれる儀礼が行われる。この儀礼は，家族や親族が死者とのつながりを断つために行われるものであるが，穢れを払うという目的もある。

　まず，儀礼に参加する家族らが引き潮の時間帯に墓へ行き，供物を捧げる。その後，近くの海岸へ移動し，前もって用意したサン（ススキなどで作った魔除けの道具）を2本組み合わせて門のような型にして砂浜に設置する。そして，靴を脱いだ参加者は一人ずつサンの門をくぐり抜けてそのまま海に入り，波が3回寄せては返す間手足を浸す。こうすることによって，死者や墓から連れてきた「悪いもの」とつながりを断つことになる。もし仕事などで「ヒヌヤミ」に参加できなかった家族がいる場合には，自宅の敷地の外にサンと海水を用意しておき，砂浜で行ったようにサンをくぐり抜け海水で手足を清めてもらう。そうすることで，同じように死者や「ヤナムン」とのつながりを断つことができるとされている。

　四十九日になると，再びBさんがK家へやってきた。Bさんがすべての儀礼が終了したことを仏壇にむかって報告し，それをもって喪明けとなった。

　以上の記述を通過儀礼という視点から整理してみよう。葬儀を構成する様々な儀礼をみると，「分離」にまつわるものが多くみられることがわかる。今回取り上げた「マブイワカシ」と「ヒヌヤミ」では，いずれも死者が生前ともに暮らしていた家族から「分離」されることが明確に表現されてい

た。「マブイワカシ」では死者の魂を家から追い出すことで死者を家族から「分離」しようとしていたし、「ヒヌヤミ」ではサンをくぐり抜けることや海に手足を浸して清めることで死者や「ヤナムン」とのつながりを断つことを表現していた。このことからも、葬儀が全体的に分離儀礼の特徴を強くもつことがわかる。

　また、四十九日までの期間は、生者が死者になるための過渡期として捉えることもできる。すでに述べたように、この期間の死者は「あの世」の住人でありながら、ときどき「この世」に戻ってくると考えられている。死者のための食事やお茶の用意が行われるのもその所以である。四十九日をもって死者に関する儀礼も終了すると、食事やお茶の用意も行われなくなり、その後は祖先として定期的に祀られることになる。したがって、これを機に死者が完全に「あの世」へ「統合」されたと捉えることも可能である。

　これまでともに暮らしてきた人が死を迎えることは、家族にとって衝撃的な出来事である。だが、葬儀を通じて生者の死を認め、死者となっていく過程を経験することで、親しい人の死を受け入れる用意ができあがってくる。そのため、葬儀はかつてともに生きてきた者を死者として変換させていくだけではなく、残された人々も「死者を弔う人々」という立場へ変換させていく役割を担っているといえる。

　本節で記述した葬儀はすでに10年以上前の出来事であることから、現在沖縄で行われている葬儀には何かしらの変化が生じていることが考えられる。また、本節で記述したような複雑な儀礼的手続きを行わず、簡単な手続きを経て近親者だけで送り出すケースもあるだろう。特に、新型コロナウイルス感染症が拡大した時期には、感染リスクを減らすために近親者のみで葬儀を行ったほか、直葬（納棺後すぐに火葬すること）を選択せざるをえないケースもみられた。加えて、近年は「終活」のように生前に葬儀の内容を決める人々や、家族や地縁組織に頼らずに冠婚葬祭の互助会のようなサービスを利用する人々も増えつつある。このように葬儀が多様化する背景には、死に対する意味付けの変化が生じていることが考えられる。葬儀の役割は変わらずとも、そのかたちは今後も多様化していくだろう。

4 祖先になる

(1) 祖先と祖先祭祀

　前節でみてきたように，生者は葬儀を経て死者となり，そしてその家の祖先となる。では，祖先とは，いったいどのような存在なのだろうか。祖先という言葉を聞いて亡くなった祖父母のことを思い出す人もいれば，一族のなかでも名の知れた「ご先祖さま」のことを思い出す人もいるかもしれない。これらに共通しているのは，祖先とは死者でなければならないということだ。だが，すべての死者が祖先になれるというわけではない。なぜなら，死者が祖先となるには，生きている者との間に何かしらの関係（例えば血縁関係など）があることが必要だからである。逆にいえば，自分と関係のない死者を祖先として祀ろうとは思わないだろう。

　このように，特定の死者を祖先として祀る宗教体系を「祖先崇拝」と呼ぶ。日本では祖先崇拝という言葉ではなく，「祖先祭祀」という言葉を用いることが多い。よって，以下では基本的に祖先祭祀という言葉を用いる。

　すでに述べたように，祖先祭祀が成立するには，祖先と子孫の存在が必要である。祖先と子孫はしばしば血縁関係にある人々だとされるが，例えば養子のように血のつながりがない場合もある。また，祖先祭祀が行われる社会では，祖先は亡くなった者であるだけではなく，子孫に対して何らかの（しばしば超自然的な）影響力をもつ存在だとみなされている。例えば，大学受験を前に両親や祖父母に「ご先祖様に手を合わせておきなさい」と言われ，仏壇にむかって「合格しますように」とお願いした経験はないだろうか。この場合，祖先は子孫に「合格」という「恵み」をもたらす神のような存在として期待されているといえる。そう考えると，「祖先が子孫に対して影響力をもつ」という説明も違和感なく受け入れられるのではないだろうか。

(2) 祖先祭祀に関する研究

　日本で暮らす人々にとって，祖先はわりと身近な存在である。そうである

がゆえに，祖先祭祀＝日本独自の伝統文化だと思っている人もいるかもしれないが，実のところ祖先祭祀は東アジアをはじめ，アフリカなど世界各地でみられる。「祖先を祀る」という行為について先駆的な研究を行ったのが，イギリスの社会人類学者マイヤー・フォーテス（Meyer Fortes, 1906-1983）である。フォーテスは，西アフリカのタレンシ族の事例に基づいて，「祖先崇拝」という宗教体系が親族組織と強く関わっていることを明らかにした（フォーテス 1980）。フォーテスの議論は，祖先祭祀を宗教的な視点から捉えるだけでなく，社会構造との関わりから検討したことで祖先祭祀に関する研究に重要な視点をもたらした。ただし，フォーテスの議論は単系出自集団（第3章参照）が発達した社会をモデルにしたものであったため，単系出自集団が発達していない日本社会の事例を説明するには不十分な点もあった。だが，上野も述べるように，祖先祭祀を社会構造と結び付けて検討しようとしたことは，のちの日本における祖先に関する研究に大きな影響を与えた（上野 1992：9-10）。

　日本の祖先祭祀に関しては，「イエ」との関わりという観点から多くの研究が行われた（第3章参照）。特に，祖先の存在が日本人の死生観や他界観とどのように関わってきたのか，そして社会や家族のあり方が変化するなかで，祖先祭祀がどのように実践されているのかという点について研究が重ねられてきた。

　なかでも，祖先祭祀の研究が多く行われた地域の一つが，沖縄や奄美といった南西諸島である。人類学者や民俗学者が南西諸島に注目した理由には，日本本土と比べて独特の系譜認識や世界観がみられたことや，そもそも祖先に対する関心が高いことが挙げられる。とりわけ人類学者の注目を集めたのが，父系出自の重視という点である。例えば，沖縄の場合，祖先祭祀の担い手は，父親から息子（長男），そしてさらにその息子（長男）へ継承していくことが望ましいとされる。逆に，女性が祭祀権を継承することは理念的によくないこととされ，何らかの厄災が起きることがあるとされている。このような父系出自の重視という議論は，同様に父系出自を重視する東アジア社会との比較を念頭においた研究へ結び付けられていった。

また、「祖先を正しく祀らないと不幸なことが起きる」と信じられている
ことも沖縄の祖先祭祀を特徴付けるポイントである。多くの場合、そこには
ユタと呼ばれる民間の霊的職能者が関わっている。祖先祭祀を実践するにあ
たってはいくつか守るべきルールがあり、それに従って祭祀が継続されなけ
ればならない。例えば祭祀を怠ったりすることは、しばしば祖先の怒りを買
う行為として語られる。祖先の怒りを買わずに、平穏無事に暮らしていくた
めにも、適切なかたちで祖先祭祀を続けることが必要なのである。

(3)　祖先祭祀の実際①――祖先とは誰のこと？

　では、K家の事例に戻って、祖先祭祀の実態について考えてみたい。ここ
で考えたいポイントは、誰が祖先となるのか、そして祖先をどのように祀っ
ているのかという点である。

　沖縄において祖先とみなされる死者は、基本的に父系血縁でつながってい
ると考えられている人々である。K家は同一集落内にある本家から分家して
おり、Aとその夫が初代家主となっている。現在この家には、Aとその夫の
息子（長男）夫婦とその未婚の子どもが暮らしている。現在（2021年）、K家
の仏壇におかれた位牌にはAとその夫の名が刻まれている。K家の長男夫婦
（すなわち筆者の両親）によれば、K家の「祖先」にあたるのは「A夫妻」お
よび「Aの夫の両親たち」だという。だが、実のところK家にはもう一つ仏
壇がある。そこには、Aの母親の位牌が祀られている。Aは母子家庭で育っ
たこともあり、母親の位牌を持参してK家に嫁いできた。だが、K家からす
れば他家の位牌をK家の仏壇で祀るわけにはいかなかった。なぜなら、他家
の位牌を一緒に祀ることはタブー視されており、何かしらの不幸が起こるか
もしれないと考えられたからだ。そこで、家族と相談した結果、自宅の敷地
内に小屋をつくり、そこでAの母親の位牌を祀ることになった。Aの母親は
K家の人々からみれば「我々の祖先であるとは言いにくい」が「放っておく
こともできない」とされている。

　このように、死者＝祖先ではなく、その社会で定められたルール（ここで
いえば父系血縁）に従って祀るべき「祖先」が選ばれていることがわかる。

そして，何かしらの不備が生じないように慎重に死者や祖先に対応することは，未来に起こるかもしれないリスクを回避しようとする行為であると読むこともできる。

(4)　祖先祭祀の実際②──いつ・どのように祖先を祀るのか？

　ここではいつ，どのように祖先を祀っているのか簡単に紹介したい。沖縄の祖先祭祀は，日々行うものと年中行事として行われるものに分けられる。特に後者に関しては，正月，十六日祭（ジュウルクニチと呼ばれる），春の彼岸，清明祭（シーミーと呼ばれる），七夕，盆（旧盆），秋の彼岸，冬至といった機会が挙げられる。これらのなかには，仏壇におかれた位牌に対して行われるものもあれば，仏壇と墓の両方で行われるものもある。また，沖縄の祖先祭祀では供物として「ご馳走（クワッチー）」（豚肉料理などが詰め込まれた重箱）を用意するほか，「ウチカビ」と呼ばれる紙で作られた「お金」（紙銭）もよく利用されている。一般的に，沖縄ではあの世でもこの世と同じような暮らしが営まれていると考えられている。子孫は祖先があの世で暮らしていけるように「お金」を「送金」する必要がある。その際に「ウチカビ」が用いられる。「ウチカビ」は燃やすことであの世へ送金できるとされているため，祖先祭祀の際によく燃やされている。ちなみに，「紙銭を燃やす」という習俗は，中国をはじめとする中華文化圏でも広くみられる。

　すでに述べたように，沖縄は祖先に対する関心が高い地域であるといわれているが，実際にはK家のように熱心に祖先祭祀を行う家もあれば，そもそも「祖先からの懲罰」という感覚をもたず祖先祭祀に対するこだわりがない人々も存在している。また，特定の宗教を信仰している場合には，祖先祭祀を行わないという選択をする場合もあれば，教義と折り合いをつけながら柔軟に祭祀を行っている様子もみられる。加えていえば，第3章でも触れたように，夫婦のみの家族や「おひとりさま」として暮らすことを選ぶ人がいるように，沖縄における家族のかたちも多様化している。したがって，沖縄社会における祖先への向き合い方には多様性があると考えた方がよいだろう。

　本章では，通過儀礼という概念を手がかりにしながら，老いと死という

「生を終える」過程とその後について考えてきた。ここまで述べてきたように，私たち人間は成長する過程で様々な通過儀礼を経験しながら，その社会的立場や役割を変化させていく。このような経験を繰り返していくことで改めて，私たちは人生を前に進めていると認識することができるのではないだろうか。その意味では，人間は自然に大人になっていくというよりも，文化的に用意された手続きを経ることによって成長させられている側面があるのかもしれない（cf. 浜本 2002）。

　また，それは死を迎えるという人生の最終段階においても同じことがいえる。本章でみてきたように，死を迎えるということは様々な儀礼的な手続きを経ながら生者から死者へ，そして祖先へと位置付けられていく過程でもあった。かつ，このような過程は少なくとも地域ごとに「お決まりのコース」があるかのように思われていた。

　だが，日本社会の現状をふまえると，このような死の迎え方は今まで以上に多様化していくことが予想される。例えば，様々な理由によって「お決まりのコース」を歩むことが困難なケースや，逆に「お決まりのコース」から自由になることを望むケースもみられるなど，死の迎え方そのものが揺らぎ始めている。こうした動きの背景には，家族観や死生観の変化，特に祖先祭祀に対する考え方の変化が影響を与えていると考えられる。老いや死とどのように向き合っていくのか，みなさんもじっくり考えてみてほしい。

参考文献

青柳まちこ　2004「老いの人類学」青柳まちこ編『老いの人類学』世界思想社，1-22頁。

安達義弘　1991「沖縄における長寿者の儀礼——その現行民俗行事を中心として」『九州文化史研究所紀要』36：173-221。

上野和男　1992「祖先祭祀と家族　序論」『国立歴史民俗博物館研究報告』41：7-21。

小野一成　1979「還暦」日本風俗史学会編『日本風俗史事典』弘文堂，145-146頁。

片多順　2004「長寿のシマ沖縄の高齢者たち」青柳まちこ編『老いの人類学』世界思想社，23-44頁。

後藤晴子　2017『老いる経験の民族誌——南島で生きる〈トシヨリ〉の日常実践と物語』九州大学出版会。

菅沼文乃　2017『〈老い〉の営みの人類学——沖縄都市部の老人たち』森話社。

波平恵美子　2009「人生儀礼」日本文化人類学会編『文化人類学事典』丸善, 16-19頁。

浜本まり子　2002「人生と時間」波平恵美子編『文化人類学（カレッジ版）』第2版, 医学書院, 76-110頁。

ファン・ヘネップ, A　2012『通過儀礼』綾部恒雄・綾部綾子訳, 岩波書店。

フォーテス, M　1980『祖先崇拝の論理』田中真砂子編訳, ぺりかん社。

古家信平　2009「年祝いにみる擬死と再生」古家信平・小熊誠・萩原左人『南島の暮らし』日本の民俗12, 吉川弘文館, 25-92頁。

●課題●

1　あなた自身が経験した通過儀礼を振り返り, そこにファン・ヘネップが指摘した3つの構造がみられたかどうか考えてみよう。
2　「老い」を自覚したエピソードを集めて, 「老い」がどのように捉えられているのかを考えてみよう。
3　葬儀会社のホームページには, 様々な葬儀プランが提示されている。それらをもとに, 現代日本における葬儀のあり方の特徴を考えてみよう。

●読書案内●

『〈ひとり死〉時代のお葬式とお墓』小谷みどり, 岩波新書, 2017年
　　社会の変化とともに, 人生の終わり方も多様になっている。本書では, 日本各地で進行する新しい死のかたちを提示しながら, 葬儀や墓のこれからについて考えるヒントを提供してくれる。

『アフリカの老人──老いの制度と力をめぐる民族誌』
　　田川玄・慶田勝彦・花渕馨也編, 九州大学出版会, 2016年
　　長年アフリカをフィールドとしてきた人類学者が, アフリカの老人たちを描いた論文集。アフリカ社会で老人がどのように生き, そして周囲からどのような存在と捉えられているのかがわかりやすく描かれている。「日本で老いること」を相対的に考えるためにもお勧めしたい。

『葬儀業のエスノグラフィ』田中大介, 東京大学出版会, 2017年
　　現代日本における葬儀業のあり様とその役割を検討した葬儀会社の民族誌。著者自身が実際に葬儀社でスタッフとして働いた経験をもとに葬儀の現場を内側から丁寧に描いていて, とても読み応えのあるエスノグラフィとなっている。

臓器移植

中村八重

　高度な医療技術を誇る日本において，実は臓器移植はさほど活発ではない。日本臓器移植ネットワークによれば，100万人あたりの臓器提供者数は，最も多いスペインで48，韓国8. 66，日本は0. 77である。臓器移植は生体からの提供と，死後（心停止または脳死）の提供で成り立つ。日本では，脳死は人の死なのか，提供は誰が決めるのかをめぐって，長い間議論が続いた。その背景の一つに，日本初の心臓移植「和田移植事件」（1968年）がある。脳死や移植の適応に疑惑が残っていて，このために脳死移植が停滞し制度が厳しくなったとされている。1997年「臓器の移植に関する法律」により，本人の意思があり，家族が同意した場合に，脳死判定が行われて臓器提供ができることになった。さらに2009年の改正で，本人の意思がなくても脳死からの臓器提供が可能になり，親が同意すれば子どももドナーになれるようになった。

　それでもなぜ臓器移植は増えないのか。日本人の死生観から脳死が受け入れられない，日本は西洋と身体観が異なるといった文化論も広く議論されてきた。新しい制度が導入されるとき，伝統と衝突すると考えられがちだ。しかし，韓国の場合，臓器移植のイメージ向上に伝統とされる儒教が利用された。2000年代のことだが，生体移植で親に提供した子どもは，儒教の大事な徳目である「孝」を実行したとメディアでもてはやされ，妻が夫に提供した場合は，妻の役割を果たしたと称賛されていた。

　臓器移植はしばしば「命の贈り物」といわれる。マルセル・モース（Marcel Mauss, 1872-1950）の贈与論から考えると，この贈与はお返しができない点で通常の贈与と異なり，もらった側は永遠に負い目を感じる（モース 2014）。レシピエントは苦悩し，ドナーやドナー家族も複雑な思いを抱くことがある。死とは，自己決定とは，伝統とは，贈与とはなど，臓器移植は様々な考えるべき問題を私たちに突きつける。

参考文献

モース，M　2014『贈与論　他二篇』森山工訳，岩波文庫。

第 5 章

信じる
日本社会における祈り

西村一之

バッグについた御守り。街のなか，キャンパスのな
かを往きかう人たちが持つカバンやバッグには，し
ばしば御守りがついている　　　（2021年，筆者撮影）

1　それ，信じてるの？

⑴　なぜ御守りをつけるのか

　本章のタイトルをみたとき，恐らく真っ先に思い浮かぶ言葉は「宗教
（religion）」ではないだろうか。そして，何か宗教を信じているかと問われれ
ば，ほとんどの人が自分は何も信じてない，無宗教だと答えるだろう。とこ
ろで，大学の授業中，時々こんなことを学生に尋ねる。「カバンに御守りを
つけている人はいますか」。ほとんどの学生のリュックや手提げカバンに

は，多種多様な御守りがついている。続けてこんな悪口を言う。「ところ
で，それをつけると何かよいことあるの」。すると首をかしげ困った顔をす
る学生を確認することができる。特に入学したばかりの１年生に対して受験
前に神社へ行ってもらったのではないかと聞き，「それでこの大学に入れた
と思ってるの」と続ける。すると大抵がちょっと気まずそうな笑みを浮かべ
て首を横に振る。続けて「そこの神様，信じてるの」という質問に対し，み
んなはまた首を横に振る。「信じてもいないのになぜ大事につけているの」
と重ねて問う。すると学生たちは，大概首をかしげる。その御守りがいらな
いとして，廊下のごみ箱に躊躇なく捨てられるかと聞くと，多くの学生がそ
れは「無理」と答える。

　学生たちは，自分でもよくわかっていない何かを意識し頼っている。彼ら
は御守りを通して何かとつながり，それを信じているから大切にし，また粗
略に扱うことを忌避しているのではないだろうか。日本で暮らし学ぶ彼ら
は，判然としないが，そのつながっている先にある何かを認識している。よ
くわからなくて，さらには目に見えない何かを，信じている。そして，この
信じるということについて，祈りという行為を通して考えることができる。
祈りとは，現実世界と切り離されたものではない。さらに祈りの姿も様々な
かたちをとっている。学生がもつ御守りに対する反応も，ある種の祈りの表
れといえるだろう。

⑵　見えないもの，わからないことを前にして

　このように目に見えず，また感じ難い存在に対して関心を抱くことは，当
たり前のことではないだろうか。家や学校の近くを散歩していて，小さな祠
があるのを見かける。そこはきれいに掃除され，花などが供えられている。
見る者は，祠には「神」がおかれていると捉えているのではないだろうか。
花を供えるという行為もそして祠に神の存在を認める意識も，それぞれに祈
りの姿である。

　今，この文章を書いている2021年２月，世界はいまだ先の見えないコロナ
禍のなかにある。日本で感染が拡大し始めた前年の春先，目には見えない新

型コロナウイルスによる感染症を前に「アマビエ」が突如注目を集めた。ア
マビエは，疫病の発生を予言する妖怪である。江戸時代後期にはその姿が木
版画に描かれているという。アマビエには疫病退散の力があるとされ，その
様々な姿がSNSを通して人々の間に拡散していった。また，厚生労働省は
HP上で感染拡大防止を訴え，「疫病から人々を守るとされる妖怪『アマビ
エ』をモチーフに啓発アイコンを作成しました」と，このアイコンの利用を
人々に呼びかけている（厚生労働省ウェブサイト）。

　ウイルスは人の目には見えずよくわからない存在である。そこからくる不
安と向き合い，我々は何とかしてこれを知り対処しようとし続けている。こ
のとき日本社会が，アマビエのようなある意味荒唐無稽な霊的存在に注目し
た。近代化し高度に情報化が進む現代日本にあって，これは非常に興味深い
ことではないだろうか。

　ドイツの社会学者ウルリヒ・ベック（Ulrich Beck, 1944-2015）が，近代化
をめぐる議論のなかでリスクに着目したように，現代社会における生活は大
小様々なリスクとともにある（ベック 1998）。これは，様々なリスクと向き
合い，不安のなかで一人ひとり人々が生きざるをえないことを意味する。

　この不安に満ちた現代社会では，昨今，霊的存在や精神世界に対する関心
が高まっている。例えば，スピリチュアリティがある。これは霊性とも呼ば
れ，「おもに個々人の体験に焦点をおき，当事者が何らかの手の届かない不
可知，不可視の存在（たとえば，大自然，宇宙，内なる神／自己意識，特別な人
間など）と神秘的なつながりを得て，非日常的な体験をしたり，自己が高め
られるという感覚を持っていることを指す」（伊藤 2003：ii）。時にそこでは
ヒーリングや癒しといった言葉が使われ，個人が抱えるストレスや悩みに対
する解決の道を求め，霊的存在と結び付くことでそれを得ようとする。ま
た，仏教の瞑想に由来するマインドフルネスが，より個人化して全世界的に
広がってもいる。このように，今世界では多くの人々が霊的存在とのつなが
りを求めている。

　日本に暮らす多くの人は，宗教を「信じていない」と答える。しかし，祈
りは私たちの日常生活のなかに存在している。本章は，目に見えない霊的存

在を信じるということが，実際の生活のなかで当たり前に存在していること
に理解を開き考えることを目的としている。

2　信じること＝「宗教」か？

(1)　「宗教」を考える

　御守りをカバンにつける学生たちも「そこの神様，信じているの」という
問いかけには，多くが首を横に振っていた。日本における宗教について，ま
ずみてみよう。文化庁が出している「宗教統計調査」（令和 2 年度）による
と，ここ10年間の宗教法人全体の数は18万団体程度，教派・宗派・教団など
からなる包括宗教法人の数は400前後で，大きく変わらない。宗教法人と
は，宗教者と信者からなる法人格をもった宗教団体で公益法人の一つであ
る。そして，2019年は2018年に比べ増加しているが，それまでは信者の数は
徐々に減っている。

　では，宗教とはいったい，どんなものなのだろうか。実は，宗教とは何か
という問いに答えるのは非常に難しい。試しに宗教という言葉を国語辞典で
引くと「絶対者や，超自然的能力などの存在を信じ，それらを神・仏として
帰依し，信仰すること。原始宗教から仏教・キリスト教・イスラム教など，
多種多様」とある（集英社『国語辞典』より）。絶対者や超自然的能力，神・
仏という言葉が並んでいる。仏教・キリスト教・イスラーム教は，世界三大
宗教と呼ばれ，世界中に多くの信者がいる。これらには，神そして仏といっ
た絶対的存在があり，その教えを興したブッダ，キリスト，ムハンマドがお
り，教えをまとめ記した仏典，聖書，コーランがある。さらには寺院や教会
そしてモスクという特別な関連施設が存在する。このように特定の教祖がい
て，教義を伝える仕組みが体系化されているものを指して，通常「宗教」と
呼ぶ。また，こうした宗教は創唱宗教という。

　だが，体系的な形式をもたない宗教も存在する。こちらについては原始宗
教や自然宗教あるいは民俗宗教と呼び，創唱宗教と区別している。こちらに
は，精霊の存在やあの世との交信を可能とする力の存在を信じることも加え

てよいだろう。普段我々が宗教と聞いて思い浮かべているのは，前者の体系的な「宗教」であり，これに対して「信じていない」と考えているのではないだろうか。

　そもそも「宗教」という言葉は，明治期に religion の訳語として仏教用語を当てたもので，その後様々な意味が加わり使われてきた。宗教という言葉に対しては，古くから変わることなく存在するイメージをもつだろうが，決してそんなことはない。

(2)　宗教と信じること

　さて，NHK 放送文化研究所は「日本人の意識」について，16歳以上の人を対象とし1973年から 5 年ごとに質問票調査を実施している。2018年調査の質問項目に「宗教とか信仰とかに関連すると思われることがらで，あなたが信じているものがありますか」という問いがあり，「神」「仏」「聖書や経典など」「あの世，来世」「奇跡」「お守りやおふだなどの力」「易や占い」「宗教とか信仰とかに関連していると思われることがらは，何も信じていない」という 8 つの選択肢が回答として並んでいる（複数回答可）。仏に関しては38％，神に関しては31％という数字が出ている。そして，宗教的なものは信じていないという答えは32％である（NHK 放送文化研究所 2020：129-136）。

　この結果をみると，意外に多くの人が神・仏を信じているとは思わないだろうか。ちなみに「お守りやおふだなどの力」については16％の人が選んでいる。これらの数字から，日本に暮らす私たちは宗教あるいは信仰というと，神仏の存在と結び付けて認識していることがわかる。そして，「神」「仏」を選ぶのは中高年層，「奇跡」「あの世，来世」は中若年層に多く認められる。また，若年層は「奇跡」を信じるものが最も多く，次いで「お守り・おふだ」「あの世」の順である（NHK 放送文化研究所 2020：129-136）。冒頭のように多くの学生の持ち物に御守りがついているのも，こうした数字を裏付けている。

　御守りは，多くの人が神社で入手する。恐らく神社で柏手を打ち，頭を下げ，願いを心のなかで唱え，その後御守りを社務所で買い求めるだろう。な

かには一緒におみくじを引いてそこに書いてあることに一喜一憂する人がいるかもしれない。私たちは神社で決まった作法に基づいて拝礼を行う。その向き合う先は，祀られている神のはずだ。「絶対」「超自然的な力」という言葉を重ね，神の存在を信じていることを前提に，御守りを求めているなどと言われると，先ほどの学生たちのように困惑すると思う。神社に祀られている神を信じているかと問われれば否と答えるだろう。だが，上述の通り，神社に行って拝礼し御守りやおみくじを求めてしまう私たちは，何か訳のわからないものの存在をある程度は信じ，それにつながる物事を身近において普段暮らしていることは明らかだ。

(3) 宗教は「ある」のか

　宗教と対峙する言葉に世俗がある。宗教でないものは世俗と捉えられている。近代化が進む世界のなかで，宗教は次第にその力を失い社会は世俗化するという考えがあり，これを世俗化論と呼ぶ。社会学者のピーター・バーガー（Peter L. Berger, 1929–2017）が著した『聖なる天蓋』（原著 1967）は，世俗化論に立つ代表的な研究である（バーガー 2018）。1960年代後半に出たこの本をはじめ，世俗化論は盛んに唱えられているし，多くの人がそれを当然視している。本章を読むみなさんの多くが，近代化が進むにつれて宗教は次第に社会的意義を失い，いずれは消失していくと考えているだろう。実際，欧米では教会に通うキリスト教信者の数が減り，日本でも仏教が「葬式仏教」と揶揄されるように，社会のなかで宗教の占める領域が次第に小さくなっていることは否めない。そして，この考えに立てば，宗教とは特別なもので社会の外部に存在していると捉えるだろう。

　しかし，1990年代からは，インドではヒンズー・ナショナリズムの勃興，トルコでもイスラーム教の影響が強い政権が誕生し，アメリカにおいてはプロテスタント系キリスト教保守派の政治力が高まりをみせている。また前述の通り，昨今，霊的存在に対する関心はむしろ高まっており，日本もその例外ではない。自然への回帰思考や精神世界という言葉が，環境保全活動の場面で使用され，また人々がそれぞれに抱える不安や不信を受け止める。霊的

存在に関心を向ける人々の広がりは，国や社会の枠を大きく超えている。

　また，宗教学者の磯前順一は，死をめぐる文章のなかで「現実とは確固たる自明さをもって存在しているのではなく，言葉によって規定されるとともに，同時に生じる名付けえぬ残余からなる二重性をもつものである」と述べている（磯前 2006：264）。現実社会には天候や未来そして人の死など意のままにならない，そしてわからないことがたくさんある。それを何とかしてわかるものとしようとして，言葉にし，時に物質に投影する。磯前は，言葉にしきれない余りの部分を含めて現実があると指摘している。この指摘を考えたとき，端的にいえば，容易に言葉に表すことのできる領野が世俗と捉えられる。そして，はっきりとは掴みがたい何かを存在しまたわかったことにする手がかりが，霊的なものに対する考えや私たちが宗教と指し示すものになる。こうしてみると，宗教と世俗との関係を優劣強弱で考えるのではなく，それぞれの境界は非常に曖昧であり，この２つが混然一体となっているのが現実であることを理解すべきである。

⑷　祈ること——現実世界の向こう側へ

　私たちは，ちょっとしたことも含め，祈るという行為を頻繁に行ってはいないだろうか。合格しますように，無事に着きますように，怒られませんように，会えますように，時にはある人によからぬことが起きますように。こうした願望が叶うか叶わないかはわからず，それこそ「神のみぞ知る」などと言っている。

　先ほどと同じ辞書で「祈る」の意味を調べてみると，「①望みが実現するように神仏に願う。②相手によいことがあるように希望する」と説明されている。祈る相手が「神仏」とあり，絶対的存在を前提にしている。また後者の意味の文例として「無事を祈る」が挙げられ，向き合うべき祈りの相手は明確にされていない。明確な対象でなくとも祈る対象はそこにあるのだ。

　祈りとは，何かわからない見えないものに対する行為と考えられる。神社に行くと，そこには○○という神が祀られているという趣旨の説明を目にする。だが，神の名前がわかっても，姿形を実際に見ることはできない。一

方，仏教寺院には仏像がおかれている。だがこれも，実際の仏の姿を写しているわけではない。神像や仏像は，絶対的存在そのものではない。だが，それらを意味する象徴（シンボル）を通してその先に絶対的存在とつながりをもち，祈りという特別な行為を通してコミュニケーションがとられている。私たちは，祈ることで目に映ることのない存在とのつながりを認識している。それは，現実世界の向こう側とつながるということでもある。そのつながり方は様々だ。

　神社仏閣は，現実世界の向こう側とのつながりを可能にする特別な空間と考えられる。こうした空間にはある種の様式が備わっており，特別な意味をもち存在する。この空間では，つながりを作るために決められた所作が求められる。また向こう側とつながることができる専門家がいたり集まってきたりする。

3　「神」を信じますか？──祈りの空間と時間

(1)　聖なる空間と時間

　神社や寺院といった施設は，普段暮らす住宅とは異なったかたちをしている。また，こうした宗教施設がある場所は，どことなく似た景観を有している。宗教施設がおかれている場所は，明らかに周囲とは違った風景を織りなしている。例えば神社なら鳥居が，仏教寺院なら山門があり，その内側と外側は区別がされている。施設が建つ内側は，ある特別な意味を備えた空間，聖なる空間として構成されている。

　聖なる空間と祈ることとは，密接なつながりがある。また，聖なる空間は，決して固定された場とは限らない。日常生活の場に，特別な意味をもつ空間を生み出す儀礼的行為が行われることで，そこが一時的に聖なる空間として形作られることもある。例えば，それはある特定の日時に催される祭礼や儀礼という姿で私たちの前に現れる。

(2) 信じることの理解──象徴と解釈

筆者は，1990年代初め，茨城県南部の農村部にある神社で「からかさ万灯」という五穀豊穣などを祈念する祭礼を見たことがある。祭礼のフィナーレ，大きな傘を模した花火に火がついた様子は，まるで傘から雨粒が落ちているようだった。雨を受ける傘を連想させるその様子からは，農作物の成育には欠かせない降雨に対する人々の願いを読み取ることができる。

文化人類学では，生活に深く浸透した宗教事象や儀礼行為がもつ意味を読み解く研究が盛んに行われてきた。例えば，アフリカ社会を研究したイギリスの人類学者ヴィクター・ターナー（Victor W. Turner, 1920-1983）は，このときメタファーという言葉を用いた。彼が考える人類学研究は，社会のなかで文化的意味を備え象徴と捉えられる出来事に注目し，さらにその意味を導き出すことで，出来事が社会にどのような働きを示しているのかを考察することであった。つまり，ターナーは文化のメタファーを読み解き解釈することを人類学研究とみていた（ターナー 1981）。そして彼は儀礼をシンボル＝象徴と捉え，これを通して結び付く人間関係に対する理解を深めようとした。

また，儀礼は，日常と日常の間に位置付けられ，生活を送るうえでの境目を作り出す。儀礼は境界がもつ性質を備えている。日本社会における祭礼にも，やはり境界的性質がある。それは，時間的にもそして空間的にも境界を作り出す。儀礼の場に目を向けるということは，広く時間と空間について考察することでもある。

(3) 神とともにある──境界と興奮

筆者は，2012年より神奈川県三浦半島の突端にある三浦市三崎地区を，学生とともに実習授業で訪れている。この授業は，インタビューと参与観察を柱とした人類学的フィールドワークを行う。

毎年7月「海の日」に続く土日に，海南神社の例大祭が行われる。この祭礼の特徴は獅子である。主に若い男性が操る大きな獅子頭を先頭にしたそれ

写真5-1　獅子頭（2016年，筆者撮影）

は，「お練り獅子」または「行道獅子」と呼ばれる（写真5-1）。先導する風神雷神と猿田彦それに獅子に続いて複数の神輿やお囃子を乗せた山車が加わり，長い行列が組まれる。獅子や神輿は木遣り師が謳う木遣り歌に合わせて動く。この木遣り師が，獅子とはまた違った意味でこの祭礼の主人公といえる。三崎地区にある7つの集落のうち，毎年2つの集落が，それぞれ獅子を操る集落「祭礼獅子番」（本年番），神輿を担ぐ集落「祭礼神輿番」（年番）となり，輪番でこれらを担当する。7年に一度，町の人々は祭礼の大きな役割を担うのである（田辺 2019）。そのための準備は前年のうちから行われ，町の住民たち自らが言うように祭りを中心にこの地では時が流れている。

　三崎地区は，休日こそ観光客が行き交うが，平日は歩く人もまばらで，商店街はシャッターが閉じたままの店舗が少なくない。1970年ごろまでは遠洋マグロ船の水揚げ港として，多くの船と人が日本各地から集まった。このため当時は，大きな賑わいをみせていた。だが近年は，住民の高齢化や都市部への流出による人口減少に悩んでいる。

　しかし海南神社の祭礼のときには，氏子を主として，現在住み暮らす住民だけでなく，普段は離れて暮らす元住民が戻り参加する。町のなかは，活気みなぎるある種興奮した雰囲気に包まれる。祭礼を通して集まった人たちが獅子や神輿とともに各集落を練り歩き，またそれを見ることで参加する。普段は車やバスが走る道を祭りだからと通行止めにし，お囃子の鉦や太鼓の音が鳴り響き，木遣り師の歌う声そして獅子を操り神輿を担ぐ人の熱気を帯びた大きな掛け声が町のなかで聞かれる。また，各集落に神輿が入り留まるたび，神職によって祝詞が挙げられ主だった氏子による祈りが行われる。このように普段の光景が一変する祭礼の場では，職場や学校そして家庭という場

のつながりではなく，祭礼を通した特別な人間関係が形成される。そこには行列を見る人も合わせた一体感がかもしだされているように感じ取れる。一方で，外部から訪れた私や学生は何となく疎外感さえ抱く。

　先のターナーは，儀礼に参加する人々のつながりをコミュニタスという言葉で説明した。コミュニタスとは，日常の秩序やしがらみから解放された状態にある人々の共同感情あるいはそうした意識によって結び付いた人間関係である。三崎地区で行われる海南神社例大祭における人々のつながりは，ある種のコミュニタス状態にあると呼んでよいだろう。

　二晩におよぶ祭礼は，深夜に神輿が神社に戻ることを最高潮に終了する。そして，翌日人々は祭りの後片付けをし，町ではまた新たに普段の生活が始まる。日常から祭礼へ，祭礼から再び日常へと時間と空間の質の変化が認められる。祭礼が行われている時間と空間は，一つの境界と捉えることができる。「いつも」とは違うが，まったく異なった状態とはいえない祭礼のこの曖昧な状態を境界性（liminality）という言葉で理解することができる。

　ターナーは，この境界性におかれた状態や人について「平常ならば状態や地位を文化的空間に設定する分類の網の目から抜け出したり，あるいは，それからはみ出している」から曖昧なのだと説明している（ターナー 2020：151）。

　前述の通り，例大祭においてお練り獅子と神輿の行列には，その先導役として木遣り師がおり，またお囃子が付き従っている。木遣り歌と鉦，太鼓そして笛が奏でる音は，時間と空間の境界を示していると考えられる。イギリスの人類学者エドマンド・リーチ（Edmund Leach, 1910-1989）は，人が出す音が境界を記していると述べた。彼は「太鼓を打つこと，角笛を吹くこと（中略）鐘を鳴らすこと，決められたかたちで喝采をすること，などは時間や空間の境界を記し付けるものとして規則的に用いられている」（リーチ 1981：131）と説明する。例大祭におけるこの特徴的な音は，それが鳴り響く時間と空間が，神と人とがともにある聖的で特別なものであることを表している。ちなみに，中国や台湾の漢民族社会では神を神輿に乗せて街中を巡行する際，爆竹が激しく鳴らされるが，これもまた聖なる時空と日常的時空

とを分ける働きがある。

　さて，三崎地区では海南神社の例大祭以外にも祭礼や行事が行われている。地区のなかで行われる複数の祭礼や行事は，そのそれぞれが人々の祈りによって構成され，それぞれに特別な意味を備えている。私たち人間は，本来区切りのない時間と空間に境目を入れる。この境界について，先のリーチは，「すべての境界は，自然のままでは連続していて切れ目のないところに切れ目をわざといれた人工的な分断」と指摘し，それが空間と時間にも当てはまると述べている（リーチ 1981：73）。

　人類学における儀礼研究では，従来その象徴性をめぐって多くの議論が積み重ねられてきた。豊富な民族誌資料が蓄積され，人間の意味世界について理解が大きく進んだ。だが一方で，フィールドワークの現場で調査を進めていくと，それぞれの話者がもっている儀礼や宗教に対する説明解釈は決して統一されたものではなく，そこには濃淡，欠落さらには転倒がある。このぼんやりとした意味のかたまりの存在が，当該社会における儀礼や宗教的行為について考える際，重要となる。そして，こうした行為は，長い時間繰り返し続いてきた（とされている）。だが，決してそれらはかたちを変えることなく，そのままの姿を保って行われてきたわけではない。変化していくことを前提に，継続されることが重要視されてきたのである。

(4)　祖先への祈り――供養

　ところで，日本民俗学の創始者である柳田國男（1875-1962）が著した『明治大正史世相篇』に，こんな一文がある。「95歳になるという老人がただ一人傘一本も持たずにとぼとぼと町を歩いていた。警察署に連れて来て保護を加えると，荷物とては背に負うた風呂敷包みの中に，ただ45枚の位牌があるばかり」と新聞記事を紹介したこの文章には，続いて柳田の解説が次のように記されている。「我々の祖霊が血すじの子孫からの供養を期待していたように，以前は活きた我々もそのことを当然の権利と思っていた。親で自分の血を分けた者から祭られねば，死後の幸福は得られないという考え方」が脈々と続いてきたとある（柳田 1990：249）。

『明治大正史世相篇』は1931年に世に出た本で，近代化が進む明治・大正期日本の社会変化が著されている。老人が身につけ運ぶ位牌は，子孫と祖先との強い結び付きを表わしている。現世を離れた死者の霊魂とその家族・親族である生者の関係は，例えば「イエ」という言葉を用いて説明されてきた。そして，その関係は，祖先祭祀または先祖供養という儀礼的な行為で顕在化する（詳細は第3章と第4章を参照）。

　供養儀礼の方法は，その時代や地域によって様々なかたちをとる。共通しているのは，故人に対する追慕の念が込められている点である。現在もお盆や春夏の彼岸に，先祖の墓を参る人は少なくない。従来日本社会では，ある一定の時間が過ぎた死者霊魂を「ご先祖様」として集合化し供養してきた。

　さて，お盆期間というと8月半ばのレジャー休暇が真っ先に思い起こされる。だが，この期間には先祖の墓参りが本来行われる（たとえ建て前でも）。お盆の墓参りは日本社会において最も一般的な，祖先とのつながりを知る機会である。筆者が住む東京都多摩地区のある地域では，8月15日のお盆のころ，道の隅にキュウリとナスに割りばしを刺したものを見かける。これは，祖先の魂が早く戻ってくるようにとキュウリで馬を，そしてゆっくりと家を離れるようにとナスで牛を作ったものといわれる。21世紀となった現在でも，お盆に見かけるこうした出来事は，日本各地で多種多様に見ることができる。死者が現世にいる私たちと交流を結ぶのが，お盆という特別に設えられた時空間である。

　だが，こうした祖先に対する意識は変化している。墓石には先祖代々と刻まれていたとしても，思い浮かべ手を合わせて祈るその相手は先述の「ご先祖様」ではなく，祖父母や両親など身近な個々の人物だろう。また，今，電車やバスなど公共交通機関の車内や新聞メディアには，墓地や霊園の広告が多く掲載されている。つまり，これらが商品となり売買の対象となっている。祖先とのつながりを象徴する位牌や墓も，金銭で購入する対象である。そして葬儀の多くは，葬祭業者によってパッケージ化された商品であり，私たちはこれを消費している。聖的あるいは霊的とされる物事も，日常生活のなかにある以上，貨幣や政治そして法律と無縁ではない。先祖の供養という

祈りのかたちは，大きくその姿を変え続けている。だが，故人とのつながり
を示し祈るという行為の実践に変わりはない。

(5)　語りかける──シャマン

　さて，霊的存在を信じそしてつながりをもち言葉を交わす方法がある。そ
れは，見えないし触れることができない死者や霊的存在と交信する方法を身
につけた人々に仲介してもらうという方法である。東北地方にはイタコと呼
ばれる人々がいて，現世を離れた死者の霊魂をその身に招き入れ，その口を
通して故人の言葉を語ってきた。これは「口寄せ」と呼ばれる。青森県むつ
市にある恐山では，毎年 7 月20日から24日の間に夏の大祭が行われ，イタコ
たちがテントを張って「ホトケオロシ」を行う。あの世にいる死者を呼び寄
せ，現世の人がイタコを介して彼らと言葉を交わすのである。

　また，沖縄県や鹿児島県奄美地方にはユタと呼ばれる祖先をはじめとする
霊的存在との交信が可能な力をもった女性がいる。彼らは死者や神と交信
し，それらがいるとされる異世界との間をつなぐ特殊な能力をもつと認識さ
れている。イタコやユタのような人々は，巫者やシャマン（shaman）と呼ば
れる。巫者やシャマンがもつ特殊な力のなかには，自らの魂を向こうの世界
に送るもの，向こうの世界の存在を自らの身体に呼び込むものがある。

　台湾の漢民族社会ではタンキー，先住民族アミ社会ではチカワサイ，また
韓国社会にはムーダンと呼ばれる巫者がいる。彼らは現実世界に暮らす私た
ちがもつ悩みや願望，欲望を聞き，それを霊的存在に伝え，解決し叶える手
助けをする。彼らの存在や話す言葉が真正なのかと問われれば，恐らく多く
の人が否と答えるだろう。だが一方で，巫者やシャマンを前にしてともに祈
り，霊的存在に語りかける人々の姿は絶えることなく続いている。

　例えば，2011年 3 月に起こった東日本大震災は東北地方三陸沿岸部に大き
な被害をもたらし，多数の人がその命を落とした。続く 7 月，恐山のイタコ
の前には故人と話をしたい，つながりたいと願う人が集まってきたという
（朝日新聞2011年 8 月11日デジタル版）。そこに集まった人々は，それぞれが故
人に対し抱く偲ぶ思いをともにし，感情の共同体を形成していたと考えるこ

とができるだろう。

4　日本社会にある祈り

⑴　「信じる」ことを考える

　アメリカの人類学者クリフォード・ギアーツは，「人類学者にとって宗教
の重要性は，個人にとっても集団にとっても，宗教が次の2つのことの源泉
としてはたらきうるという点にある。つまり，一方では，世界と自己，そし
て両者の関係についての一般的ではあるが，明確な概念の源——あるものに
ついてのモデル——として，他方ではもっと深いところにあり同じように明
確である『心的』性向の源——あるもののためのモデル——としてはたらい
ている」と述べる（ギアーツ 1987：205）。

　彼の宗教に対する理解には，ヨーロッパ流の宗教観が潜み偏りが認められ
るという批判（アサド 2004）はあるが，ギアーツが述べたことを敷衍すれ
ば，「信じる」ということについて考えることは，社会レベルかつ個人レベ
ルで人の生について深く知ることに等しい。彼の言葉は，本章でみてきた日
本社会における「信じる」ことが，人の生き方の本質（「あるもののモデル」）
と，ある種理想としているそれ（「あるもののためのモデル」）について考える
手がかりであることを示しているのである。

⑵　様々な祈り

　ところで，中国・台湾に暮らす漢民族の日常生活つまり生きるうえでモデ
ルとなってきた宗教について，研究者たちはそれを儒教・仏教・道教が交じ
り合ったものと説明し，それを民間信仰（*minjianxinyang*）と呼んできた。
一方，筆者がフィールドワークを行っている台湾の調査地の人々は，自身が
信じている物事を指して「拝拝（*baibai*）」という言葉を用いる。これは字義
通り「拝む」「祈る」という行為を意味している。研究者が考える民間信仰
（つまり宗教）という言葉よりも，拝むという身体的実践そのものを指す言葉
が使われるのだ。この言葉は，フィールドの人々が，何を信じているのかよ

りも，何かを信じ祈ることそのものを重視していることを示す。そこには，ここまでみてきた，宗教を信じていないと多くの人が答える日本社会の「信じる」そして「祈り」の姿と通じる点があるのではないだろうか（cf. 片岡 2018：143-145）。

　今，日本には，たくさんの外国人が社会の一員として暮らしている（詳細は第10章と第11章を参照）。そして彼らが集い祈る多様な聖なる空間が各地に存在している。例えば，東京都代々木上原にはムスリムの宗教施設「東京ジャーミィ」が，横浜中華街には漢民族の「横浜媽祖廟」「横浜関帝廟」がある。日本社会における祈りそして信じることについて考えるのならば，もちろん彼らの姿を視野に入れなければならない。そのなかにはイスラーム教，ヒンズー教，キリスト教，仏教，さらに各地の民俗宗教を信じる人たちが含まれる。彼らもまた，その信じるものに基づいて時間と空間に境を設け，その境界で興奮し，我々を含め同じように日々の祈りを繰り返し生活している。

　日本社会全体で貨幣経済が浸透，個人化が進み，ICT が身近な生活道具となっているが，私たちはみなそのなかで祈り，霊的存在とのつながりを新たに作り出してやまない。身近にある祈りに理解を開き，日本社会とは何か，自分とは何なのか，さらに生きるそして死ぬとはどういうことなのかについて，深く考えてはどうだろうか。

参考文献

アサド，T　2004『宗教の系譜──キリスト教とイスラムにおける権力の根拠と訓練』中村圭志訳，岩波書店。

磯前順一　2006「死とノスタルジア──柳田国男『先祖の話』をめぐって」磯前順一／T・アサド編『宗教を語りなおす──近代的カテゴリーの再考』みすず書房，259-280頁。

伊藤雅之　2003『現代社会とスピリチュアリティ──現代人の宗教意識の社会学的探求』愛知学院大学文学会叢書1，渓水社。

NHK 放送文化研究所編　2020「国際化・ナショナリズム・宗教」『現代日本人の意識構造』第9版，NHK 出版，103-140頁。

片岡樹　2018「宗教と世界観」桑山敬巳・綾部真雄編『詳論文化人類学──基本と最

新のトピックを深く学ぶ』ミネルヴァ書房，133-147頁。

ギアーツ，C　1987「文化体系としての宗教」『文化の解釈学1』吉田禎吾・柳川啓一・中牧弘充・板橋作美訳，岩波現代選書，145-215頁。

ターナー，V・W　1981『象徴と社会』梶原景昭訳，紀伊國屋書店。

ターナー，V・W　2020『儀礼の過程』冨倉光雄訳，ちくま学芸文庫。

田辺悟編　2019『海南神社　夏例大祭』三浦市民俗シリーズ7，三浦市教育委員会。

バーガー，P　2018『聖なる天蓋──神聖世界の社会学』薗田稔訳，ちくま学芸文庫。

ベック，U　1998『危険社会──新しい近代への道』東廉・伊藤美登里訳，法政大学出版局。

森岡健二・徳川宗賢・川端喜明・中村明・星野晃一編　2012『国語辞典』第3版，集英社。

柳田國男　1990「明治大正史世相篇」『柳田國男全集』26，ちくま文庫，7-394頁。

リーチ，E　1981『文化とコミュニケーション』青木保・宮坂敬造訳，紀伊國屋書店。

（ウェブサイト）

e-Stat「統計でみる日本　宗教統計調査　令和2年度」https://www.e-stat.go.jp/stat-search/files?page=1&layout=datalist&toukei=00401101&tstat=000001018471&cycle=0&tclass1=000001148006&tclass2val=0（2021年2月28日閲覧）。

厚生労働省「くらしや仕事の情報」https://www.mhlw.go.jp/stf/covid-19/kurashiyashigoto.html（2021年2月28日閲覧）。

●課題●

1　住んでいる場所や学校の周囲にある宗教施設について，具体的に調べてみよう。
2　よいことがあると「ついている」，悪いことがあると「ついてない」という。どんなときに，この「つく」ということが意識されるだろう。また，何が「つく」のだろう。周囲の人と話し合ってみよう。
3　「政教分離」について議論してみよう。このとき，政治に宗教が関わる場合と，宗教に政治が関わる場合，それぞれについて具体的にはどんなことが起きるのか調べ考えよう。

●読書案内●

『宗教生活の原初形態』上・下，エミル・デュルケム，古野清人訳，岩波文庫，1975年
　　　　本書は，人類学・社会学的宗教研究の古典である。宗教について考える際，必ず思い浮かぶ言葉に「聖」と「俗」がある。高名な社会学者である著者は，オーストラリア先住民がもつトーテミズムを通して社会について論じ，この2つの言葉からなる集合表象が宗教であると説く。

『人口減少社会と寺院──ソーシャルキャピタルの視座から』
　　　　櫻井義秀・川又俊則，法蔵館，2016年
　　　　寺院の数はコンビニの数より多いといわれてきた。だが，私たちは意外とその存在を知らない。人口減少が進む現代日本社会で，寺院とはどういった存在なのか。本書は，ソーシャルキャピタルをキーワードに，寺院が地域社会において果たすネットワーク機能に注目している。

『オオカミの護符』小倉美恵子，新潮文庫，2014年
　　　　川崎市の旧農家（著者の実家）にあるオオカミのお札にまつわるエピソードが記されている。高度経済成長期を境に農村から都市へ姿を変えた地域の変遷と，農村と山村を結んできた山岳信仰が描かれる。記録映画「オオカミの護符──里びと山びとのあわいに」をもとにした一書である。

【コラム❺】

遺骨返還問題

玉城　毅

　人は死ぬと骨を残す。人間の骨は子孫にとって祀る対象だが，ある種の研究者にとっては「標本」になる。19世紀後半から1950年代まで，「日本人の起源」は人類学の主要なテーマであり，その研究目的のために沖縄やアイヌで多くの人骨が収集され，いくつかの大学に保管されることになった。「日本人」と似ていながら異なる要素をもつ人の形質を調べることで，「日本人の祖型」を明らかにできると考えたからである。

　2010年代以降，かつて沖縄とアイヌの墓地から持ち出された遺骨の返還を求める運動や訴訟が相次いで起きている。これに対して文科省は，遺骨などの返還手続きに関するガイドラインを策定し（2014年6月），北海道大学，札幌医科大学，東京大学を相手に提訴されていたアイヌ遺骨返還訴訟は，「アイヌ民族の慣習を尊重し，地域に遺骨を返すこと」が合意されて和解した（2016年3月，2020年8月）。これに対して，沖縄への遺骨返還の動きについては不明な点がある。1920年代の沖縄で人類学者の金関丈夫や三宅宗悦らによって「収集」された遺骨は，台湾大学や京都大学総合博物館に保管されてきた。台湾大学はその遺骨63体を返還したが（2019年3月），京都大学は返還を拒否した。これに対して，持ち出された遺骨があった墓を祭祀している子孫や経済学者の松島泰勝は，京都地方裁判所に「琉球民族遺骨返還請求等事件」として提訴した（2018年12月）。

　アイヌ人の遺骨は返還された。台湾大学は琉球人の遺骨を返還したが，京都大学は返還しなかった。この捻じれの背景には，近代日本国家のなかのアイヌと沖縄の政治的な位置付けの違いがある。遺骨返還問題が突きつけているのは，学問と政治，大学と国家の関係がどうあるべきかという問題でもある。学問を志ざし，実践してきた一人として私は，自由で誠実な学問の場としての大学であってほしいと願っている。

第6章

性を生きる

私らしさとは

中村八重

境港市の水木しげるロードにあるトイレ表示。キャラクターが青，赤，緑に塗り分けられている。自分がどのトイレに入るべきか一目でわかってしまうのはなぜだろうか（2019年，筆者撮影）

1 日本語のなかの性

(1) 「私」と「僕」

　自分を指す一人称はいつ覚えたのだろうか。当たり前すぎて考えたことがないのではないだろうか。日本語母語話者は，一般的に一人称（自分のこと）を，「私」「僕」「俺」などと使い分けている。小学校の教科書も当然のように男の子の一人称は「ぼく」だ。

　日本語が母語でない人にとっては，実は一人称は意外に難しい。筆者が日

本語を教えている職場では，初級レベルの学生には，まず丁寧体（です・ます体）を教える。後に普通体，いわゆるため口を教えることになっている。学生たちは，丁寧体では男女関わりなく，「私」を使って学習する。ある程度学習が進んで「です・ます」の活用が身についたころに，ため口を学ぶことになり，多少混乱が起こる。一人称も学び直さなければならない。筆者は，「女性は私でいいです。男性は僕を使ってください」と指示をする。さらに，「男性のみなさん，『俺』は粗野な印象になりますから，教室では使わないで友達同士で使いましょうね」と，注意も必要である。ところが，ビジネス日本語レベルになると再び学び直しである。「ビジネスシーンでは男女関わりなく『私』または『わたくし』を使いましょう」と，指示をするわけである。このように，一人称ひとつとっても，第二言語学習者は意外に複雑な学習過程を経る。

　一方で，読者の大多数と思われる日本語話者の私たちは，一人称に男女の違いがあることをほとんど気にしないで生きている。なぜわざわざ複雑な使い分けをしなければならないのか。男性のみなさんは，粗野な男性的イメージがにじむ「俺」を無意識に選んで使っていることに気が付いているだろうか。体系を知って初めて疑問が浮かんでくる。当たり前と思っていることは，実態を知り改めて考えることでその特性や問題点を考えることができる。ジェンダーやセクシュアリティも，当たり前と思いがちなことの一つである。もう少し，日本語のなかの性について考えてみよう。

(2)　「おい」と「あら」

　日本語を教えていると，説明に多少手間取る言葉に出くわすことが多々ある。その一つが「役割語」である。例えば，おじいさんは「わしは，〜でのう」，博士は語尾に「〜じゃ」をつけて話し，お嬢様は「わたくしは〜ですわ」と言うなどなど，枚挙にいとまがない。こうしたキャラクターの言葉を役割語という。日本語には他にも「女ことば」と「男ことば」がある。私の手元の少々古い教科書のスクリプトには，女のセリフに「あら，〜かしら」が，男のセリフに「おい，〜か」などが出てくる。

女／男ことばを含めた役割語は，聴者や読者に当該のキャラクターを瞬時に把握させる機能をもち，創作物で真価を発揮する（金水 2003）。翻訳書でも，女性は女ことばで，男性は男ことばで翻訳されることが多々ある。ためしにハリーポッターシリーズを読んでみると，男女の言葉遣いが見事に区別されているのがわかる。

　翻訳書以外にも，テレビなどで外国人のインタビューの字幕が女／男ことばで書かれていたり，吹き替えられていたりすることがしばしばある。役割語は，その性別らしさを表す約束事である。だからこそ，文字で見ただけでその人の性別やキャラクターが瞬時に了解できる。しかし日本語話者の私たちは，この典型的な女／男ことばを実際にはあまり使わない。それに，翻訳前の原語に男女の言葉遣いの違いがないのに，翻訳過程で外国人にまで非現実的な役割語を使わせるところに，ジェンダー意識つまり，女は女らしく男は男らしく表現したいという欲望が透けてみえるのである。

　みなさんは，一人称や，女／男ことばに代表される日本語のなかに，「性」が入っていることは，当たり前すぎて意識したことがなかったのではないだろうか。普段意識しないで使っている日本語のことは，意外にわからないものである。ジェンダーによって分けられる物事の境界の存在を知れば，これを改めて問い直すこともできる。当たり前と思っていることを考え直すことで，必要であれば変化を求め，よりよいあり方を模索することができるものである。この章では，性について文化人類学的に検討してみることにする。性に規定されている様々なことについて問い直し，性をどのように生きていくのが「私らしい」のか，考える手がかりにしてほしい。

2　「らしさ」の呪縛

(1)　「女子力」の正体

　日本語の「性」には，生物学的性別を指す「セックス」，性的指向を表す「セクシュアリティ」，生物学的性に社会的な役割を与えた「ジェンダー」がある。ここでは最初に性のなかでもジェンダーについて考えてみよう。

女子力という言葉がある。料理，やさしさ，美意識など，通常女性の領域とされる能力について幅広く使われるようだ。飲み会でサラダの取り分けをする女性がいて，その皿を受け取った男性が「女子力高いね」とほめる，周囲は何だかモヤモヤするというのがありそうな場面である。この場面を，3つの面から分析してみよう。

　一つめは，女性の領域，女性が得意とされている領域についてである。料理・食事などの家事やケアに関わる分野の仕事は女性がする，またはしてほしいという性別役割（期待）がある。これがジェンダーである。取り分けをした女性は，女だからしなきゃと無意識に行動しただろう。あるいは，気が利くことをアピールするため意識的に行動したのかもしれない。気が利くというのも女性に求められる能力の一つである。男性の方は，サーブされて当たり前と思っているかもしれないし，善意で「女子力高い」と言っただろう。女らしさをほめると女性は喜ぶから，男性は女性をほめなければならないとさえ思ったかもしれない。こちらも，ジェンダーをなぞった行動だといえる。こうした，性別によって備えるべき役割があるというものがジェンダーで，社会的性ともいわれる。

　もう一つは，女らしさ，男らしさは，後天的に獲得されて，知らず知らずに自分のものとなる，つまり内面化される性質のものであるという点である。女性だからこうすべき，男性だからこうすべきという社会的通念が，その人の生き方に影響を与え，知らないうちにそのように生きている。生まれながらにして女性は気が利いたり，料理が得意なわけではなく，女なら気が利くべし，女なら料理ができて当たり前という社会的通念が先にあって，気が利くような行動をとるようになったり，積極的に料理を勉強したりするからである。すなわち社会的に獲得されるということである。この点については次節でも述べる。

　最後にそれを名付けることによって，概念が成立して意味をもつことは無視できないことである（リーチ 1981）。何かがカテゴリー化されると，それはカテゴリーに入るものを縛る力となるからである。家事的領域に関わる能力については，生活力，人間力などといってもよいのに，あえて女子力と名

付けられ，使われた瞬間に，女子が備えるべき能力というものが本来あるかのようなメッセージになりうる。その言葉を使うときは今一度考えてみよう。

(2) 社会が決めるジェンダー

「ひとは女に生まれない，女になるのだ」（ボーヴォワール 2001）という言葉を聞いたことがあるだろうか。人は生まれながらにして男らしさや女らしさを備えているのではなく，成長する過程で身につけていくものであることを，象徴的に言い表している。

お腹のなかにいるときも含め，人は子どもの性別によって異なる対応をしている。両親は女の子にはピンクの服を，男の子にはブルーの服を用意して誕生を待っている。玩具も異なる種類のものを買い与え，女の子らしく，男の子らしく振る舞うことを暗に期待している。玩具売り場が女の子向けにはピンク，男の子向けにはブルーときれいに色分けされているのにも気が付くだろう。

韓国にはトルチャンチといって，子どもの1歳を祝うイベントを盛大に行う習慣があるが，ここに女児と男児に対する態度と期待される将来が明確に見て取れる。少し前の話だが，筆者が友人の子どものトルチャンチに呼ばれて早めに会場に着くと，イベント会場は水色の風船や花などで飾られていた。後から入ってきた友人（子どもの母親）は激怒して，業者にすべての飾りをピンク色に変えさせた。子どもは女の子だったのである。後で気が付いたが，子どもの名前は日本語でいえば「ゆうき」のような，男女ともに使われる名前だった。

また，トルチャンチではいろいろなアイテムを並べ，自由に子どもにつかませて将来を占うトルジャビを行う。糸を取れば長生きする，お金は金持ちになる，ボールをつかめば運動選手，鉛筆なら学者，針や針山なら手先が器用な人になるといった具合である。実は大人がつかませたいものを事前に用意しているものである。男の子ならボールを持たせたり，医者になれという意味で玩具の聴診器をわざと手に持たせたりする。

日本ではどうか。男の子の成長を祝う端午の節句では，鯉のぼりと五月人形が飾られる。前者は出世をしてほしい，後者は武士のように強くなってほしいという祈りが込められている。女の子の祝いである桃の節句では，ひな人形が飾られるが，これはいうまでもなく幸せな結婚のメタファーである。実に明確ではないか。

　生まれてから大人になる過程で節目に儀礼を行うことで，子どもは大人の女性・男性へ移行する。日本では，男児は3歳，5歳で，女児は3歳と7歳で七五三の祝いをすることになっている。一人前とみなされる成人の祝いは，現在はすたれているが，男女それぞれに14歳前後で子どもから大人への移行を行う人生儀礼があった（人生儀礼については第4章参照）。通常それ以前とは異なる服装をしたり，髪や冠を変えることが，ステージの移行を表す。現代では，男女で異なる中学・高校の制服の着用にそれがみられるといえるかもしれない。また，現時点（2020年3月）では成人の日は国定されていて，満20歳でほぼ均一に行われていて，男女それぞれほぼ決まった服装をすることになっている。私たちはこうした節目ごとに行われる人生儀礼を通じて，男として女として，その共同体において期待された役割を果たすようになる。

　このような過程を経ながら，人生を通じて，周囲からの言葉や態度，メディアでの表象など，ありとあらゆるところから発せられるジェンダー規範のシャワーから，私たちは無意識に影響を受けて，内面化していくのである。このことは，ジェンダーが不変でどうしようもないことを意味するのではない。社会によってこうした性のあり方や規範は異なるということであり，反対にいえば，恣意的で可変であることを示唆している。

(3)　多様な性

　次に，セックスとセクシュアリティについて考えてみよう。ジェンダーは生物学的性，すなわちセックスにあてはめられた社会的な性である。セックスは生物学的に男と女であるが，両極が女と男なのであってグラデーションと捉えた方がよさそうである。以前はインターセックスと呼ばれていた，性

分化疾患もしくは DSDs（Differences of Sex Development）と呼ばれる人々がいる。生まれ持った「染色体・性腺・外性器」の組み合わせが，典型的な女性と男性と異なる人々である。大抵明確な性自認をもつが，その身体的状態は多種多様で，周囲から「両性具有」とか「本当は女／男だ」という偏見にさらされることがある。

　オリンピック金メダリストである陸上のキャスター・セメンヤ選手は，身体的能力が高く男性のように見えることから，「男性疑惑」がもたれ，大会へ参加できなくなってしまった。本人は女性と自認しているが，メディアやネットでは「男にしか見えない」「両性具有」などと侮辱的に表現された。世界陸上競技連盟は，男性ホルモンであるテストステロンが一般女性より多いという理由で，この数値を薬物によって下げなければ大会に出場できないとした。

　出場できない彼女は「男子」なのだろうか。テストステロンだけが男女を決定するのだろうか。これを人為的に下げれば真の「女子」になるのであれば，生物学的性といって絶対不変にみえる「セックス」も，きわめて恣意的に動かせるといわざるをえない。ここで，「セックスもジェンダーと同様に社会的に構築されたものである」という，ジュディス・バトラー（Judith P. Butler）の言葉が思い出される（バトラー 1999）。バトラーは「セックスもジェンダーである」という。異性愛秩序に基づいた男女という二分化されたジェンダーが正当化されるためにセックスが捏造された，と。どうしても男と女に分けたい欲望が見え隠れするこの事例は，セックスについて考えるときに大変示唆的である。

　もう一つ，「性」のうち，性的指向や性行動にまつわるのがセクシュアリティである。LGBT という言葉はよく知られるようになった。典型的な異性愛と異なるセクシュアリティをもっていたり，生まれついた身体的性に違和感をもつ人々など総称して使われるが，より多様に LGBTQ や LGBTQ ＋という言葉も使われるようになった。しばしば，体の性，心の性，好きになる性を，グラデーションに例えて多様なあり方が説明されるが，誰に対しても恋愛や性愛を感じないアセクシュアルや，ジェンダーやセクシュアリティ

について保留にするクエスチョニングなどもあり，実態は実に多様である。
身体的特徴に基づき，異性愛を前提にした男女二元論が，性のすべてではな
い。こうした性の多様性については，近年かなり浸透した認識となっている
と思う。しかし，しばしばヘテロセクシュアル（異性愛）でシスジェンダー
（生まれた性と性自認が同じ人）というマジョリティに属する者は，マイノリティ
が日常的にさらされている困難について鈍感なことがある。自分もまた多様
な性のあり方の一つにすぎないことを改めて認識する必要があるのではない
だろうか。

3　働くこととジェンダー

(1)　おじいさんは山へ柴刈りに，おばあさんは川へ洗濯に

　昔話『桃太郎』の冒頭に出てくる，おじいさんは山へ薪を取りに行き，お
ばあさんは川で洗濯をするという古典的な性別役割分業は，実は現代でもさ
ほど違和感がないうえに，反対にしてみると違和感がある人も多いことだろ
う。この節では，ジェンダーの視点から働くことについて検討する。

　性別役割分業はどのように固定しただろうか。日本は古代から戦国時代ま
で女性が政治に参加し実権を握ることは珍しいことではなかった。女性天皇
や北条政子などをみてもわかるだろう。男女に異なる役割を与えるように
なったのは，税制や兵力のために男女の区別が必要になったためである。近
世以降に徐々に女性の地位が低下していき，武家社会では男性が主役になっ
ていく。明治以降，近代国家の確立を経て女性が完全に表舞台から排除され
ていく（国立歴史民俗博物館 2020）。大日本帝国憲法により女性を排した男性
天皇中心の国家体制をとり，明治民法では武家に典型的だったイエ制度が導
入されて，男性の戸主権を強くして女性の地位が低く規定された。さらに，
恋愛と生殖と結婚を一体のものとするロマンチックラブイデオロギーが西欧
から輸入されて，現在に至るジェンダー観が形成された。夫は家庭の大黒柱
として働き，妻は子どもを産み家庭を守るという典型的なそれである（千田
2011）。つまり，私たちがもつ家族観やジェンダー観，性別役割分業のイメー

ジは近代以降の産物とみるのが妥当である。

　では，現代の職業に関する意識はどうだろうか。1973年から5年ごとに行われているNHK放送文化研究所の「日本人の意識調査」によれば，女性は「結婚したら，家庭を守ることに専念したほうがよい」「結婚しても子どもができるまでは，職業をもっていたほうがよい」「結婚して子どもが生まれても，できるだけ職業をもち続けたほうがよい」のうち，「結婚して子どもが生まれても，できるだけ職業をもち続けたほうがいい」と答えた人は，1973年では20％だったのが，年々増加して2018年には60％になっている（荒牧2019）。

　60％を多いとみるかどうかは，議論の余地があるものの，女性の就業に関する認識ははっきりと変化した。しかし，家事は女性が多く行う傾向にあり，共働きの夫婦の家事時間には男女で2倍以上の違いがある（朝日新聞2020年8月1日デジタル版）。当然ながら，女性だけの問題ではない。男性の労働時間が長いという働き方の問題点も指摘されている。

　家庭内でなくとも，男性には力仕事が期待され，女性には家事的なケアなどの仕事が期待されることはしばしばある。私が長くフィールドワークしている九州のあるイベント準備でも，男女の役割分担が極めて明確であった。女性は室内で衣服や食に関わる作業を主に行い，男性は主に室外で大きな道具を扱う作業を担当していた。明文化されたルールがあるわけではないが，新しいメンバーが入ると自動的に割り振られていた。

　また，女性は仕事上で補助的な立場におかれたり，そう認識されることがある。韓国での調査に，私より年配の男性が同行したときのことである。その村の有力者に名刺を渡し，2人が研究者で調査に来ていることを伝え，私が質問を始めると，彼は同行の男性の方を見て答え始めた。最後まで，私の顔を見て答えてくれなかったのである。女性が，まして若い方が仕事をリードしていると思わなかったのだろう。また，ある日本のフィールドでは，来ると聞いていた大学の先生が女だったのでびっくりした，と言われたことが何度かあった。責任者やリーダー，そして「大学の先生」は男性のイメージが強いし，実際こうした職業は男性が多く占めているからである。

(2) 女性リーダーはなぜ少ないのか

　女性と就労に関しては，1986年に男女雇用機会均等法（雇用の分野における男女の均等な機会及び待遇の確保等に関する法律）が施行され，募集・採用から退職に至るまで男女差別することが禁止されているし，労働基準法第4条では性別を理由に賃金に差をつけることが禁止されている。2000年には，男女共同参画社会基本法に基づいて「男女共同参画社会基本計画」が出され，地域社会や学校などでの男女差別の撤廃や，ジェンダー役割の再考がなされるようになった。また，「すべての女性が輝く世界」がスローガンに掲げられ，社会における女性の活躍がより推し進められている状況である。

　かつて成長が著しかった時代の日本は，制度的に女性の就労を差別していた。学歴の高い労働者が増加し定期昇給が企業の負担になったため，女性の昇進を規制し，早期退職制を定めていたという。ある企業では1958年に定年を女性は結婚か35歳，またある企業では1966年に定年を男性55歳，女性30歳と定めていた（小熊 2019）というのだから，今からみれば衝撃的である。

　今でさえ，制度的に定年をはじめ就労に差別がなくなったにもかかわらず，男女の賃金は3割程度の格差がある。また，日本は政治・経済分野での女性リーダーが少ないことがよく知られている。国会議員，企業役員の女性比率が先進国でも最下位に属していて，女性がリーダーシップを発揮するにはなかなか障壁が高い。

　フェイスブック CEO のシェリル・サンドバーグは，自分自身の経験を交えた著書のなかで，女性が自分の能力を低くみる傾向があり，実力があっても昇進を求めることに消極的であることを描いている（サンドバーグ 2018）。会議では隅の方に座り，求められたときにしか発言をせず，評価されたときには，自分に実力があったからとか努力したからとは言わず（男性はそう言う），助けてくれる人がいた，運がよかったなどと言うのだという。同じ仕事をしても男性リーダーはリーダーシップがあると評価され，女性リーダーには「威張っている」との評価がつく。こうした背景に，女性に期待される気配り，控えめ，男性を補助するといったようなジェンダー・バイ

アスがあることを指摘していて，まるで日本の話を聞いているようであるが，アメリカの話である。現代社会の女性を取り巻く職場環境は，洋の東西を問わないようである。

　では，女性はリーダーになるのを避けてきたのかといえばそうではない。小学校から大学，社会におけるリーダー役割の経験を調査したところ，小学校から大学までリーダー役割経験数は男女で差がないが，社会人になってから女性より男性の方が，リーダー経験数が多くなるという（坂田 2019）。ここから，リーダーの資質に本質的に男女差はないが，職場の環境や，結婚，出産，育児といったライフイベントが，女性から管理職になる機会を遠ざけていると考えられる。いわゆる「家庭と仕事の両立問題」に悩まされるのは，たいてい女性だけである。

(3)　フェミニズムと人類学——女性の仕事をめぐって

　日本でもベストセラーになった韓国小説『82年生まれ，キム・ジヨン』（チョ・ナムジュ，筑摩書房，2018）は，フェミニズム小説と呼ばれた。幼少時代から就職，結婚，育児まで，一人の女性の「生きづらさ」を詳細に描いた。「男性は仕事，女性は家庭」という言葉が直接的に出てくるわけではないが，真綿で首を絞めるようにジェンダー規範がじわじわと主人公を苦しめていた。韓国の話であったが，多くの日本の読者は主人公に自分の姿を重ねたという。そういう意味では，フィクションではあるが日韓女性に共通したジェンダーにまつわる民族誌的な小説といえるのではないだろうか。

　人類学におけるジェンダー研究は，1970年代以降，フェミニズムの発展と呼応して進んだ。実は，それまで女性に関する領域はあまり研究されてこなかった。それは，かつて研究者のほとんどが男性だったからで，そのうえ調査地でその社会の情報を提供してくれる有力者や物知りといわれるような人々は，たいてい男性だったからである。女性の意見は重要視されてこなかったし，男性有力者たちの前で女性たちが進んで自分の意見を言うということはまれであった。

　人類学は反省的に，ジェンダーの視点に立った多くの民族誌を蓄積してき

た。ジェンダーの視点から，その社会における女性や男性の声を聞き，個別的・具体的に記述し分析しようとしている。例えば，バリの女性が日々向き合う問題は「家庭か，仕事か」ではなく，「儀礼か，機織りか」であるという。一年を通じて儀礼に格別な意味をおくバリで，経済活動に従事せずに儀礼と家事だけに専念する選択肢はないのだという（中谷 2003）。人類学の研究では，ジェンダーやセクシュアリティのあり方は社会によって大変異なっていて，公的領域（男性＝仕事），私的領域（女性＝家庭）という枠組みは，工業化以後の近代西洋の考え方であると指摘されるようになった。フェミニズムは女性の地位向上と男女平等を理想とするが，これも西洋の平等主義からきているといえる。

　人類学のフィールドでも私たちの日常でも，ジェンダー格差に直面することが多々ある。格差が当たり前と考えられている状況にも出会う。アボリジニ社会で二次的存在におかれているとみなされがちな女性たちを研究し，彼女らが積極的に時に操作的に主体として暮らす姿を浮き彫りにした窪田は，女性のエンパワーメントや男女平等のためには，こうした当該社会のジェンダー関係の具体像を理解することが先行しなければならないと説く（窪田 2005：219）。ジェンダー研究の意義は，個々の事例を積み重ね，ジェンダーを規定する力関係を問い続けることにある。当たり前を相対化していき，みなが生きやすい社会を模索することが私たちにも望まれているのではないだろうか。

4　豊かな生き方の模索

(1)　「産む機械」発言を考える

　少子化問題が顕在化し議論されるなかで，政治家による「女は産む機械」発言や，「LGBT は生産性がない」といった発言が物議を醸したことがあった。人間を機械と呼び，生産性のような効率を求める言葉遣いが不適切であるのは当然として，ここでは，「女性＝産む性」とみる発想について考えてみよう。

実は，かつての人類学も，女性の「産む性」の側面に過度に目を向けてきた。社会を権力という観点からみると多くの社会が男性支配的な社会で，女性が劣位になるという問題点があった。では，そうでない社会はないのか，人類学は多くの社会を調査したが，世界で多くの社会は男性支配的で，女性が政治的・経済的に完全に権力をもつ女性優位な社会はみつからなかった。

　その理由として，文化は自然より価値があり，女性は「産む性」なので「自然」であり，男性はそれを超える「文化」であるとの主張がされた（オートナー 1987）。この主張は，人間が文化によって自然を支配しているという近代西洋的な論理を前提にしているため，「産む性」の女性が必然的に，「文化」としての男性に支配されてしまうことを容認してしまう。こうした文化／自然の論理は普遍的でないばかりか，生物学的性に基づいた本質的決定論でもって，男性支配社会を批判するという矛盾にも陥っていた。同時に，男女の優劣を議論する枠がそもそも間違っていることが指摘されるようになった。公的／私的領域の枠組み設定が普遍的でないにもかかわらず，それ以外の様々な営みを軽視する傾向があったのも前述の通りである。

　こうした反省のもとにジェンダー研究では，女性が社会のなかで多様な働きをすること，規範も変化することなどを明らかにしてきた。権力にもフォーマルなものとインフォーマルなものがあるように，一つの社会のなかでも女性にも多様な力の持ち方があり，多様な生き方があり，ジェンダー規範についても女性は多様に解釈，選択をする存在であり，一人のなかでも多様でありえるということを明らかにしてきた（宇田川 2018）。かつての日本であれば，庇護される対象であった「娘」が実家を出て「嫁」になり，比較的弱い立場になるが実家に帰れば「小姑」として発言力をもつ。子どもを産んで「母」から「姑」としてある程度の力を行使できるようになるといった例である。このように，同じ女性でも役割が異なれば，適応される規範も当然異なってくる。さらに，今日では女性が，社会や家庭で行使しうる力や役割には，大変バリエーションがある。結婚という制度の外で，寡婦やシングルで生きる女性に関する報告も蓄積されている（椎野 2007, 2010）。

　今私たちが生きる日本社会においても，女性を「産む性」のなかだけに押

し込むのは，一面しかみていないことになる。人が長生きをするようになった現在，女性の寿命は87.45歳である。一方，妊娠期間は10か月ほど，仮に3人産んだとしても2年半である。90年近くの生涯において，このごく短い産むステージによって生き方が規定されることになってしまう。

　少子化は，単純に「産む性＝女性」が産まないから起こったのではないことは，周知の通りである。同様に，男性も単なる「稼ぐ性」ではないのである。少子化のような社会問題を考えるとき，2つの性と2つの役割に極限することの方が，生産的でない。産もうとしても，産めないという事情だってある。不妊の原因の半分は男性にもあるのである。それに，多様なセクシュアリティを考えれば，産むことだけに焦点を当てて，社会全体をみる見方が偏っているのは明らかである。だが，「産む機械」のような発言は，日本社会のジェンダー観の一端をよくみせてくれる。私たちはどのように「性」と向き合っていけばいいのか考えさせられる。

(2)　進路の決め方

　ところで，みなさんは進路をどのように決めただろうか。またこれからの進路をどのように決めるだろうか。大学進学を題材に，個人の選択とジェンダーが無関係でないことを検討してみよう。

　まず，大学進学率（4年制）は，平成29年度の調査で，男子55.9％に対して女子49.1％で（『男女参画白書』より），男性の方が多少高い。年別でみると，女子は平成8年度前後に，短大，専修学校，大学の進学者の割合が20％台で拮抗していて，後に大学進学者割合が増加している。実は男女の進学率が同水準になったのは，そう昔のことではないのである。

　次に，親の意識をみてみよう。前出のNHK放送文化研究所の「日本人の意識調査」には，子どもがいたとして，どこまで教育を受けさせたいかに関する調査がある。女の子に対しては，1973年まで最多が「高校まで」の43％，次は「短大・高専まで」30％であった。これが大きく変化して，2018年に「大学まで」が61％，次に短大・高専までが20％となっている。これに対して，男の子に対しては，1973年から2018年まで一貫して，最多が「大学

まで」で，1973年64％→2018年72％となっている。「短大，高専まで」は一貫して極めて少ない（荒牧 2019）。女の子の教育を大学までと答える率が50％を超えるのは，ようやく2008年である。

　女の子には高等教育を受けさせなくてもよいという考えが根強い一方で，男の子には現実の進学率よりも高く，大学進学を望んでいるのがよくわかる。男の子には社会的成功を期待するがゆえに，大学進学を期待するのだろうと読み取れる。近年は，大学まで受けさせたいとする率の男女差が縮まっているとはいえ，この開きは無視できないものがあるといえよう。

　ただし，大学進学率については，地域差があるのも否定できない。地方ほど４年制大学が少なく，短大が多いという特性があるため，大学進学率自体が低い。また，地方の方が，親が女の子に対して進学や就職を地元でしてほしいと望んでいる傾向が強いという。親の期待というのは，社会のジェンダー観を反映している。親が女の子を近くにおいて保護したいというのは，女性を弱い存在とみるパターナリズムとも指摘できるし，男性の社会的成功への期待は過度のプレッシャーになるとも指摘できる。理系と文系の選択においても，ジェンダー観が入り込むことは容易に想像できる。

　女性は，自分の進路選択にジェンダーの内面化により諦めているものがあるかもしれないと，そして男性は，男としてプレッシャーを受けつつも，女性たちが避けてくれた道を進んできたかもしれないと，一度は考えてみてもいい。2018年に東京医科大学をはじめ複数の大学の医学部で，女子受験生を一律に減点するなどして女子学生の合格者数を操作していた不正が社会に衝撃を与えた。このあからさまな女性差別は糾弾されて当然だが，注意すべきはその裏側にある男性が優位に扱われているという見えない権力の構造である。この事例のように，そもそも男性であるというだけで下駄をはかせてもらっていることに気が付くことが，ジェンダーの問題を考える基盤といえる。そのうえで，これから進路や職業の選択において，自分は何を基準に自分らしい選択ができるか，考えてみよう。

(3) 私らしく生きる

　本章を通じて，社会的に形成されているジェンダーが，働くことや何かの選択に，明に暗に影響を与えていることを述べてきた。さらに，男女二元論の発想が，多様なセクシュアリティやセックスをないがしろにし，多様な社会のあり方や多様な生き方をみえにくくすることも指摘してきた。では，性を自分のものとして生きることができるだろうか。

　ある韓国の学生の事例を紹介しよう。子どものときから「女みたい」と言われ悩んでいた男子学生が，日本語スピーチ大会で発表した内容である。大学で知り合った日本人留学生に，誰とでも親しく話す様子を「女子力高いね」とほめられたという。初めて聞いた「女子力」という言葉に衝撃を受けた。韓国語にこのような概念はない。だが，これこそ自分の力だと確信したという。美意識があり細やかな気配りができてコミュニケーション能力が高いというのは，男性として有利であると発想の転換をした。「女子力」を生かして男でもなく女でもなく，私らしく生きると宣言してスピーチを終えた。彼は，「男らしくない」と周囲から否定され続けてきたが，「女子力」という日本語に出会い，その言葉を逆手にとって流用することで，自分らしさを手に入れたのである。

　私たちは性を，何かを閉じ込め拘束する力にすることもできれば，枠を崩して新しい発展の力にすることもできる。私らしく生きるとは何か，性を通じて考えてみてはどうだろう。

参考文献

荒牧央　2019「45年で日本人はどう変わったか（1）」（第10回「日本人の意識」調査から）『放送研究と調査』69（5）：2-37。

宇田川妙子　2018「ジェンダーとセクシュアリティ」桑山敬己・綾部真雄編『詳論文化人類学』ミネルヴァ書房，75-91頁。

小熊英二　2019『日本社会のしくみ――雇用・教育・福祉の歴史社会学』講談社。

オートナー，S・B　1987「女性と男性の関係は，自然と文化の関係か？」E・アードナー／S・B・オートナー他著，山崎カヲル監訳『男が文化で，女が自然か？――

性差の文化人類学』晶文社，83-117頁。

金水敏　2003『ヴァーチャル日本語役割語の謎』岩波書店。

窪田幸子　2005『アボリジニ社会のジェンダー人類学——先住民・女性・社会変容』世界思想社。

国立歴史民俗博物館　2020『企画展示　性差の日本史』国立歴史民俗博物館。

坂田桐子　2019「女性の昇進を阻む心理的・社会的要因」大沢真知子・日本女子大学現代女性キャリア研究所編『なぜ女性の管理職は少ないのか——女性の昇進を妨げる要因を考える』青弓社，25-64頁。

サンドバーグ，S　2018『LEAN IN（リーン・イン）——女性，仕事，リーダーへの意欲』村井章子訳，日経ビジネス人文庫。

椎名若菜編　2007『やもめぐらし——寡婦の文化人類学』明石書店。

椎名若菜編　2010『「シングル」で生きる——人類学者のフィールドから』御茶の水書房。

千田有紀　2011『日本型近代家族——どこから来てどこへ行くのか』勁草書房。

中谷文美　2003『「女の仕事」のエスノグラフィー——バリ島の布・儀礼・ジェンダー』世界思想社。

バトラー，J　1999『ジェンダー・トラブル——フェミニズムとアイデンティティの攪乱』竹村和子訳，青土社。

ボーヴォワール　2001『第二の性（1）真実と神話』『第二の性』を原文で読み直す会訳，新潮文庫。

リーチ，E　1981『文化とコミュニケーション』青木保・宮坂敬造訳，紀伊國屋書店。

（ウェブサイト）

内閣府「男女参画白書」http://www.gender.go.jp/about_danjo/whitepaper/h30/gaiyou/html/honpen/b1_s05.html（2021年8月15日閲覧）

1　一般的な履歴書には性別を選ぶ欄がある。なぜこの欄があるのか，なくすと困ることがあるか考えてみよう。

2　性は自分を自分たらしめるアイデンティティといえるだろうか。また，他人をみるとき，性をその人らしさの一部とみているだろうか。考えてみよう。

3　議員や企業役員などの女性の割合をあらかじめ決めておく「クオータ制」について，この制度の背景を調べて，その意義にはどんなことがあるか考えてみよう。

●読書案内●

『科学の女性差別とたたかう——脳科学から人類の進化史まで』
　　アンジェラ・サイニー，作品社，2019年
　　「男脳」「女脳」は本当だったのか。科学は客観的な事実を提供してくれると思いがちだが，科学者でさえ性差にまつわる偏見から自由でなかった事実を突きつけている。

『「支配しない男」になる——別姓結婚・育児・DV被害者支援を通して』
　　沼崎一郎，ぷねうま舎，2019年
　　夫婦別姓を実践し，育児に奮闘，そしてDV被害者支援の活動を行った著者自身の経験を通じて，「男」としての自分に突きつけられた，性暴力と性差別を生み出す構造を鮮やかに論じている。

『これからの男の子のために』太田啓子，大月書店，2020年
　　女の子なら叱られる粗暴なふるまいを男の子だと，大人が流してしまうことがある。だれしもインストールされている「有害な男らしさ」を考え直し，どうすれば加害者を作らず加害者にならないかをわかりやすく論じる。

同性婚

西村一之

日本政府は同性同士の婚姻を法律上認めていない。憲法24条1項のなかに「婚姻は，両性の合意のみに基づいて成立」するとある。「両性」つまり男女間によらない点を理由に，同性婚は法律婚ではない。ただ，同性婚が違憲であるかどうかについて，法的な判断が出たことがない。一方，性的マイノリティによる権利運動の高まりと主張の浸透もあり，地方自治体の多くが同性カップルを対象にいわゆる「パートナーシップ条例」を定めている。まず，2015年東京都渋谷区そして世田谷区がパートナーシップ証明書の発行を始めた。その後，各自治体で導入が進み，2020年夏にはその数が70を超え増加し続けている。こうした動きは，同性カップルの存在に対する社会的認知を高め，周囲にある否定的な目を気にする当事者のプライドの向上に寄与すると評価されている。だが，同性婚をめぐっては，「伝統的」家族観に基づく反対がある。また，性的マイノリティに対する偏見や差別意識から来る言動や行動が，彼らの存在を否定し苦しめてもいる。

さて，台湾では，2017年大法院（最高裁判所）で同性婚を法律婚としないのは違憲であるという判断が出された。これを受け法改正が進められた。このときの争点の一つが，婚姻を定める民法の条文に異性婚と併記して同性婚を入れるのか，あるいは新たな条文を設けるのかという点であった。後者は，同性婚を特別な婚姻形態と考え，異性婚と法的に同列とするものではない。また，同性婚に対しては，家族観や宗教教義を理由にした否定的考えが存在する。国民投票を経て，結果的には後者が採用された。2019年，同性婚は法的婚姻として台湾社会に位置付けられたのである。多様な性のあり方を公的に強く肯定する台湾の動きを前にしたとき，日本に暮らすみなさんはどのように考えるだろうか。

第7章

人とつながる
日本的同調圧力と自由な「空気」

玉城　毅

ベンチャー企業 X（2000年，東京で設立）の台湾オフィス（2018年設置）
の仕事中の様子。ベンチャー企業 X の社員たちは，オフィスのなかを
自由に動きながら仕事をしている（2020年，筆者撮影）

1　つながりを生きること

(1)　〈つながりの世界〉の探求

　私たちはどこまで自分の意志で人間関係をつくることができ，また，どこ
まで人間関係に影響されて生きているのだろうか。本章では，人が他者と意
識的に〈つながっていく〉側面と，既存の〈つながり〉のなかで影響を受け
ながら生きる側面があることを考慮し，それを〈つながりの世界〉と呼ぶこ
とにする。人がつくり／人がつくられる〈つながりの世界〉の特徴を明らか

にすること，これが本章のテーマである。

　一般的に日本は同調圧力が強い社会だといわれる。それは「空気」と呼ばれ，「KY」（空気が読めない人）を非難する。その一方で，近年では「AKY」（あえて「空気」を読まない）ということばも聞くようになった。これは，同調圧力に屈せず既存の「空気」を内側から破ろうとする行為にみえる。本章は「空気」を分析することを目的としていないが，それが現れる社会的な場として，学校と会社に注目する。学校と会社の特徴が理解できれば，そこに現れる「空気」の特徴を理解することにもつながるだろう。

　日本に住む6〜7歳の子どもは小学校に入学し，約98％の人が高校に進学している。高校を卒業すると，約54.7％の人が大学や短大に，約21.4％の人が専修学校に進学し，約17.6％の人が就職する（2019年度文部科学省学校基本調査）。高校や大学を卒業すると多くの人が会社組織に入る。学校と会社は，現代人が生きる〈つながりの世界〉の2つの主要な舞台である。

　以下では，日本における〈つながりの世界〉の特徴を論じた研究を紹介し，第2節と第3節では1970年代から1980年代に書かれた学校と会社のエスノグラフィを紹介する。これをふまえて第4節では1990年代以降の社会変動を背景にした日本の〈つながりの世界〉の変化を捉えるために，どのような視点が必要かを考える。

(2)　「場」の論理とタテのつながり

　かつての日本の〈つながりの世界〉の主要な舞台はイエとムラであった。しかし高度経済成長期以降，そのほとんどが機能しなくなった。それにもかかわらず，イエやムラの特徴のいくつかの点はかたちを変えて現代社会の〈つながりの世界〉の特徴として持続している。これについて最も説得力のある議論をしたのは文化人類学者の中根千枝である。

　イエにはしばしば非血縁者が含まれており，厳密にいうと親族集団ではないということは，有賀喜左衛門が早い時期に指摘していたが（有賀 1949：268），中根もまたイエを親族集団ではなく「地位の継承システム」と定義付けた（中根 1973：274-275）。イエの継承者は，娘よりも息子，次・三男より

も長男が望ましいと考えられてはいるけれども，子どもがいない場合，非血縁者でも継承することができるのが日本のイエの大きな特徴である（第3章参照）。イエを存続させるためには，構成員の資格（血縁者／非血縁者）が最終的には問われず，イエという枠組みそのものの存続が最重要課題とされる。そのためであれば，イエの長は誰が継承してもよいのである。「枠組み（frame）」そのものが重要視されるイエの特質は，イエに限らず，学校や会社などの現代の様々な組織においても重要な組織化の原理だと中根は主張し（Nakane 1970：1），そのような枠組みを「場」と呼んだ。「場，すなわち会社とか大学とかいう枠が，社会的に集団構成，集団認識に大きな役割をもっているということであって，個人のもつ資格自体は第二の問題となってくるということである」（中根 1967：30）。

　ところで，人が複数集まれば，そこに社会的な「場」ができる。見ず知らずの人が集まり，個々人の資格を問わないとすれば，そのような「場」の秩序はどのようにつくられるのだろうか。この問題に対する中根の答えは，「タテの関係」が「場」を秩序付けるというものである。イエの場では「親－子」，イエ以外の場だと「親分－子分」「上司－部下」「先輩－後輩」などのように，人と人がタテに配置されるときに安定した人間関係が成立する。上の者は下の者の面倒をみて，下の者は上の者を立てるといった具合にタテのつながりによって人間関係が調整され，全体として場の秩序がつくられるというわけである。

⑶　ネットワークの論理とヨコのつながり

　中根千枝の理論にいち早く疑問を投げかけたのは，文化人類学者の米山俊直（1930-2006）であった。中根のいう「タテ社会」は彼女が住んでいる社会の投影かもしれないと述べたうえで，米山は，日本には「タテ」を強調する東北日本のタイプ以外に西南日本のタイプ，つまり「同等なメンバーシップが構成員に与えられ」，「ヨコの連帯」を重視する社会も歴史的に存在してきたことを指摘している。具体的には「座・株仲間・村組織・町組」などの多様な「講」にみられ，そこでは「権力者をあまり認めない」という（米山

1976：67）。さらに米山は，「結局，タテ社会的集団編成は，こうした庶民の
ものではなく，大企業や中央官庁や，講座制のはっきり残っている大学のよ
うな，いわばエリートにおいてよりよく認められるのではないだろうか」と
述べている（米山 1976：71）。

　「タテ社会」とは別次元で結ばれる重要な社会関係・集団を米山は「仲
間」と呼んでいる。中根のいう「場」と米山のいう「仲間」の違いは，中根
が「単一の集団＝場」へ所属することの重要性を強調したのに対して，米山
は複数の「仲間集団」への所属を強調している点にある。「私たちは，いく
つもの仲間集団に，同時に参加している。仲間のある種のものは，親しい
“知り合い”だけで構成されているだろうが，逆に所属する仲間集団を介し
て，新しい“知り合い”になる場合だってすくなくない」（米山 1976：37）。
このような〈つながり〉はネットワークと呼ぶことができる。ネットワーク
は「場」とは異なり，インターネットやSNSの世界で実現されているよう
に，特定の場所がなくても形成することができる。

　1970年代に中根と米山が論じた「タテ」と「ヨコ」のつながりは，日本社
会で長く続く〈つながりの世界〉の２つの特徴である。前者はそれによって
人が影響を受ける側面が強調され，後者は人が自ら〈つながり〉をつくって
いく側面が強調されている。これらのつながりは，イエとムラなき後の学校
や会社においてどのように表れているのだろうか。歴史的な変化に考慮しな
がら具体的にみていこう。

2　学校でのつながり——1970〜80年代のエスノグラフィ

(1)　集団生活

　小学校のエスノグラフィを書いたウィリアム・カミングスは，「日本の学
校が最初に取り組む課題は，いかにして学級の秩序を確立するかという問題
である」と述べている（カミングス 1981：141）。具体的には，「毎朝，教師に
あいさつすること，机の横に立って話すこと，静かに他の生徒や教師の話に
耳を傾けること，集団生活のなかで協力しあうこと，などである」（カミン

グス 1981：141）。「集団生活のなかでの協力」としてカミングスは，給食当番，掃除当番として「労働」，運動会や文化祭の計画や実行などを挙げている（カミングス 1981：150-151）。生徒たちに求められているのは，直接的には「学級の秩序」であり，それは学校全体の秩序につながっている。これらを通して生徒は，集団生活とそれと関わる規範を学ぶことになる。

　このことは，中学校や高校においても基本的に同じであり，また，カミングスが調査した1970年代後半と同様の状況は現在でもみられる。筆者は，2020年2月に兵庫県のある中学校で行われた90分間の講演会を観察する機会があった。講演会は次のように進行していった。昼過ぎの体育館に2年生240人が集合した。教師一人と生徒会役員の一人が司会を務めていた。生徒たちはクラスごとに2列に並んで座った。列の先頭でクラス委員長が生徒の方を向き，「そこ，ちょっとゆがんでいます」などと言って列が真っ直ぐになるように指示を出した。1時間ほど経ったころ，トイレ休憩の時間がとられた。そのとき，ある教師が「どうしても我慢ができない人はトイレに行って下さい」と言った。体育館の出口に生徒が殺到しないように，生徒たちはクラスごとに順番にトイレに向かった。そのとき，クラス委員長は体育館後方の出入口の脇に立ち，自分のクラスの生徒が全員トイレから戻ったことを確認してから，頭のうえに腕を上げて「マル」をつくる動作をして，体育館前方にいる教師に合図を送った。

　240人の集団の一糸乱れない統制された行動に筆者はとても驚いた。集団の統制はかなり行き届いており，少なくとも学校生活においては集団の規範が身体化されているようにみえた。後で，この学校は数年前「少し荒れていたが，今ではとてもよくなった」とある教師が語ってくれた。彼のいう学校の「よい状態」が，集団統制が行き渡って秩序だっていることを示しているのは明らかだった。

(2)　学校文化と階層

　カミングスが描き，筆者が観察した学校の集団統制の状況は，あらゆる学校で一般的にみられるものなのだろうか。そうではないことをトーマス・

ローレンの高校のエスノグラフィが教えてくれる。ローレンが参与観察したのは、兵庫県にある質の異なる5つの高校——「典型的な公立高校」「エリート私立高校」「定時制高校」「伝統ある県立高校」「商業高校」である。これらの高校のなかで、最も秩序が保たれているのは「エリート私立高校」であった。ローレンは、学校特有の秩序が形成される組織原理として次の5つを挙げている。「①教師による生徒の監視がすみずみまでいきとどいている、②それぞれ小集団に分けて個人を組織している、③グループ選択の自由や流動性を促すよりも、むしろごく少数の集団に長期にわたって所属することの方が優先されている、④教師の行動を方向付けるための、公的な管理・報償体系が存在しない、⑤生徒にやる気をおこさせるうえで、仲間集団の圧力と教師集団の指導力が重要な役割を演じている」（ローレン 1988：209-210）。5つの高校の間では、「エリート私立高校」で最もよくそれが機能しており、「定時制高校」が最も機能していなかった。

　別の側面でも、例えば、生徒が街ですごす時間の長さでも5つの高校で差があった。「行動様式の相違は、学校ランクと関係している。ランクが低いほど街ですごす時間が多く、逆にランクが高いほど学校や家庭ですごす時間が多い。いいかえれば、アメリカの一般の青年にみられる行動様式は、日本の低ランク校の行動様式に似ているのである」（ローレン 1988：298）。高校の序列が生まれた要因としてローレンは、「家族の社会・経済的要因」「将来の職業の見通し」「学校ごとにみられる下位文化」の3つがあると指摘している（ローレン 1988：331）。つまり、高校の序列は日本社会の階層の表れであり、階層の下位文化が学校の下位文化に反映しているというのである。

　集団生活に関わるしつけを最重要課題として始まった子どもたちの小学校生活は、中学校、高校へと進むにつれて勉強というもう一つの課題の重要性が高まっていき、2つの教育課題の達成度は次第に分化し、高校の序列というかたちで顕在化することになる。ローレンが描き出した高校のエスノグラフィが示しているのは、分化しながら進行する子どもたちの社会化のプロセスであった。

3　会社でのつながり──1970〜80年代のエスノグラフィ

(1)　働き方の分類とイデオロギー

　小熊英二は，日本社会における人の「生き方」として「大企業型」「地元型」「残余型」という独自な類型を試みている。これは，分化した高校や大学を卒業した人の行き先の分類とみることもできる。小熊によると，「日本型雇用」が顕著な慣行として形成され実践されたのは「大企業型」においてであるという。「大企業型」とは「大学を出て大企業や官庁に雇われ，『正社員・終身雇用』の人生をすごす人たちとその家族である」（小熊 2019：21）。「地元型」とは「地元の中学や高校に行ったあと，職業に就く。その職業は，農業，自営業，地方公務員，地場産業など，その地方にあるものになる」（小熊 2019：21-22）。この 2 つの類型に当てはまらないのは「残余型」である（小熊 2019：35）。小熊は「大企業型」を総人口の26％，「地元型」を36％，「残余型」を38％と推計し（小熊 2019：37, 40-41），1980年代から現在に至るまで「大企業型」の人口がほとんど変わっていないこと，これに対して1990年代以降に「高卒労働市場の急減」や「自営業セクターから非正規雇用への移動」などによって「地元型」が減少して「残余型」が増加していると指摘している（小熊 2019：47-48, 78）。

　ここで興味深いのは，終身雇用や年功序列型賃金制度が人口の半数にも満たない一部で実現されたものであるにもかかわらず，これらが日本の会社組織と働き方の一般的な特徴（日本型雇用システム）とみなされてきたという事実である。「日本型雇用システム」とは，日本の会社の現実ではなくイデオロギーを表しているといえる。ここでいうイデオロギーとは，クリフォード・ギアーツのいう「社会秩序の図式的イメージ」という意味で用いている（ギアーツ 1987：41）。ギアーツによると，人がイデオロギーを必要とするのは社会が「慢性的に不統合の状態」にあるからである。どのような社会秩序でも完全な秩序ではありえず，「自由と政治秩序，安定と変化，効率とヒューマニティ，精確さと柔軟性」のような「解決不能」な矛盾がある（ギアーツ

1987：18-19)。これをふまえてギアーツは，イデオロギーが「比喩的に表現されるもの」であり，それによって「理解し難い社会状況を理解可能にするもの」であると述べている（ギアーツ 1987：44)。

⑵　イエ・家族イデオロギーとタテのつながり

　イデオロギーの視点から会社を捉えたとき，日本の会社がイエや家族にたとえられてきたことが注目される。小規模な会社のエスノグラフィを書いたドリン・コンドー（Dorinne Kondo）は，経営者が従業員の「親代わり」と称されていることを観察している。例えば，ある美容室の忘年会の夜のことである。忘年会が終わり，コンドーは，美容室のチーフと２人の若い女性従業員との４人で同じタクシーに乗った。そこで彼女たちは少し寄り道をして喫茶店に行くことにした。その翌日，夜遅くまで帰ってこなかった彼女たちに対して，美容室の経営者は「昨夜はあなたたちが帰ってくるまでずっと起きて待っていた」と言い，特に年配のチーフに対して「私がこの子たちに責任があるように，あなたにも責任がある」と言って叱った（Kondo 1990: 179-180)。この経営者は，若い従業員の生活全般に対して責任がある「親代わり」だと考えていたのである。

　会社が家族にたとえられるのは中小企業だけではない。前節で紹介したトーマス・ローレンは，日本の銀行のエスノグラフィも書いており，そのなかで「家族的な」銀行員の姿を描き出している。ローレンによると，約3000人の従業員を抱える東京の大銀行（仮名「上田銀行」）において，新入社員を迎える入社式や元社員の物故者の追悼式などのセレモニーが定期的に行われており，そのなかで社員にとって会社は「一つの大きな家族」であるという考え方が繰り返し表現されて確認・強化されているという（Rohlen 1974: 34-41)。大企業においても，社長は社員に対して父親と似た責任をもち，またタテの関係は上司と部下の間にもみられる。上司は部下の面倒をみることが当然であり，部下は上司を敬わなければならない。このようなタテの関係が会社内部の秩序をつくり安定させることになる（Rohlen 1974: 46)。

　タテの関係を軸に秩序付けられる組織のかたちは，日本の会社に限らず世

界中の多くの組織に共通してみられるものである。一般的にそれは官僚制的組織と呼ばれる。官僚制的組織とは「企業や官庁の組織図に典型的に示されているように，組織構成員間の指揮命令系統や職能のあり方が明確に規定され，かつ，服務規程を典型とする成文化された規則や規定が構成員の行動を一律に拘束していることが建て前になっている組織形態」を指す（佐藤・山田 2004：184）。社会学者の佐藤郁哉と山田真茂留は，「官僚制的組織を典型とする公式的組織は，なぜ近代と呼ばれる時代になって主流の組織形態になっていったのか」という問題を論じている。その議論の詳細は本章の目的からずれるので検討しないが，タテの関係を軸として組織内部を統制して秩序付けるような組織構造が日本独特のものではないということは知っておくべきことである。日本的だといえるのは，官僚制的組織を意味付けるやり方にある。いいかえれば，組織の構造（役割の体系）と文化（象徴・意味の体系）が絡み合うところに日本的といえる会社像が現れてくるのである。

(3) 会社のなかのヨコのつながり

　大企業であれ中小企業であれ，成員間のつながりと会社のまとまりを意味付けるものとしてイエ・家族イデオロギーが重視されてきたことを述べた。とはいってもそれは，すべての社員の行動が一つのイデオロギーに規定され，イデオロギーと結び付いた単一の原理で会社全体が調和的に秩序付けられていることを意味しない。例えば先に取り上げた上田銀行では「フォーマルなピラミッド構造とインフォーマルなサークルという2つの基本的な構造がみられる」とローレンは指摘していた（Rohlen 1974: 105）。フォーマルなピラミッド構造はオフィスのレイアウト（席の配置）に表れており，インフォーマルなサークルは会社の外の社員の行動に表れている（Rohlen 1974: 105-106）。ローレンによると，職場の同年代や同性のグループ単位で（タテの関係ではなく）ハイキング，飲み会，麻雀，ボーリングなどを楽しんでいる。ピラミッド型の組織のなかでヨコにつながるサークルや仲間が形成されているのである。これと同様な行動様式は，ローレンの研究から20年後の中小企業（工場）の社員にもみられる（Roberson 1998: 155-170）。

サラリーマンがアフターファイブに居酒屋で気勢を上げる姿はよくみる街の風景であるが，そこで集う人のつながりをローレンが「サークル」と呼んだことに注意しておきたい。個人を中心にヨコにつながって広がることでつくられるのがサークルである。タテのつながりはイエ・家族イデオロギーによって説明されるのに対して，ヨコのつながりは，同質的で対等な人同士が結び付いている。これは，中根千枝のタテ社会論に対してヨコにつながる「仲間」の重要性を指摘した米山俊直の議論とも重なる。

4　近年のつながりの変化

(1)　変化を捉えるために

　学校と会社は，日本社会において長く人々の生活を枠付け支える役割を担ってきた。「いい学校に進めばいい会社に入れる」といったような学校から会社へと進んでいく安定した人生のイメージは日本社会に長く存在してきた。しかし，1990年代以降，そのイメージがもつ安定性は崩れつつある（Brinton 2011）。現在，大企業でも新卒一括採用・終身雇用・年功序列ではなく，職務内容によって雇用と報酬を規定する「ジョブ型」の人事制度を導入する会社が現れている（日本経済新聞2020年9月1日電子版）。そこではもはや，イエ・家族イデオロギーは，会社組織やその内部の人間関係を意味付ける力をもてないだろう。また，非婚・晩婚・少子化に表れているように，家族は当たり前にいつもあるものではないという状況が広がることによって，家族のつながりでさえイエ・家族イデオロギーで意味付けにくくなっている。この30年の間に日本における〈つながりの世界〉は大きく変わり，私たちは変化の真っ只中を生きているのである。変化が加速する現在の〈つながりの世界〉はどのように理解できるのだろうか。

　これらの問題を考えるうえで，大きな銀行組織において「フォーマルなピラミッド型とインフォーマルなサークル」の2つの構造が併存しているというローレンの指摘（Rohlen 1974: 105）がヒントになる。ローレンの研究から学ぶべきことの一つは，フォーマルとインフォーマルな関係の両方を視野に

収める視点の重要性である。しかし，これまでの研究では，フォーマルな組織構造とインフォーマルなつながりは異なるテーマのもとで別々に扱われることが多かった。

(2) インフォーマルなつながりの豊かさ——サークル・女縁・趣味縁

インフォーマルなつながりを捉えた早い時期の研究に思想の科学研究会によるサークル研究がある（思想の科学研究会編 1976）。そのなかで鶴見俊輔（1922-2015）は，サークルを「顔見知りの仲間が自発的にする文化活動」と定義付けている（鶴見 1976：4）。サークルは，ローレンが指摘していたように会社内部でつくられることもあるが，思想の科学研究会が注目したのは，既存の組織の外部でつくられたサークルであった。「サークルのサークルらしさ，というか，その自発的性格に関心をもつ私たちは，大団体の傘下のサークルをさけてなるべく自発的なものをさがしもとめた結果，どちらかというと，かわり種のサークルを主に研究した結果になった」（鶴見 1976：4）。

1980年代の上野千鶴子の「女縁」研究（上野 1987, 1988 [2008]）もインフォーマルなつながりを捉えた研究である。上野は，家庭の主婦が夫たちとは異質な独自のつながりをつくっていることに注目した（上野 1988 [2008]）。そして，つながりを示す従来の概念である血縁・地縁・社縁を「選べない縁」と位置付け，これらとは別に「選べる縁（選択縁）」という新しい概念を提起している（上野 1987：228-229）。

> これまで日本人は，男は会社という職業集団の，女は婚入した家父長的な「家」という血縁集団の，降りられない関係の中でタテ型の社会関係を内面化してきた。選択縁の社会がヨコ型でありうるのは，それがやめようと思えばいつでもやめられる関係だからである。いつでも降りられるような関係が，有効なソーシャライザー（社会化のにない手）になるかどうかにはまだ疑問があるが，日本社会には「イエ」型でも「ムラ」型でもない新しい人間関係が育つ可能性があるといってよいだろう。
>
> （上野 1987：240）

社会学者の浅野智彦は，サークル研究と女縁研究をふまえて「趣味縁」研究として展開している（浅野 2011）。

　思想の科学研究会・上野千鶴子・浅野智彦の三者の研究の共通点は，フォーマル／インフォーマルの区別を前提にしてヨコに対等につながるインフォーマルな関係がもつ豊かさを示し，将来の社会構想の可能性を提起したことである。これらの研究に学ぶことは多いが，筆者は，フォーマル／インフォーマルの区別を自明視しないことが今後の〈つながり〉研究では重要だと考えている。

(3)　学校の変化

　1987年の臨時教育審議会では「個性の尊重」がスローガンとして掲げられ，2002年には「総合的学習の時間」が学校現場に導入された。このような制度的な改変に先立って，子どもたちの主体性を重視した教育を実践していた長野県のＩ小学校の現場の状況を清水睦美が調査している。Ｉ小学校では先駆的に「総合学習」と「総合活動」とを取り入れただけでなく，いくつかの特徴的な実践を行っていた。①時間割があらかじめ設定されていない。清掃が終わるころに学習係の子どもが黒板に明日の予定を書き込む。②チャイムがならない。「子どもたちの目的にそって展開している学習活動を妨げないため」である。③通知表がない。通知表の代わりに「一学期と二学期の末に保護者と担任との個別懇談がおこなわれ，三学期には学級ごとに学習発表会がひらかれている」（清水 1999：23-27）。このような新しい試みを通して，Ｉ小学校の教師の間では，「子どもは，必要感にせまられたり，目的意識をもった活動によって，自らの学習を展開することができる」という子ども観や，「子どもは，教師と子ども，子どもと子どもが，ともに喜び，ともに悲しむという感情共同体の一員として，ものやこととのかかわりを体得していく」という教室観が共有されていると，清水は指摘している（清水 1999：31-32）。

　この研究が示しているのは，規律によってクラスを統制しようとするのではなく，生徒個人の主体性がより望まれるようになったということである。

これは歴史的変化とみることができ，そうみることは間違いではないが，より重要なことは，個人の主体性と集団の秩序は矛盾しないということである。「ともに喜び，ともに悲しむ感情共同体」は統制によらずに現れた秩序であり，カミングスがみた「学級の秩序」とは異なる秩序である。

(4) 会社の変化

　第4節で述べたように，トーマス・ローレンは，銀行組織の「フォーマルなピラミッド構造」がオフィスレイアウトに表れていることを指摘していた。課長が課員全員を見通せる場所に座り，課員同士は向き合って座る。このような席の配置はピラミッド型の組織構造が空間に表れたものであり，ローレンが調査した上田銀行だけでなく日本の会社の一般的なレイアウトである（Rohlen 1974: 105, 1975: 189-190）。職場の席の配置について，行政学者の大森彌も注目している。大森は，霞が関のある官庁の例を示して，役職体系が席の配置と対応していることを明らかにしている。これを「アメリカ式の個室システム」とは対照的な「大部屋主義」と呼び，「官の世界と民間会社を通じる職場組織の風景といってよさそうである」と述べている（大森 2006：54）。小熊英二は，大森の研究を参照しながら「大部屋主義」の歴史的背景を探り，明治期の官庁組織では「『課』より下の職務分担を明確化することが要求されなかったという事情」がその起源であったと指摘している（小熊 2019：293）。職場で一つの部屋を共有する「課」は，タテの関係が重視されて「場の論理」が機能する典型的な小集団の例である（中根 1967：22-23）。

　これらの先行研究の知見に対して，筆者が調査したベンチャー企業Xの台湾オフィスのレイアウトはまったく異なっていた（図7-1）。そのオフィスは，高層ビルが林立する台北のオフィス街の一つのビルの11階にある。2020年2月，筆者がそこを訪ねたとき，ブランチ・マネージャーとアシスタント・マネージャーの2人が出迎えてくれた。2人ともスウェットパンツとパーカーを着ていた。オフィスに入ってすぐに関心を惹いたことは，組織のトップ2であるこの2人の服装とオフィス空間だった。ベンチャー企業Xは2000年に東京で創業し，台湾オフィスは2018年に開かれた。企業理念の一つに「フ

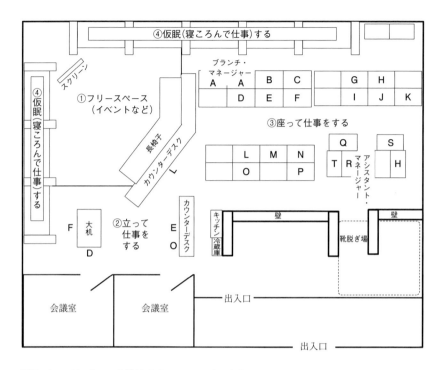

図7－1　ベンチャー企業Xのオフィスレイアウト
出所：2020年2月17〜20日，8月26日の調査資料をもとに筆者作成。

ラットな組織」を掲げているが，それはオフィスの空間にも表れていた。

　二重になった入口を入ると，広いオフィス空間が広がっている。完全に区切られた会議室を別にすると，オフィス空間は4つの部分で構成されている。①小上がりの「フリースペース」。スクリーンと長椅子に挟まれた左奥のスペースは，外部の人が訪れてイベントやプレゼンテーションを行うときに使われる。②「立って仕事をするスペース」。長椅子の後ろ側に接して置かれたカウンターデスクとその手前に置かれたカウンターデスク，さらにその左側の大机は「立って仕事をする」ときに使われる。Lさん，Oさん，Eさん，Dさん，Fさんはよく立って仕事をしている。③座って仕事をするスペース。オフィスの中央から右側のスペースには机が向かい合わせで置かれ

ており，5つの「島」ができている。「島」は，職務の内容によってゆるやかにまとまっている。ここで興味深いのは，ブランチ・マネージャーの席が右奥ではなく，①のフリースペースの近くに置かれていることである。またアシスタント・マネージャーの席は右奥手前にあり，ブランチ・マネージャーと離れている。役職とは無関係に席が配置されているようだ。最も興味深かったのは，④の「寝ころんで仕事をする」スペースである。入口の対面と左側の窓際には8つの「簡易ベッド」がつくられている。床から1mほど上がった段になっていて窓と窓の間は壁で仕切られている。そうしてできた空間が「簡易ベッド」になっている。ブランチ・マネージャーによると，「東京の本社から出張で来るUさんは，よくそこで寝ころんで仕事をしている」という。

　このオフィスレイアウトは，ローレンや大森が指摘したものとはまったく異なるものであった。それは，席の配置に工夫があるだけでなく社員の自由な動き（立ったり座ったり寝ころんだり）を可能にする空間構成になっていた。ベンチャー企業Xのオフィスで筆者は「自由な空気」を感じた。

⑸　フォーマリティとインフォーマリティの相互浸透

　現在，日本社会に同調圧力の「空気」が広まっている。この原稿を書いている2020年8月現在，新型コロナウイルスに感染した人がバッシングされる例がしばしば報道されている。このような状況では，感染を恐れるだけでなく，感染したことを知られることに恐怖を感じることになる。これは同調圧力の一つの例だといえるが，本節で紹介した事例ではそれとは異なる〈つながりの世界〉が現れていた。

　Ⅰ小学校とベンチャー企業Xの事例から読み取れる特徴をまとめると次のようになる。①規範に縛られない生徒の主体的な学習や社員の自由な行動が奨励あるいは認められ，統制的でない秩序＝「自由な空気」が現れている。②それはインフォーマルなサークルでは普通にみられるものであるが，放課後やアフターファイブではなく，フォーマルな組織の核心部分にインフォーマルな要素を見出すことができる。③それは，タテの関係を軸に全体の秩序

形成を図ってきたこれまでの，そして現在のフォーマルな組織に対するアンチテーゼとみることができる。

　I小学校とベンチャー企業Xに限らず，現実に合わなくなってきた官僚制的組織の課題を解決するために，タテではなくヨコを軸としたりナナメを考慮したりした組織づくりを構想・実践する人や組織は少なくない。これについて筆者は調査を始めている。また，既存の大学や大企業の内部で組織改革を試みているケースも多い。このような変化期の状況を理解するためには，フォーマルな組織の研究とインフォーマルな関係の研究を分けず，フォーマリティ（形を整えること）とインフォーマリティ（形にこだわらないこと）の併存・緊張を捉えるべきである。また，本章では示さなかったが，両者が相互浸透・転換する動き（フォーマル化／インフォーマル化）を，筆者は奈良の福祉施設において観察している。このような近年の新しい学校づくりや組織づくりを理解するためには，フォーマリティ／インフォーマリティの両者に目を配る必要がある。そこに現在の〈つながりの世界〉の揺れや，新しい〈つながりの世界〉が生成する局面をみることができるからである。そのような現実の機微を捉えるのに，フィールドワークを主要な方法とする文化人類学的研究が果たす役割は大きい。

参考文献

浅野智彦　2011『趣味縁からはじまる社会参加』岩波書店。

有賀喜左衛門　1949（1969）「日本の家」『社会史の諸問題』有賀喜左衛門著作集7，未來社，265-319頁。

上野千鶴子　1987「選べる縁・選べない縁」栗田靖之編『日本人の人間関係』ドメス出版，226-243頁。

上野千鶴子　1988（2008）『「女縁」を生きた女たち』岩波書店。

大森彌　2006『宮のシステム』東京大学出版会。

小熊英二　2019『日本社会のしくみ——雇用・教育・福祉の歴史社会学』講談社現代新書。

カミングス，W・K　1981（1980）『ニッポンの学校——観察してわかったその優秀性』友田恭正訳，サイマル出版。

ギアーツ，C　1987「文化体系としてのイデオロギー」『文化の解釈学2』吉田禎吾・柳川啓一・中牧弘允・板橋作美訳，岩波書店，3-74頁。

佐藤郁哉・山田真茂留　2004『制度と文化──組織を動かす見えない力』日本経済新聞社。

思想の科学研究会編　1976『共同研究　集団──サークルの戦後思想史』平凡社。

清水睦美　1999「『総合的な学習の時間』がやってくる」志水宏吉編『のぞいてみよう！　今の小学校──変貌する教室のエスノグラフィー』有信堂高文社，14-58頁。

鶴見俊輔　1976「なぜサークルを研究するか」思想の科学研究会編，前掲書，3-21頁。

中根千枝　1967『タテ社会の人間関係』講談社。

中根千枝　1973「沖縄・本土・中国・朝鮮の同族・門中の比較」日本民族学会編『沖縄の民俗学的研究──民俗社会と世界像』民族学振興会，273-302頁。

文部科学省　2019「学校基本調査」https://www.mext.go.jp/b_menu/toukei/chousa01/kihon/1267995.htm（2020年9月19日閲覧）。

米山俊直　1976『日本人の仲間意識』講談社。

ローレン，T　1988『日本の高校──成功と代償』友田恭正訳，サイマル出版。

Brinton, M. C. 2011. *Lost in Transition: Youth, Work, and Instability in Postindustrial Japan*. Cambridge: Cambridge University Press.

Kondo, D. K. 1990. *Crafting Selves: Power, Gener, and Discourses of Identity in a Japanese Workplace*. Chicago and London: The University of Chicago Press.

Nakane, C. 1970. *Japanese Society*. Berkeley and Los Angeles: University of California Press.

Roberson, J. E. 1998. *Japanese Working Class Lives: An Ethnographic Study of Factory Workers*. London and New York: Routledge.

Rohlen, T. P. 1974. *For Harmony and Strength: Japanese White-Collar Organization in Anthropological Perspective*. Brkeley and Los Angeles: University of California Press.

Rohlen, T. P. 1975. The Company Work Group. In E. F. Vogel (ed.), *Modern Japanese Organization and Decision- Making*. Berkeley: University of California Press, pp.186-210.

●課題●

1　これまで経験した学校生活を振り返り，そこでの〈つながり〉の特徴と〈まとまり〉の特徴を抽出してみよう。それは，本章で紹介した学校のどれと近いか，あるいはどれとも異なる特徴があるか，考えてみよう。
2　将来自分が働きたいと思える会社を探し，その会社の組織的な特徴を調べてみよう。そしてその会社のどこが魅力的か考えてみよう。
3　あなたの周りにあるフォーマルなつながりとインフォーマルなつながりを捉え，それぞれの特徴を分析してみよう。そのうえで，両者はどのように関連しているか，あるいはまったく別物か考えてみよう。

●読書案内●

『タテ社会と現代日本』中根千枝，講談社現代新書，2019年
　　1967年に出版された『タテ社会の人間関係』から50年以上たった現在，改めて自らが展開したタテ社会論を振り返って現在の社会を考察した本。

『学校のエスノグラフィ──事例研究から見た高校教育の内側』
　　古賀正義編，嵯峨野書院，2004年
　　教育学者たちが描いた学校のエスノグラフィ。本章で紹介したトーマス・ローレンの高校のエスノグラフィ（ローレン 1988）の成果をふまえて，高校の日常に注目して「内側から制度の意味や実践の意味」を問い直している。

『仕事の人類学──労働中心主義の向こうへ』中谷文美・宇田川妙子，世界思想社，2016年
　　アジア・アフリカ・ヨーロッパ・日本の世界各地のフィールドワークに基づいて，多様な「仕事」の意味を明らかにしている。例えば，仕事／遊びなど，私たちがあたりまえに思っている線引きは，「仕事」を捉える多様な見方の一つに過ぎないことがわかる。

【コラム❼】

売買春

尾崎孝宏

　みなさんは「売買春」という言葉から何をイメージするだろうか。おそらく漠然と「いけないこと」という印象をもっているだろうが、そもそも「売買春」という行為とは何だろう？

　日本で売買春を禁じる制度的根拠は「売春防止法」（1957年施行）である。ただし同法は売買春を禁止する一方で、売買春そのものは刑事罰の対象としていない。さらに同法は女性が対価を取って行う「性交」（膣へのペニスの挿入）のみを対象とし、肛門や口を使った性的サービスに対価を払っても売買春ですらない、ということになる。もちろん、男性が性的サービスを提供する行為も同様である。

　ただし18歳未満の者を指す「児童」に対しては、「児童買春、児童ポルノに係る行為等の規制及び処罰並びに児童の保護等に関する法律」（1999年施行）で上述の行為を含む「性交等」が禁止されているため、現在の日本では、対価を受け取って性的サービスを提供する行為は18歳以上の者が行う場合にかぎり罰せられることはない。

　だが対価という観点からみるかぎり、売買春は「それ以外」の性的行為と完全に区別可能なのか、という疑問が生じる。交換論的には贈与と交易は区別されるが、売買春は厳密かつ即時的な互酬性を要求する交易の一種として位置付けうる。一方ネパール西部に1960年代まで存在したデヴォキのように、神の妻とされる存在との性的行為への対価が神への捧げ物とされている事例は、宗教という文化装置により交易を贈与に転換していると理解できる。逆にいえば売買春は、贈与の規範からの逸脱とみなされがちである。

　また売買春の場においては本名を使用しないことが多い。つまり匿名の相手に対して性的行為というきわめて個人的かつ親密な行為がなされるのである。この意味でも、例えば恋愛といった日常の社会関係をめぐるルールから逸脱しているのである。

　これらの逸脱こそが、我々が売買春を「いけないこと」と感じる源泉となっているのではないだろうか。

第 8 章

記憶を共有する

「識字99%」のニッポンにおける識字運動

二階堂裕子

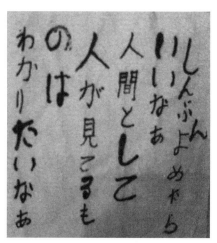

読み書きに不自由な人々が文字を学び，自分の思いを文にしたためる取り組みは，人間の解放にむけた運動でもある。そのような実践は，人々の記憶の共有にどのような影響をもたらすのだろうか。写真は「ひまわりの会」の学習者，金今順さんの作品（2008年，筆者撮影）

1 個人的記憶と集合的記憶

(1) 記憶の想起

あなたには，過去の出来事や経験について，どのような記憶があるだろうか。また，友人や家族など，他者と共有している記憶とはどのようなものだろう。

本章では，人間が個人的な記憶を他者と共有したり，継承したりすることの意味を考察する。記憶を他者へ伝えるためには，口伝やモノなど様々な手

段がある。そのうち，ここでは特に文字社会における文字を媒介とした記憶の共有に焦点をあてたい。具体的な事例として日本の識字運動を取り上げながら，文字によるコミュニケーションがどのような意味をもち，それが記憶の共有とどのように関わるのかを検討する。

　まず，私たちは過去の思い出をどのように記憶し，それをどのように想起するのか，また，他者と同じ経験をもつ場合，それはどのように共有されるのかを考えてみよう。

　フランスの社会学者，モーリス・アルヴァックス（Maurice Halbwachs, 1877-1945）は，たとえ自分の記憶が個人的な体験にもとづくものだとしても，実際のところ，それらは自分が関わりをもったある特定の他者や集団との関係を通じて，自分の過去の体験や感情の断片を編集し直したものなのだという（アルヴァックス 1989：1-4）。また，私たちの記憶は他者の記憶によって再認識されることがあるが，そのためには，自分の記憶が他者の記憶と一致し続けていること，そして，自分と他者の間に共通した主観的な考えのあることが必要だと述べる（アルヴァックス 1989：16-17）。

　たとえば，私は小学生のとき，妹とともに風邪をこじらせて2人で入院した経験をもっている。その入院中，突然，担任教員がクラスメート全員とともに，見舞いのため病室にやってきた。少し高揚した表情を浮かべた友人たち，励ましの言葉をかけてくれた担任教員，私と同じくこのサプライズに喜びを隠せない母と妹の姿，そして「早く退院して，また学校へ行きたい」という当時の自分の感情が，数十年経過した現在でも，はっきりと浮かび上がってくるのである。なぜなら，当時から今日に至るまで，この出来事がしばしば家族の間で懐かしさの感情とともに語られてきたからだ。そのたびに，必ず母がその担任教員の児童を思いやる温情を強調し，私たちはそれを互いに再確認してきた。そのため，この思い出は私にとって今も忘れがたい記憶となっているのだろう。

　このように，ある体験が個人的記憶として定着するうえで，その出来事に関与した人々が共有する集合的記憶を参照しながら，自己の体験を再構成し，自分にとってその体験はどのような意味をなすものであったのかを問い

続けることが有効となる。

　また，アルヴァックスによると，私たちは過去の出来事を「よりよく想い出す」ために，ある集合的記憶を共有する人々との関係を維持しようとする（アルヴァックス 1989：4）。つまり，ある特定の集団が共有する集合的記憶は，個人的記憶の拠り所であると同時に，それがメンバー間の結びつきを維持させ，集団としてのまとまりを創出していくのである。

(2)　集合的記憶の共有

　その一方で，有末賢は，同じ体験をもつ人々であっても，その体験をしたという事実が共有され，それによって人々の間に集合的記憶が形成されることがなければ，「もともと個人的記憶を表出する術も存在しない」（有末 2016：23）と指摘する。たとえば，身内に自死した人がいる「自死遺族」の多くは，同じ立場の人々と自らの体験や思いを分かち合う場や機会をもてず（あるいは，もたず），「語りにくいこと」や「語れないこと」を抱えたまま，沈黙して生きている。こうしたなか，自死遺族らが集う自助グループの活動を通じて，沈黙を強いられがちな自死遺族たちの声が結集されている。同時に，その活動は，当事者が他では言えないような心情を吐露し，心を浄化させる場としての役割を果たしているという（有末 2013）。

　これが示唆するものは何か。1つめは，「集合的記憶は，個人の記憶だけでは成り立たない」（有末 2016：21）ということである。まず，同じ体験をもつ人々が，共通した独特の情緒や考えを出発点として，何らかのかたちで集合体をなすことが必要だろう。それによって，自分の個人的記憶を集合的なものとして捉えられるようになる。2つめは，そうして共有された集合的記憶を土台に，他人には語りたくないこととして，それまで心の引き出しにそっとしまいこんできた個人的記憶がはじめて語られるようになるということである。個々のメンバーがもつ個人的記憶は，集合的記憶の共有によってはじめて「語ってよいもの」となり，他者にそれを表出できるようになるのだろう。

　このように，集合的記憶の共有と，それによって長らく秘めてきた自分の

思い出を他人に語ろうとすることの関係については，後で再び取り上げたい。

(3)　社会的記憶の共有と継承

　ところで，アルヴァックスによれば，私たちの個人的記憶の拠り所になるものとして，ここまで述べてきたような集合的記憶のほかに，その人が生活する社会の「歴史」にもとづいた社会的記憶がある（アルヴァックス 1989：46-48）。個人からみたとき，社会的記憶は，必ずしも自分自身の実際の体験から構成されるというわけではない。たとえば，1995年の阪神・淡路大震災や2011年の東日本大震災の発生は，私たちの社会を襲った未曽有の大災害として日本の歴史に刻まれた忘れがたい出来事である。そして，これらに関する記憶については，被災者や遺族，現地で活動したボランティアの人々などが集合的記憶を共有するにとどまらず，当時，直接的な被災体験をもたなかった人々や，災害発生後に生まれた人々も含めて，日本全体の社会的記憶として共有され，継承されようとしている（第12章「自然とつきあう」参照）。

　けれども，こうした歴史的な出来事の記憶が，自らそれを体験した人々のほか，非体験者にも共有される社会的記憶となるためには，まず何よりも，その出来事を「忘れてはならない」という社会的な価値観が不可欠だろう。今あげた大震災の場合，被災状況や被災者の体験を文字や映像によって公開したり，被災した建物や遺品といったモノを保存・展示したりする活動が続けられてきた。また，毎年災害発生日に開催される慰霊祭や，慰霊碑の建立によって，災害の記憶が集合的に，そして絶え間なく再認識されてきたことも重要である。さらに，近年では，被災地の人々に被災当時のようすや被災経験から得た教訓を語ってもらう取り組みが，新たなツーリズムとして注目されている。これらも，大災害の歴史が社会全体の記憶として構築されるうえで，大きな役割を果たすだろう。

2 文字を獲得するということ

(1) 伝達手段としての文字

　さて，ここまで，個人的記憶，集合的記憶，そして社会的記憶とは何かについて述べてきた。人類の社会には，記憶を共有し，継承するための多種多様な方法が存在する。たとえば，日本のような文字社会における文字のほか，文字をもたない社会においても，モノ，儀礼，口頭での伝承，踊りのような身体を使う様式などが普遍的にみられる。これらに関する文化や記録は，文字社会と無文字社会の双方において，古今東西を問わず見出され，文化人類学的な研究の蓄積も豊富にある。

　その一方で，世界的にみた場合，文字体系の確立が各地で進み，文字社会が優勢となる傾向にある。けれども，文字言語をもつ社会において，その社会で生活するすべての人々が必ずしも文字を使えるというわけではない。ユネスコでは，「識字率」を「15歳以上の人口に対する，日常生活の簡単な内容についての読み書きができる人口の割合」と定義している。ユネスコが2015年に示した統計によると，世界全体の識字率は85％であるが，西アフリカや中部アフリカ，南アジアの国々のなかには識字率が50％以下のところもある。

　こうした現状のもと，読み書きに不自由な人々が文字を学ぶための取り組みが識字運動である。ただし，今日の識字運動が目指すのは，非識字者が単に文字を覚えて識字者になることではない。識字運動とは，文字の読み書き能力を身につける過程で，人々が人間としての尊厳とは何かを考える営みである。さらに，これまで非識字者の学ぶ権利を奪ってきた社会的経済的な格差の現状を変革する運動として，認識されるようになっている。

(2) 人間の解放としての識字

　このように，識字運動を人間解放のための営為として捉えるべきであると主張したのは，ブラジルの教育思想家で教育学者のパウロ・フレイレ（Paulo

Freire, 1921-1997) である。フレイレ（2011）にとって，文字の読み書きが
できない人々とは，自分が無能な人間であるという意識を植えつけられ，搾
取されている現実を自らの運命として受容してしまった存在である。それは
同時に，そうした人々がこれまでの歴史において，物言わぬ立場におかれて
きた人々の文化である「沈黙の文化（Culture of Silence)」に埋没させられて
きたことを意味している。

　そこで，識字運動において必然的に求められるのは，「人間化(Humanization)」
の過程である。人間化とは，抑圧され続けてきた人々自身が，抑圧された状
態にあることを自覚し，この手で自分の人生を変えられるのだという意識を
醸成していくことを指す。つまり，読み書き能力の獲得を通して，非識字者
が自らの現実を変革していくための力を培うことこそが，フレイレの唱える
識字運動の本質的なテーマである。彼は，その実践方法として，「対話」を
通じた非識字者自身の現状分析，および誤った認識の修正を重視している。
さらに，対話とは，自分たちを取り巻く社会の現実を真摯に知ろうとする人
間同士の出会いの場でもある。読み書きを学ぶ人々やそれを支援する人々
が，真実の言葉で語り合い，それを互いが主体的に肯定して受けとめ，とも
に現実を変革していくこと。すなわち，フレイレにとって識字運動とは，同
志との信頼関係を構築し，協働で問題を解決していくための創造的な営みで
あるのだ。

(3)　日本における識字運動

　ところで，今述べてきたフレイレの教育理念とそれにもとづく識字運動の
実践は，発展途上国で展開されている活動であり，先進国である日本の社会
とは関わりのないものであるのだろうか。決してそうではない。日本でも，
読み書きのできない人々が文字を学び，これまでの自分の生活や認識を捉え
直すための取り組みが各地で展開されている。

　日本における識字に関わる組織的な取り組みは，部落解放運動の一環とし
て，1963年に福岡県の筑豊炭田地帯に誕生した「開拓学校」が，その始まり
だといわれている。また，同じ1960年代後半から，戦争の混乱，差別や貧困

142

などで義務教育の機会を奪われた人々の学ぶ権利を保障するため，大阪で夜間中学校設立運動が立ち上がった。そのうねりは全国に広がって，戦後に一度激減した公立夜間中学校が再び開校されるとともに，有志が社会教育施設を利用して運営する自主夜間中学校も全国で誕生した。1970年代には，大阪市などの在日コリアン集住地域で，戦前の植民地支配政策によって朝鮮半島から来日し，定住してきた在日コリアン1世たちを主な学習者として，「オモニハッキョ」（お母さん学校）と呼ばれる識字学級が産声を上げた。また，1980年代になると，仕事を求めて日雇労働者が集まる神奈川県横浜市の寿町では，様々な理由で学校教育や地域社会から排除されてきた人々のための学習の場が開設された。さらに，日本に永住帰国した中国残留邦人や，インドシナ難民として日本に定住することになった人々のための支援活動として，日本語学習を中心とした識字運動が展開されるようになった（国際識字年推進中央実行委員会編 1991）。本格的なグローバル化の波が押し寄せた1990年代以降は，仕事や結婚などのために来日した外国人の急増を受け，日本語の読み書きを学ぶ場の必要性が高まっている。

　このように，日本社会に適応していくため日本語の習得を希求する外国人のみならず，貧困や病気，不登校，さらに重度の障害のため就学が許可されなかった日本人にも，義務教育の未修了者や不就学者が潜在しており，読み書きのできない人は少なくない。しかも，「日本の識字率はほぼ100％である」という「神話」が浸透している現状において，日本人の非識字者の学びの場は，むしろその必要性が高い。なぜなら，そうした人々は，日本人であるからこそ，「日本語の読み書きができない」と誰にも言えず，その事実を隠しながらひっそりと生活し，「沈黙の文化」のなかに甘んじることを余儀なくされているからだ。

3　識字運動の実践現場

(1)　「ひまわりの会」の取り組み

　識字運動の現場を知るために，本節では兵庫県神戸市長田区で実践されて

いる「ひまわりの会」の活動について，2008年から2012年までに行った
フィールドワークをもとに記述しよう。

　1995年１月の阪神・淡路大震災発生後，文字の読み書きが不自由であるた
め，他の人々よりもさらに困難な生活を強いられた被災者がいた。身を寄せ
た避難所で，救援物資の配布を知らせる掲示が読めずに受け取り損ねたり，
救援金の受給に必要な罹災証明書に記入できず，申請を断念したりしていた
のである。当時，国内外から被災地へ駆けつけた多くの市民ボランティア
が，そうした非識字者の存在を「発見」した。これを機に，ボランティアの
間で，文字の学習に対する非識字者の切実な要望に応えようという気運が高
まり，阪神間でいくつもの識字の取り組みが始まった。

　ひまわりの会も，その一つである。識字教室の必要性を痛感した曹洞宗国
際ボランティア会（現シャンティ国際ボランティア会）のメンバーと，当時，
夜間中学校である神戸市立丸山中学校西野分校教諭で定年を間近に控えてい
た桂光子さん，西野分校卒業後も学び続けられる場がほしいと切望していた
在日コリアン１世の生徒らの思いが一致し，1996年９月にこの会が誕生し
た。

　ひまわりの会は，神戸市長田公民館で，週２回の学習会を開いている。長
田区，および隣接する兵庫区は神戸市内でも中央区に次いで外国籍住民が多
い地域で，特に長田区には戦前から在日コリアンが集住してきた。こうした
状況を反映して，2008年当時は学習者の多くを在日コリアン１世の高齢者が
占めていた（ただし，2020年の現在は世代交代が進み，日本生まれの２世の学習
者が増えている）。このほか，近年来日した中国人や韓国人，病気で就学を
「免除」された日本人などを加えると，学習者は20〜25人であった。その多
くは口コミでひまわりの会を知り，集まってきた人々である。一方，ボラン
ティアのスタッフは約20人で，サラリーマン，退職者，主婦など職業はさま
ざまである。2008年以降は，神戸大学などの学生がグループを結成し，積極
的に参加するようになった。

(2)　学び合いの場

　私が2008年 6 月にはじめてひまわりの会へ参加したとき，学習者は読み書きの程度に応じて 3 グループに分かれ，約 2 時間，スタッフが用意した教材を使いながら学んでいた。終了30分前になると，その日に学んだことや最近の出来事について作文を書く。文章を書くことが難しい学習者の場合は，スタッフが学習者と対話しながら，学習者の言葉を代筆することもある。

　文字を覚えることから始めた学習者のグループでは，ひらがなを学んでいた。しかし，そのうちの一人は，鉛筆を握りしめながら，点線で描かれたイラストをなぞっている。「あ，い，う」から学び始めるのではない。これまで筆記用具を使う経験が皆無に等しかった学習者の場合は，まず鉛筆を使って「紙の上に何かを書く練習」から始めるのである。このとき，「鉛筆が使えること」を前提とした私の認識は，大きく揺さぶられることになった。

　一方，ある程度の読み書きができる学習者のグループでは，短文や新聞記事をもとに，何かのトピックに注目した学習を行う。あるグループで，江戸時代に朝鮮王朝が日本に派遣した朝鮮通信使について取り上げたときのことである。スタッフが，通信使によって朝鮮の先進的な文化が日本にもたらされたこと，兵庫の津を訪れた通信使の一団を当時の地域住民が大歓待したことを解説した。すると，在日コリアンの学習者のなかから，「そんなのウソや」「朝鮮人はアホや，言われてきたんやで」という驚きの声が上がった。

　このように，学習会は，学習者が自分自身の過去や自分を取り巻く社会，あるいは自分の知らない社会に目を向け，それを通してじっくりと自分の人生に光を当て直す場である。ひまわりの会開設当初からスタッフとして関わる桂さんは，さまざまな過去をもつ学習者が作文をしたためるとき，事実を語るなかに自分の思いが出現し，そのために「言ってよかった，書いてよかった」という気持ちが湧いてくるようだという。だからこそ，学習者の作品を展示会などで公開するとき，氏名の表示を拒む人はいない。桂さんは，「それだけ，自分の言葉や書いた字には，『自分そのものや』という満足感があり，それは訴えでもあるのだと思います」と語る。文字を学び，自分の思

いを文章化することで，学習者が過去を再評価し，自分という存在を相対化していく。この過程こそが，学習者にとっての「学ぶ喜び」である。

　同時に，ひまわりの会で「学ぶ」経験を得るのは，学習者ばかりではない。朝鮮通信使について解説を加えたスタッフは，学習者らの反応に接し，これまで在日コリアンが周囲から蔑まれ，そのために「劣等な存在としての朝鮮人」という認識を自ら内面化してきた現実を改めて実感したという。また，桂さんにとって，そうした過去を生き抜いてきた学習者の姿勢やそこから紡ぎ出される言葉は，彼女に人生の指針を示してくれるものである。大学生のスタッフにとってもこの活動は新鮮で，さまざまな発見や魅力が尽きない。たとえば，ある学生は，「つらい思いを吐露されたときに何もできない自分の無力さ」を痛感した。また別の学生は，「何歳になっても学びたいという学習者の真摯な姿勢」に強く心を打たれたという。大学生らは，日常生活ではなかなか得がたい独特の経験を通じて，自らの変化や成長を感じ取り，「もっと学びたい」とボランティアに参加し続けるのだ。

　このように，ひまわりの会とは，「教える立場」と「教わる立場」が固定的ではなく，学習者とスタッフが互いに学び合う場でもある。学習者らは，非識字であることで，これまで社会のなかで劣位な立場を強いられ，自らを卑下しながら生きてきた。けれども，ともに学ぶことの楽しさや喜びを共有しつつ，優劣のない関係が構築されることを通して，はじめて学習者は自己否定から解き放たれ，語れなかった過去を語るようになるのである。

(3) 語れなかった過去を語る

　作文に記される言葉は，学習者が過去を見つめ直したときに，自分にとって忘れがたい思い出や，今，誰かに伝えたい思いが凝縮されたものである。では，学習者はどのような過去を抱えて生きてきたのだろうか。

　諏訪田春夫さんは，小学校入学時から教師の言葉が理解できず，さらに小学校3年のときに母親を亡くしたことをきっかけに，学ぶ意欲を失った。中学を卒業後，「夜の仕事」を10年以上続けながら生活してきた。仕事の際，自分を取り巻く状況を理解することができず，苦労した。さらに，職を失

い，野宿生活を余儀なくされた経験もある。彼は過去を振り返り，「字が読めないことが一番辛くて，今まで辛抱してきました」という。

　諏訪田さんは，知り合いからひまわりの会の活動のことを聞き，参加を決めた。彼は，ひまわりの会について，次のような作文で表現している。

　　これまで固くとじていたとびらがひまわりにきはじめて開くことができるようになった。それは自分が文字を書けないとゆうことを知られるこわさから自分を守る心のとびらやった。

　文字を学び，重い「心のとびら」を開いた彼の目標は，自動車運転免許を取得することにある。それは同時に，彼にとって，「夜の仕事」以外の職に就く可能性を広げるものだ。

　　ぼくは，自動車学校にも行ってないし，筆記がやってないし，ひょうしきがよめないし，いみも，わかりません。
　　だから，車のめんきょをとるために，字がすらすらよめるように，どりょくしております。
　　これがあると，どのような仕事もできると思います。どのような仕事もできるし，先のもくひょうも，きめられると思います。

　諏訪田さんにとって，ひまわりの会とは，まず何よりも，非識字であることの苦しみから自分を解放する場である。また，文字の学習は，自分で職業を選択し，新たな生き方を目指すという将来展望を可能にする契機として，捉えられている。諏訪田さんの作文には，新しい人生を自らの手で切り開こうとする姿が表現されているといえるだろう。
　次に，趙章植さんがこれまでに歩んできた過去を取り上げたい。彼女は朝鮮半島で生まれ育った朝鮮人で，1938年，7歳のときに家族と福岡県内の炭鉱へ移住した。戦前の当時，福岡県の炭田では，徴用工として植民地支配下の朝鮮人が過酷な労働に多数従事していたのである。徴用工のなかには，

趙さん一家のように募集に応じて家族で来日した人々がいる一方，労働力不足の解消のため警察などによって強制的に連行され，無理やり動員させられた朝鮮人も少なくなかった。後者は，日本人職員の監視のもと，高い塀に囲まれた領域で自由な移動を制限されながら，単身生活を強いられていたという。趙さんの母親は，彼らの食事作りの仕事をして家計を支えていた。そのために趙さんは，母の代わりに幼いきょうだいの世話や食事の用意を引き受け，結果として，学校教育を受ける機会を失った。

　終戦後，一家は母国の惨状を伝え聞いて帰国をあきらめ，生活の糧を求めて九州内や岡山へ移動を重ねた。神戸に転居したのは，同胞との見合結婚のためである。その後，趙さんは四男を育てながら，70歳を超えるまで，百貨店，場外馬券売場，建設現場などでパートとして働いた。新しい勤務先では，採用担当者や職場の人に，まず，「私，朝鮮人ですよ」と伝える。それによって，「いじめられたとか，指さされたとかしたことはない」という。

　また，趙さんは，同胞の知人に誘われて，64歳で神戸市立丸山中学校西野分校に入学，卒業後は定時制高等学校でさらに4年間学んだ。その後，西野分校で教わった桂さんとともに，また学びたいと思い，ひまわりの会へ参加するようになった。夜間中学に入学するまで，読み書きができなかったり，公衆電話の使い方を知らなかったりなどして，たびたび恥ずかしい思いをしてきた。彼女は同じ経験を共有する人々が集まるひまわりの会について，次のように書き記している。

　　　「ただ」ひまわり会に来るだけで楽しい。ああ今日はあの人の顔が見えない，この人は来ている，言葉は交わさないが，元気だなぁと思うだけでも，気持ちが和む。

　このほか，彼女がひまわりの会で書いた作文には，朝鮮人としての思いをつづったものがいくつかある。戦前に，現在の神戸電鉄の敷設工事で朝鮮人労働者が事故死したという歴史を学び，次の作文をしたためた（カッコ内の文字は，スタッフが補足した部分）。

148

私は，神鉄電車に乗ることはないが，神鉄敷設工事で多くの朝鮮人が犠牲になったことを知り，同じ朝鮮（人）である私の胸が痛む。
　日本（の）方が，毎年声を掛け合って追悼式を行っていたと聞いて，本当に嬉しくて感謝をしています。私も時々慰霊（碑）も所え行って参ります。心をこめて，黙（祷）をします。

また，過去を振り返って，次の作文を書きつづっている。

　歳月の過ぎるのは早いです。日本に来て何十年になるかなあ……同じ人間なのに朝鮮人が差別され苦労をした。

　趙さんは私に，これまで日本人に「いじめられたとかない」と語った。これは，どういうことなのだろうか。彼女の個人的な体験として，差別を受けるような出来事が実際になかったのかもしれない。あるいは，私が日本人であることに配慮して，そう述べた可能性もあるだろう。けれども，朝鮮人を集合体として捉えたとき，彼女の脳裏には，炭鉱での重労働を強いられ，自由を奪われた徴用工や，神戸電鉄の敷設工事で危険な作業に従事して落命した労働者など，一方的に理不尽極まりない扱いを受けた同胞らの姿が焼きついているのではないだろうか。また，学齢期に学ぶ権利を剥奪されたという点で，彼女自身も日本の植民地政策が生み出した犠牲者の一人であるといえる。そうだとすれば，趙さんにとって，ひまわりの会で作文を書くという行為は，朝鮮人が受けてきた差別の歴史を再検討し，それに伴って感じる憤りや悲しみを文章で表現する機会でもある。
　また，趙さんの作文には，諏訪田さんと同様に，彼女が非識字であるがゆえのつらい体験をもつ人々と学習会で出会い，互いに思いを伝え合うなかで，「心のとびら」を開き，他の学習者との間に仲間意識をもつようになっていくようすが見て取れるだろう。

4 集合的記憶の共有と共同体

(1) 個人的記憶への共感と集合的記憶

　ここまで記述してきたように，ひまわりの会は，対話を通して，学習者が自分の思いを再発見したり，それを互いに伝えて心を通い合わせたりできる場となることを重視してきた。文字は，あくまでもそのための道具である。スタッフは，学習者がしたためた作文を，次回の学習会で読み上げる。桂さんによれば，「ひまわりの会に来る人たちには，文字を知らないためにずっと頭を下げて生きてきたという思いがあるから，みんなの前で作文を紹介することで，『ああ，そうやったな』と互いに共感できるという良さがある」という。

　やまだようこは，人々が自分の人生を振り返り，それを「私の物語」として語り直すことによって，同じ出来事が筋立てを変えて新たなヴァージョンとなり，それが新たな自己の構築につながると述べる。また，自分の物語を他者に語ることは，「『経験の共有者』としての『私たち』を生み出す行為」であり，「直接に同じ経験をしなかった人に語りかけることによって，相手を『経験の共有者』に変えることができる」と論じている（やまだ 2000：30-32）。

　ひまわりの会においても，対話を通じて学習者の「心のとびら」が開かれ，これまで封印してきた過去の出来事や感情を吐露できるようになるようすが見て取れる。そうした個人的記憶の表出は，学習者が自分の人生を再編成し，自分の意思で生き方を決定しようという考えを生成させる契機となる。同時に，ある学習者の個人的記憶に対する「共感」が，類似した過去を共有する学習者同士を取り結ぶだけでなく，学習会に参加するスタッフとの間にも「経験の共有者」としての連帯関係を築き上げる。このように，フレイレのいう「人間化」の過程において，ひまわりの会の学習者やスタッフの間に「読み書きのできない経験」が共有され，さらに「学び合うことの楽しさ」や「新たな自己の発見」という経験が共有されてきた。こうした継続的な「人間化」の営みのなかで，「経験の共有者」としての集合的記憶が醸成

され，他人に語れなかった個人的記憶が表出されるようになる。

　加えて，もう一つ，ひまわりの会の人々の集合的記憶につながるような個人的記憶がある。それは，1995年に発生した阪神・淡路大震災の記憶である。震災発生後，ライフラインの停止によって都市機能は完全に麻痺し，被災地の人々は不便な生活を強いられた。また，被災地で救援や復旧作業に携わる多くの市民ボランティアの姿を目の当たりにし，ボランティアの人々から再び前を向くための力をもらった。学習会では，こうした被災時における自らの体験がふと語られることが少なくない。また，学習者らの希望でボランティアへ送った手紙には，支援の手を差しのべてもらったことにどれほど勇気づけられたかがつづられた。さらに，2011年の東日本大震災の後，学習者らが被災地へ送った手紙にも，自らの被災体験と重ね合わせながら現地の人々を思いやり，励ます言葉が書き記されている。これらは，記憶の共有にとって重要な契機となり，震災をめぐる集合的記憶がそこに繰り返し構築されてきた。そして，この集合的記憶が，ひまわりの会の人々の間にある同志としての意識をより強固にする役割を果たしているのである。

(2)　集合的記憶の共有によるつながりの広がり

　さらに，今述べたようなひまわりの会の人々をつなぐ集合的記憶は，一つの識字教室だけではなく，他の識字活動のグループとの間でも共有されている。

　神戸市では，1999年以降，神戸識字交流会（神戸識字交流会実行委員会・神戸市教育委員会主催）が年に1度開催され，市内の識字教室，定時制高校，公立夜間中学校，日本語教室などで学ぶ学習者や支援者らが集まって交流を重ねるとともに，学ぶことの大切さを広く社会に伝えていこうという試みがなされてきた。第22回目となる2020年の交流会は，20のグループが参加して開かれた。当日は，ひまわりの会の在籍者を含む7人の学習者が自己の体験をつづった作文を朗読したほか，フィリピン人母子の居場所づくりに取り組むグループによるフィリピン舞踏と口笛演奏者の演奏が行われ，おおいに盛り上がった。

また，近年，グローバル化とともに，さまざまな出身地の外国人住民が急増している。識字教室で学ぶ人々のエスニシティも多様化が進み，この交流会にも，従来の日本人，在日コリアン，中国人，韓国人に加えて，特にベトナム人やタイ人の学習者が多く参加するようになった。この現状において，神戸の識字運動に関わる人々の間に，エスニシティの違いを超えた「われわれ意識」が醸成されていることは注目に値する。

　こうした交流の場は，他のグループで活動する仲間と出会い，非識字による不自由な経験や，文字を学ぶことで変化した自分を他者に伝えられる喜びを分かち合う機会として，大きな意味をもっている。また，ひまわりの会と同様に，参加グループの多くは，阪神・淡路大震災の後，非識字者の存在が浮き彫りになったことを契機として誕生した。交流会では，震災を機に各グループによる識字運動が展開されるに至ったという経緯が毎年語られ，被災当時の思い出が想起される機会にもなっている。また，2003年に開かれた第5回の交流会では，震災後，識字教室に通い始めた在日コリアン1世の女性を主人公にした演劇が上演された。このような交流会の開催を継続することによって，参加者の個人的な記憶は繰り返し集合的に再生産され，集合的記憶として共有されるようになるのである。

(3)　社会的記憶の形成にむけて

　以上，識字をめぐる集団的記憶について記述してきた。今後，すべての人の学ぶ機会を保障する社会の実現にむけて，まず，読み書きのできない人々の存在がより広く認識されなければならない。そのためには，識字運動をさらに発展させ，直接非識字の体験を共有しない人々の間にも，社会的記憶をつくりあげていくことが求められるだろう。

　そうした試みの一つとして，「神戸大学学生震災救援隊」という学生サークルの取り組みがあげられる。このサークルは，震災を機に顕在化した地域の問題に取り組むことを活動目的に掲げ，その一環として，震災以降，復興祭「灘チャレンジ」を毎年開催している。2008年の「灘チャレンジ」では，イベント企画として夜間中学や識字問題を取り上げ，サークルメンバーが自

ら丹念な取材をもとに風刺劇の脚本を作成し，キャストとなって上演した。この風刺劇は好評を博し，さらにその後も地域の文化祭などでの公演が続いた。また，この風刺劇の制作を契機に，有志が「神戸大学ひまわりチーム」を発足させ，識字をめぐる課題の周知とひまわりの会でのボランティア活動を開始して，今日に至っている。

　今後，識字をめぐる集団的記憶が，社会的記憶として形成されるためには，まず，次世代と体験を共有し，個人的記憶や集団的記憶を継承していくことが不可欠である。さらに，非体験者ともこれらの記憶を共有していくうえで，有末は，演劇のような身体表現のほか，文字や写真，映像などのメディアによる感動的な表出が大きな役割を担うと指摘している。なぜなら，感動の要素がなければ，人が他者の経験や記憶から重要な意味を見出すことは困難であるからだ（有末 2016：35）。今後，識字をめぐる集団的記憶を非体験者により広く伝えていくために，さまざまなソーシャル・メディアの活用が期待される。また，各地の識字教室や夜間中学などとの交流を進め，識字運動を一つの社会運動として展開していくことによって，これまで「語れなかった」人々が新たに声を上げる力にもなるだろう。

　なお，読み書きのできない人々の存在は，単に当事者だけの問題ではない。学ぶ権利を十分に保障されてこなかった人々が存在するという現実に対して，これまで社会が正面から向き合ってこなかったこと，あるいはその事実を忘却してきたことを，「私たちの社会」の課題として認識しなければならない。そのうえで，人間が人間として生きる権利を社会が剥奪してきたという歴史を，「社会の記憶」として公認していく必要がある。識字をめぐる課題は，健全な社会の構築にむけた私たち市民の力を問う試金石なのだ。

(4) 共同体の創造

　最後に，記憶の共有が人間社会の営みにとってどのような意味をもつのか考えてみたい。

　私たち人間は，生まれたときから他者の助けを必要とする社会的動物である。これまで，家族や親族，近隣関係など，血縁や地縁にもとづく社会集団

が個人の主な生活基盤となるとともに，「自分とは何者であるか」という自己認識，すなわちアイデンティティの拠り所となってきた。けれども，現代では，こうした伝統的な共同体が衰退し，社会が複雑化するなか，アイデンティティのゆらぎや喪失といった危機が顕在化している。

　このような今日の社会において，記憶の共有は，それまで関わりのあった人々だけではなく，互いに関連のなかった個々人を結びつける契機となりうる。しかも，識字運動の事例が示したように，エスニシティや世代など，多様な立場や背景をもつ人々の間につながりを生み出し，新たな共同体を構築する可能性をもっているのである。また，個人的な経験や記憶の共有にもとづき，集合的記憶が生成されることによって，人々のなかに「われわれ意識」が芽生えてくる。この「われわれ意識」，つまり，あるコミュニティに共属しているという感情は，メンバーに安定したアイデンティティを付与する。読み書きのできない人々が，新たな共同体への参加によって自己を肯定し，前向きに生きる力を得ていたように，確固としたアイデンティティは，生への執着や生きている充実感をもたらす。

　以上をふまえると，こうした現代においてこそ，記憶の共有は，新たな共同体を創造する結合原理として，重要な役割を果たすといえるだろう。

参考文献

有末賢　2013「語りにくいこと——自死遺族たちの声」『日本オーラル・ヒストリー研究』9：36-46。

有末賢　2016「集合的記憶と個人的記憶——記憶の共有性と忘却性をめぐって」慶應義塾大学法学研究会『法學研究——法律・政治・社会』89（2）：19-40。

アルヴァックス，M　1989『集合的記憶』小関藤一郎訳，行路社。

国際識字年推進中央実行委員会編　1991『識字と人権——国際識字年と日本の課題』解放出版社。

フレイレ，P　2011『新訳　被抑圧者の教育学』三砂ちづる訳，亜紀書房。

やまだようこ　2000「人生を語ることの意味——ライフストーリーの心理学」やまだようこ編『人生を物語る——生成のライフストーリー』ミネルヴァ書房，1-38頁。

●課題●

1 現在のあなたにとって，大きな意味をもつ経験や思い出とは何だろうか。また，それは
なぜだろうか。あなたの考え方や生き方に強く影響を与えている記憶について，考えて
みよう。

2 現在の日本社会において，共通した経験をもつ人々が集合的記憶を形成しうるものがあ
るとすれば，それはどのような経験だろうか。また，それは，直接的な経験のない人々
を含む社会的記憶の創造へと，発展する可能性があるだろうか。

3 義務教育制度が設けられた国では，主に学校が読み書き能力の習得の場となっている。
国家が義務教育制度を整備した背景として，どのような歴史的経緯や社会状況があるの
だろうか。また，そうした社会において，読み書き能力がないということは，何を意味
するのだろうか。国家，学校，当事者など，様々な視点から考察してみよう。

●読書案内●

『それでもなおユダヤ人であること——ブエノスアイレスに生きる〈記憶の民〉』
　　　　宇田川彩, 世界思想社, 2020年
　　　　ディアスポラ（離散の民）として生きるユダヤ人を，ユダヤ人たらしめ
　　　　るものとは何かを明らかにするため，アルゼンチンのユダヤ人の現在に
　　　　ついて，家族をめぐる記憶のほか，「ユダヤ人」としての記憶や「アル
　　　　ゼンチン市民」としての記憶との関わりから多角的に論じる。

『識字の社会言語学』かどやひでのり・あべやすし編, 生活書院, 2010年
　　　　識字運動において識字者が非識字者に文字を教えることや，「日本は識
　　　　字率の高い社会である」という神話が流布してきたことなどの問題性を
　　　　多面的に追究し，今後，日本の識字運動が進むべき方向性を提起してい
　　　　る。

『自己語りの社会学——ライフストーリー・問題経験・当事者研究』
　　　　小林多寿子・浅野智彦編, 新曜社, 2018年
　　　　自分自身を語る営みとは何か。その表現方法にはどのようなものがある
　　　　か。また，堂々と語りにくい経験を他者に語ることにはどのような意味
　　　　があるのか。具体的事例によってこれらを論じつつ，人が自己の生活や
　　　　人生と向き合うことの意義を示唆する。

【コラム❽】

歴史認識

宮岡真央子

第二次世界大戦はいつ終結したか。日本の多くの人が8月15日を「終戦の日」と答えるだろう。佐藤卓己によれば，これは1945年8月14日に日本がポツダム宣言を受諾し，翌日正午にラジオで天皇が終戦を宣言した「玉音放送」に由来する。1955年ごろからメディアがこの日に「終戦」企画を組み始め，1963年から政府主催「全国戦没者追悼式」が恒例化，1982年に「戦没者を追悼し平和を祈念する日」と閣議決定された。テレビ中継される追悼式で遺族，天皇皇后，三権の長らが正午に黙祷を捧げる。

一方，凄惨な地上戦を経験した沖縄県は，日本軍の組織的戦闘が終結した6月23日を「慰霊の日」とし，毎年「沖縄全戦没者追悼式」を行う。韓国と北朝鮮は，日本の支配から解放された8月15日をそれぞれ「光復節」「解放記念日」とする。アメリカは，日本が「降伏文書」に署名し日本の敗戦と連合国軍による占領が正式決定した9月2日を「抗日戦争勝利記念日」とする。中国は同様の記念日を旧ソ連に倣い9月3日とする。台湾は事情がより複雑で，8月15日以降も台湾総督府が統治し，10月25日に国民党政府への権限委譲の式典があったため，この日を「光復節」とする。他方，国民党政府は9月3日を当初「抗日戦争勝利記念日」とし，後に「軍人節」に改めた。国民党の独裁を終えて久しい今日の台湾で，これらは一般にはあまり意識されない。

「戦争の終結」という歴史事象一つでも，国や地域，集団や個人により多様な認識，追悼や記念のあり方が存在する。帝国日本と絡み合う過去をめぐり，様々な記憶と感情が交錯している。このことを前提に，他者の経験，それに基づく歴史認識と記憶のあり方を知り，自らの歴史認識を相対化する姿勢と努力が求められている。

参考文献

川島真・貴志俊彦編 2008『資料で読む世界の8月15日』山川出版社。

佐藤卓己 2014『増補 8月15日の神話——終戦記念日のメディア学』筑摩書房。

文化を売買する

観光の現場で創造・消費される「らしさ」

藤川美代子

三重県鳥羽市内の観光施設では，真珠養殖の最先端技術を展示する博物館の傍らの海で，かつての衣装を身につけた海女が作業する様子が紹介される（2020年，筆者撮影）

1　観光と異郷らしさ・文化

(1)　旅で想起される「日本らしさ」

　あなたは旅行をするとき，旅先に何を求めているだろうか。例えば，あなたは次の長期休暇，来日半年の留学生の友人たちと国内旅行に出かける予定だ。案内役を務めるとしたら，あなたは何に留意するだろう。桜の季節なら花見をしようか。レンタルの浴衣を着つけてもらうのはどうか。宿は畳の部屋で和食，温泉つきの旅館がよいかもしれない。日本の匠の技が感じられる

工芸品を作る工房もルートに加えたい。……あなたは，日本人の家族や友人と出かけるときよりもいっそう，「日本らしさ」を意識するのではないだろうか。

　駅構内に貼られた旅行会社の沖縄ツアーのポスター，テレビの旅行CMや旅番組，ガイドブック。それらは，旅先で見ておくべきもの，体験しておくべきこと，食べておくべきもの，買うべきもの，知っておくべきことを，写真・イラスト・映像・地図・キャッチコピー・数行（数分）の解説で，コンパクトに，かつパッチワーク的に教えてくれる。私たちの多くは，それらの知識を得てから，いや，得たから，そこに出かけていくのではないだろうか。

　このような状況を指して，歴史学者のピアーズ・ブレンドンは，観光とはよく知っているものの発見であり，旅行とはよく知られていないものの発見であり，さらにいえば，探検とは知られていないものの発見である，という。よく知られているものは何であれ——人でも物でも，難破船でも滝でも，山でも都市でもスラム街でも，それ自体の価値とは関係なく，観光を彩る魅力となりうる（ブレンドン 1995）。観光者は旅先で，ポスターやガイドブックに載っている有名なものを確認し，それを見ていることに満足するのだ。

(2)　観光とは，よく知られた異郷らしさを確認すること？

　そもそも旅は，わざわざ生活や労働の場を離れて別の場所へ出かけることだから，観光者は自然と，日常とはかけ離れたものに敏感になる。観光者は，単に風景や街並みが美しいから喜ぶのではなく，それが非日常的で，異郷らしさを感じさせてくれるから目を向ける。このように，非日常的で異郷らしいものを探し出そうとする視線を，ジョン・アーリ（John Urry, 1946-2016）は「観光のまなざし」と呼んだ（アーリ／ラースン 2014）。また，観光のまなざしは，目で知覚したものを記号として捉え，そこにまったく別の意味を見出すように働くこともある。例えば，ベトナムを訪れる日本人はしばしば，そこに「○○年前の日本」を求めるという。観光者は旧市街では「な

つかしき下町情緒」を，棚田の美しい少数民族の村では「かつて在りし日本
の農村」を連想し，ノスタルジックな気分に浸る（鈴木 2007：66）。観光者
の目に入るのは，同時代を生きる現実のベトナムの人々ではなく，観光者自
身が想像した「日本が先進国の仲間入りを果たす過程で失った古きよき時
代」に生きる人々の姿である。

　ところで，観光者が求めている異郷らしさの最たるものは文化だろう。文
化とは，様々な要素が複雑に絡まってできた網の目のようなもので，ある要
素だけを取り出して「日本文化」を語ることはできない。また，文化は本来
的に多様性・多元性・重層性・変化に富むもので，一枚岩に論じることは難
しい。そして，社会の内側にいる人には，自らの文化を意識したり，言語化
して説明したりすることは困難だ。私たちはこの教科書で，そうしたことを
学んできた。一方で，観光の現場には，「おもてなし文化」「忍者の里」と
いったキャッチーな言葉や，現在の日常生活では見かけないようなモチーフ
があふれている。それらは，文化という網の目から個別に切り出され，日本
文化／地域の文化や，日本らしさ／地域らしさを醸し出す象徴として，戦略
的に活用される。そして，人々はそれらに引き寄せられるようにそこを訪
れ，それらを消費し，楽しんだり，何かを学んだりする。

　この章では，観光という現象に注目し，「文化」は，意識的／戦略的に選
び取られたり，創造されたり，サービスや商品として消費されたりする側面
ももつことを考えてみよう。

2　観光という経済活動

(1) 経済効果を生み出す観光

　2003年，小泉政権は，それまで年間約500万人にとどまっていた訪日外国
人旅行者数を2010年までに1000万人に倍増させるとして，ビジット・ジャパ
ン・キャンペーンを打ち出した。それ以来，日本の情報の発信，外国語の看
板やパンフレット，宗教に配慮した礼拝所やレストランの充実，観光ビザの
発給要件緩和などに取り組み，観光立国の実現を目指してきた。2019年に

は，海外から日本に入国した外国人旅行者の数は約3188万人，うち観光目的が最多で約2826万人だった（日本政府観光局 2020）。同年海外に出国した日本人は2008万人だったので，すでにインバウンドがアウトバウンドを大きく上回る格好となっている。

　国家ぐるみで観光立国化を目指す狙いは，大きな経済効果である。世界観光機関によれば，2018年には世界で14億もの人が，自国を飛び出して外国へ旅行に訪れており，その消費総額は1兆7000億米ドルに達した。今や観光産業は，世界の国内総生産（GNP）の10.3％に相当する規模にまで成長している（World Tourism Organization 2019）。海外から旅行者を呼び込むことは，旅行代理店や宿泊施設，飲食業，運輸業，みやげものを作り売る製造・販売業，娯楽・レジャー産業といった幅広い分野での雇用創出にもつながる。それらの業界で設備やサービスが充実すれば，国内旅行も活性化するし，地域住民も利便性を享受できるようになる。地域社会は活気づき，人々は自分が暮らす地域やゆかりのある地のよさを発見／再発見しながら，誇りと愛着を感じるようになる。観光の積極的な促進には，少子高齢化が進んで経済の先細りが予想される日本でも，こうした一連の好循環を生んでくれるはずとの期待が込められている。

(2)　観光の誕生と普及

　観光の歴史はそれほど古くなく，19世紀後半以降のことだ。ヨーロッパで鉄道や汽船といった長距離交通機関が発達した。また，機械化により労働時間の短縮化が進むと，労働者階級のライフスタイルにも変化が生じ，身心の健康のためには休暇と休養が必要だという考えが浸透した。かつて旅といえば，外交官や実業家が仕事の一環としてするもの，上流階級の子弟たちが教養を深めるもの，あるいは聖地巡礼などで，ごく一部の人々（多くは男性）に限定されたものだったが，余暇の休養や楽しみとして，旅に出ることが大衆に広まったのだ。

　これには，団体旅行を企画し，斡旋する旅行代理店の登場が果たした役割も大きい。1841年，イギリスに誕生したトマス・クック社（2019年に破産申

請）は，旅行をパッケージ化し，ガイドつきの旅行を売り出すという新たな
方法を発案した。その後，交通手段・宿の一括予約や旅行保険などのシステ
ムが次々と開発され，旅行は格段に快適で便利で安全なものとなり，お金を
出せば誰でも購入できるものになった（ブレンドン 1995）。近代の産業化と
ともに，大量生産・大量消費型の商品へと作り変えられていった旅行。旅を
することは，あれもこれもが詰め合わされた一包みの商品となり，それを購
入した人は，楽しいことが自分に起こるよう誰かが準備してくれることを期
待するようになった。ダニエル・J・ブーアスティン（Daniel Joseph
Boorstin, 1914-2004）は，未知の発見を求めて不便や危険をおしてあえて行
うものだった「旅行（travel）」（骨折り・労働・苦痛を意味する travail に語源を
もつ）が，楽しみだけのための旅を意味する「観光（tourism）」になり，受
動的で消費的な行為になったと指摘する（ブーアスティン 1964）。

　他方，脱亜入欧を目指した明治期の日本も，観光の分野で近代化を図ろう
とした。1872年には横浜－新橋間で日本初の鉄道が開通し，1888年に文教政
策の一環として修学旅行が登場した。全国の学校を対象とし，どんな経済状
況の家庭の子どもにも，幼いころから同じように旅行の機会が与えられると
いう旅行形態は，世界でもまれといわれる。また，社員の慰安や福利厚生を
目的として，国内の温泉地などに泊まりに出かける企業の社員旅行も普及し
た。

　明治期の日本は，外国人観光者を日本に誘致することで生まれる国際親善
や経済上の効果も，いち早く見抜いていた。先述のトマス・クック社は1894
年，横浜に支店を開設したが，それを手助けしたのは総理大臣の伊藤博文
だった。それに続いて，1912年にはジャパン・ツーリスト・ビューロー
（JTB の前身）も設立され，外国に案内所を設けて日本文化を紹介したり，
日本への国際旅行を斡旋する事業を開始している。ちなみに，ジャパン・
ツーリスト・ビューローは後に，旅行代理店として日本人向けの国内・国際
観光事業を牽引していくことになる。

　ただし，日本で観光という営みが本当の意味で大衆化するのは，それから
半世紀以上後のことであった。1970年，大阪万博が開催され，国内観光がそ

れまでにないくらいに増加した。また同年，ジャンボジェット機のボーイング747が日本航空に導入され，割引キャンペーンが展開されたことで国際観光が飛躍的に伸びた。その後，国内では全国に交通インフラが整備され，「エコノミック・アニマル」と揶揄された日本人のライフスタイルにも変化がみられると，多くの人にとって，日常の生活や仕事から離れて，観光を楽しむことが身近になっていった。

(3) 現代日本にも注がれる観光のまなざし

　観光のまなざしは日本にも注がれる。2013年，国際オリンピック委員会（IOC）総会の会場で，東京五輪招致のための最終プレゼンテーション時に「おもてなし」という言葉が用いられた。日本は観光立国を目指すなかでも，「おもてなし文化」を前面に打ち出している。「おもてなしコンシェルジュ」という認定資格の普及につとめる「国際おもてなし協会」によれば，おもてなしとは，「お客様に気づかれないくらいのさりげない目配り，気配り，心配り。どのようにしたら，お客様に喜んでいただけるかを常に考え，動くこと」を指す。相手に対価を求めぬ自発的な行為である点はホスピタリティと似ているが，おもてなしは「日本人ならではの精神性，感性を活かしたもの」で「日本人の心」そのものなのだという（英語でおもてなしはJapanese hospitality と訳される）（国際おもてなし協会ウェブサイト）。これは他者から押しつけられたイメージではなく，日本人自らが提唱している態度だが，誰が観光者なのかを区別しにくい現在の日本では，幅広い業種に，おもてなし文化を意識したふるまいが求められているといってもよいだろう。

　アーリー・R・ホックシールドは，ひどい客やストレスのかかる状況に直面したときでも自分の感情を押し殺して常に礼儀正しく，自身の職業に適した態度で相手と接するよう強いられることを「感情労働」と名付けた（ホックシールド 2000）。相手を思いやる心を大切にする日本のおもてなし文化も，言語化しづらい様々な感情のうえに成り立つものだ。あなたも，アルバイトのとき，誰からも対価を支払われることもないのに知らぬうちに感情労働をしているかもしれない。

162

3　観光における「本物らしさ」と「真正性」

⑴　観光とは本物らしく加工された疑似イベントを体験すること？

　今日の旅にカメラは欠かせない。SNS には，旅先の一場面を切り取った「映える」写真があふれている。美しく幻想的な写真を見かけ，自分も同じ景色が見たい，撮りたいと思って出かけてゆく。だが，いざ現場に着いたら，がっかりしたという経験も多いだろう。そこには，写真にはなかったはずの，ゴミが落ちている，電信柱が立っている，コンクリートのビルが建っている，（自分以外の）観光客がいる！

　観光の歴史は，印刷・写真・ラジオ・映画・テレビといった，実物そっくりのイメージを作り，保存し，伝達し，普及させる技術の急速な発展とともにあった。ブーアスティンはこれを複製技術革命と呼んだが，複製がだんだん実物に近いものとして見えたり聞こえたりするようになることは，人のまなざしにも大きな影響を及ぼしたと彼はいう。本当は単に複製されたに過ぎないはずのイメージの方が生き生きとして見え，それが現実を圧倒するようになったからだ。そして，人々は本物や本当のことよりも，多少不自然であっても本物らしさ，本当らしさの方を好むようになっていった。ブーアスティンは，観光ほど「疑似イベント」にあふれる場はないという。観光者の予定に合わせて挙行されたり，観光地に到着するや否やつごうよく彼らの目の前に現れたりする観光商品は，その国や地域を本当に表現するものではないからこそ，商品として売り買いできる性質をもっている。民族調の内装を施したホテル，写真映えするように華美さを増した祭礼や儀礼などは，観光者のまなざしや期待に沿うようにうまく作られた疑似イベントであり，観光者がすでにそこにあることを知っているものの平凡な複製品でしかない。ブーアスティンはここにも，旅行者が観光者へと変質する過程で，自らの手で未知のものを発見するという主体性を失ったことがよく現れていると指摘した（ブーアスティン 1964）。

　このように，観光の場は，異郷ならではの本物らしさを期待する観光者

と，本物を超える本物らしさを加工・創出して観光者を呼び込もうとする観光地の人々の力がせめぎあいながら，精緻に作り込まれた空間であるともいえる。

(2)　ホストとゲストの間の非対称な関係

　このように，観光者は，旅先に対してあるイメージを抱いて出かけ，現実がどうであるかにかかわりなく，イメージ通りであることを確認し，当初のイメージを強化・固定化して帰ってくるということが往々にして起こる。これに対し，迎える側の現地の人々は，それに異議を唱えたり訂正したりする機会がないことがほとんどだ。

　ヴァレン・L・スミスは，「ホスト」と「ゲスト」という概念を用いて，両者の間には「まなざす者」と「まなざされる者」という非対称な関係があることに注意を向ける（スミス 2018）。世界的にみればゲストとホストの関係は，先進国と発展途上国，あるいはかつての植民地の支配国と被支配国という関係をしばしば反映しており，観光の場ではイメージの押しつけがみられることも多い。伝統舞踊のダンサーやレストランの店員など観光の場でサービスを提供するのは相対的に低賃金で働く人であることも多いが，彼らはゲストが自分たちに向けるまなざしを裏切らぬようにふるまうという責任をも負う。

　とはいえ，ゲストとホストの関係性は，両者がもつ経済的・政治的背景だけに左右されるわけではない。なぜなら，観光の場では，異郷らしさや本物らしさを規定する者＝「まなざす者」と「まなざしに応える者」という意味での権力関係が生じるのであり，誰がゲストになるのか，誰がホストになるのかは時と場合によって入れ替わるからだ。このような権力関係は，以下で考える，観光の本物らしさにも影響を与えていく。

(3)　「本物らしさ」は，時代・文脈によって変化する

　観光者が求める本物らしさの定番の一つに，「より伝統的なもの」というのがある。

例えば，三重県鳥羽・志摩の「海女」たちは，観光用パンフレットや観光者向けの実演などには，木綿製の白い薄手の磯着（上半身は五分～七分袖の磯シャツ，下半身は磯ナカネと呼ばれる腰巻）を着用して登場する。1900年ごろ（明治半ば），海女たちが海藻採りのために朝鮮半島へ出稼ぎに行ったとき，当地の海女が着ていたものを取り入れるようになったのがはじまりとされ，大正期には着衣として定着していたという。現代の観光者はこれを，保温性の高いゴム製のウェットスーツを着用する「本物の海女」に比べて，より「本物らしい海女」と感じる。

　だが，1954年に鳥羽を訪れたイタリア人の人類学者フォスコ・マライーニは，真珠養殖業のミキモトが主催する実演において海女が磯着を着用していたことに失望する。彼の考える，より「本物らしい海女」とは，かつて（1900年以前）のふんどしを締めただけの裸体の女性だったからだ。実際には，その当時，海で海藻や貝を採集していた非観光用の「本物の海女」たちも磯着を身につけていたのだが，それを知ってもなお，彼の目には磯着姿の女性は「本物らしい海女」とは映らなかった（マライーニ 2013）。これは人類学者の例だが，当時の観光者の多くも同じ印象を抱いたと思われる。同じ磯着を身につけた海女でも，観光者（や人類学者）から見て，それが過去のものであると感じられれば信頼できる「本物らしさ」になり，それが現代的であると感じられれば「本物らしくないもの」になってしまう。

　ちなみにマライーニはそのすぐ後で石川県の舳倉島を訪れ，生業のためにふんどし姿で海へ潜り海藻や貝を採る海女たちを見て，ここにこそ「本物らしい海女」がいると喜ぶ。だが，彼女たちが素潜りに用いる水中眼鏡は，1884年に沖縄で発明され1890年代ごろから日本各地に普及したものだ。これは鳥羽・志摩の海女の間で磯着が広まったのとほぼ同時期なので，水中眼鏡をつけた海女も磯着を着用する海女と同様に，「本物らしい海女」ではないはずである。しかし，マライーニは「本物らしい海女」かどうかを判断するときに，水中眼鏡に注目することはない。「本物らしさ」は，まなざしを向ける人のもつ知識や時代的な文脈に左右され，確かな基準で測れるものではないということだ。

(4) 演じられる舞台裏

　旅をして，観光者向けに作り込まれたことが明白なものばかりに囲まれると，観光者用のルートから少し離れて，地元の人たちが通う市場や食堂に出かけてみたくなる，そんなことはないだろうか。そこには，加工された「本物らしさ」ではなく，人々の「本物」の生活や文化があるような気がするからだ。

　疑似イベントと化した近代以降の観光を批判的に捉えたブーアスティンに反論して，ディーン・マキャーネルは，観光者が求めるのはデフォルメされたり加工されたりした「本物らしさ」ではなく，現実の本物，つまり「真正性（オーセンティシティ）」なのだと指摘した。人工的な「本物らしさ」に満足できない一部の観光者は，旅先で舞台裏のリアルな「真正性」を垣間見たいと考える。

　しかし，現実の舞台裏とは人々のふだんの生活の場であり，そこに立ち入られることを観光地の人々は嫌がる。そこで用意されるのが，観光者に舞台裏を見ていると感じてもらうための，作られた舞台裏である。これを設けることで，本当の舞台裏は平和に保たれる。これをマキャーネルは「演じられた真正性」と呼んだ。例えば，消防署・工場・銀行・工房といったところでの見学や観光がこれに当たる。見学者や観光者はふだん入ることのできない空間に立ち入るし，そこは業務が行われる空間ではあるのだけれど，実際の業務は制限されていたり，別の空間で行われていたりする（マキャーネル2012）。ブーアスティンのいう真の旅行者と同じように，観光者もまた真正性を求めるが，それを見つけるために覗いたと思った舞台裏は，実はいわば緩衝地帯のようにゲストとホストを分かつ，見世物としての舞台裏だったというわけだ。

　再び，鳥羽・志摩の例に戻ろう。JR・近鉄の鳥羽駅周辺には，カキ・サザエ・アワビ・ウニ・イセエビといった海産物を網で焼いて食べさせてくれるお店が何軒もある。それらの多くには「海女小屋」という名が冠されていて，どこも駅から歩いていける距離にあり，鳥羽を訪れる観光者が好んで立

ち寄るスポットだ。店の中や外には海を感じさせる絵や写真，貝殻などが並べられていて，海女のいる店であることを思わせる看板もあるが，お店は海沿いにあるわけではないし，近くの海で海女が日常的に潜っているわけでもなさそうだ。観光者のなかには，これらのお店では満足せず，より「真正な海女」のいる場所を求める人もいる。そのような人々の受け皿として人気なのが，鳥羽駅から車で40分ほどの距離にある鳥羽市相差町である。志摩半島で最も多くの海女が暮らす地域として知られ，海女の文化を紹介する資料館やみやげもの屋，地元産のテングサで作ったところてんを出すカフェなども点在する。そんななかで，海のそばには「海女小屋」という名の食事処が数軒あり，貝や魚の網焼きが楽しめる。鳥羽駅周辺と異なるのは，相差町の海女小屋は海のそばに建っていて，この地の海女たちが伝統的に使用してきた「真正な海女小屋」と同じ木や竹で造られていること，海での素潜り漁に従事している「真正な海女」が付近の海で採ってきた貝を自身の手で焼いて観光者に出してくれることだ。これらの海女小屋は彼女たちの生業・生活空間にある。しかし，ここは海女たちが海から上がった直後に火に当たったり食事を摂ったりするために使う「真正な海女小屋」ではないし，実際には40年ほど前から着なくなった磯着を身につけ接客に当たる彼女たちは，「より伝統的な姿」を演じながら，本来の海での仕事とは別のかたちのサービスを提供している。

　ブーアスティンやマキャーネルの論を参照すれば，食事処としての相差の海女小屋は，「真正性」と「本物らしさ」とが絶妙に混じり合いながら成立する「演じられた舞台裏」であり，この存在によって観光者と海女たちの生活空間は適度な距離が保たれているようだ。

　他方，これら海女小屋では，そのつど入れ替わる観光者と海女との間で直接的な交流が繰り返される。海女たちははじめのうち，接客の場で観光者に何を伝えるべきかわからず不安に感じたが，海女漁や生活について自分の知っていることや経験したことを自身の言葉で語ることが大切だと考えるようになり，観光者とのやりとりを通して次第に海女の仕事に誇りや自信を深めるようになったという（吉村 2019）。一見すると疑似イベントや演出的な

要素にあふれた観光の場であっても，そこで展開されるのは血の通った交流であり，サービスを提供する側のホストがゲストから経済的利益以外のものを得ることもあるのだ。

4　変わり続けるホスト社会

(1)　「伝統」や「文化」は絶えず変わり，創られる

　ここまでみたような観光の性質は，「観光はビジネスであって文化ではない」とか，「観光は伝統文化を破壊する」というネガティヴな語りを生み出してきた。だが，そもそも伝統とは何だろうか。エリック・J・E・ホブズボウム（Eric J. E. Hobsbawm, 1917-2012）とテレンス・O・レンジャー（Terence O. Ranger, 1929-2015）らは，遠い昔から受け継がれてきたものと考えられがちな伝統には，実のところ近代以降に人為的に創り出されたものも多いという。

　例えば，スコットランドの男性が身につけるタータンチェック柄のキルト（スカート状の衣装）は，19世紀に大量生産され，「スコットランドの伝統」と銘打って売り出されることで広まった。そして，ナショナリズムの高まりのなかで，スコットランド民族の誇りと独立を象徴する伝統の衣装と認識されるようになった。つまり，伝統には別の目的に転用されたり，新たに創出されたりする側面があるというのだ（ホブズボウム／レンジャー 1992）。

　文化もまた，このような操作性をもっている。とりわけ観光の文脈では，ホストの側が地域や民族の文化から何らかの要素を選び取り，それを自らの文化として提示するという操作性が働きやすい。太田好信は，これを「文化の客体化」と呼び，文化は不変なものなどではなく，常に外部の影響を受けて革新・変化させられ，文脈に応じて創出（時には捏造も）されるという点を強調する（太田 1998）。「伝統文化＝純粋なもの，真正なもの／観光＝作られたもの，まがいもの」として両者を対立するものとみるかぎり，伝統文化が観光により破壊されて消滅していくことを嘆くしかないのかもしれない。しかし，視点を変えれば，観光とは新たな文化が創造される，生成の場でも

あることがみえてくるはずだ。

⑵ 文化を表象し，発信する権利は誰にあるのか？

　その土地ならではの自然景観・歴史・生活文化・芸能・工芸・食などは，観光者を惹きつける恰好の素材である。これら観光資源の情報をわかりやすく発信して地域振興を促す役割を担うものの一つに，ご当地キャラがある。地域の魅力を擬人化したご当地キャラには，ホスト社会が見せたい，魅せたいと考える「地域の伝統・文化」や「地域らしさ」が凝縮されている。ただし，一口にホスト社会といっても，それは多様な人々を含み，観光に対する関心や期待も一様ではない。

　2014年，三重県志摩市は公認萌えキャラとして海女がモチーフの「碧志摩メグ」を発表し，観光PR効果に期待を寄せた。青い海と海の豊かな恵みにちなんだ名の，日本一の海女を夢見る17歳の女性だ。真珠のボタンがあしらわれた丈の短い白の磯着に身を包み，頭に古めかしい単眼の水中眼鏡や貝殻をつけて，手にはイセエビやウニの入った桶を抱えている。関連グッズでは，縁結びで知られる市内の夫婦岩や，隣の市の伊勢神宮をバックにすることが多く，伊賀市公認忍者萌えキャラ「伊賀嵐マイ」が親友という設定も好評で，志摩市や海女文化のPRだけにとどまらぬ活躍を見せようとしていた。ところが翌年，志摩市は碧志摩メグの公認を取り消した。前裾がはだけ，胸の形もはっきりわかる磯着の描写は女性の性を過度に強調しており，海女を侮辱するものだとして，市民有志が公認撤回を求め，現役海女97人を含む309人分の署名を市に提出したからだ（写真9-1）。

　高齢化や後継者不足に悩む海女を応援するためにも，明るさや可愛らしさを前面に出してそ

写真9-1　碧志摩メグは非公認のご当地キャラとして現在も活躍中だ（2020年，筆者撮影）

の魅力を若い世代に広く発信したいと願った碧志摩メグの制作者。一方の海女は，碧志摩メグのイメージは，自分たちが誇りをもって受け継いできた，厳しい自然相手の仕事や信仰心を尊重するものではないと感じており，公認前に市や制作者から説明がなかったことにも反発していた。とはいえ，地元新聞社の調査では，碧志摩メグのデザインを「問題ない」と考える人は69.2％で，「問題がある」の30.9％を大きく上回り（中日新聞2015年10月29日三重版朝刊），現役海女のなかにも「あれは架空の存在。海女とは別なんだから私たちとは関係ない」「むしろ志摩市を知ってもらうことになる」と語る人もいた（中日新聞2015年12月6日朝刊）。

　碧志摩メグの公認撤回をめぐる動きは，ホスト社会の内部にも「表象する者」と「表象される者」という関係性があり，両者の思いや思惑は容易に一致しないことを示している。これは，地域の観光資源として誰が誰のどのような文化を選択すべきなのか，それを誰がいかに表象して情報発信すべきなのか，意見の齟齬が生じたときに誰の意見を尊重すべきなのかという複雑な難題にも直結するものだ。とりわけ，効果的なPRのためには「真正な文化」の一部を誇張したり，改変したりすることが功を奏する場合も多く，誰もが納得する表象と情報発信のあり方を探るのはとても難しいことがわかるだろう。

(3)　おみやげの被写体から開発者へ

　旅先から持ち帰る，おみやげ。日本では，「みやげ」とは神々に供える祭具を意味する「宮笥」に由来する言葉で，神社や寺院で霊的存在との出会いのしるしとして配られたお札や縁起物を指したといい，元来は聖なる巡礼の旅と密接な関係をもつものだった（橋本 2011）。現代でも寺社は観光の訪問先として好まれており，お守り，招き猫，開運だるま，絵馬などをおみやげとして購入したことがある人も多いだろう。地域ならではの工芸品や食品も観光を記念するおみやげとして人気だ。

　とはいえ，世界でも日本でも，有名な観光地には地名入りのTシャツやお菓子，名所を象ったマグネットやスノードームなど，似たような形式のおみ

やげが，似たようなたたずまいの店に並ぶことも珍しくない。橋本和也はこれを，おみやげの「無国籍化」「無地域化」と呼び，それでも観光者がおみやげに心惹かれる理由を，おみやげは帰宅後に自らの観光経験をものがたるための「よすが」になるという点に見出した。観光者は，おみやげが訪れた土地の文化を「真正に」表象しているから購入するのではない。購入時の店主や製作者との出会いや交流，旅した地域の生活，あるいは初めての海外旅行だったとか，いかに自身のコレクションにふさわしいかといったことを語りながら，観光の経験を自分ならではの「真正な」ものとして意味付ける手がかりとしておみやげを購入し，持ち帰るというのだ（橋本 2011）。

　観光の現場では，移動の手段，訪れる場所，体験すること，食べるもの，泊まる空間のほとんどすべてが有料サービスとして提供されるが，物質としての商品を売買の対象とするおみやげは，「ゲスト＝消費者／ホスト＝生産者・製造者・販売者」という関係性をとりわけ顕著に映し出す。ホストの側は，刻々と変化する商品のトレンドやターゲットごとのニーズ，適正価格を見極めながら，味や品質が想像できて安心な，よく見かけるものだけれど（普遍性・画一性），ここにしかない（地域性・個別性），様々な種類のおみやげを開発し，それを真心こめてゲストに提供する努力を惜しまない。

　ところで海女といえば，明治の終わりごろから，鳥羽・志摩を訪れた観光者がおみやげとして購入する絵はがきの定番の素材だった。数人の海女が鮑を採る作業の様子を上から撮影した風景写真から，下半身にだけ布をまとい水中眼鏡をつけて潜水する姿をモチーフにしたイラスト，桶を手に岩場のうえで佇む磯着姿の海女をアップで写したブロマイド的な写真，海を背景にポーズを決める上半身裸の海女を切り取ったピンナップ写真まで，海女は様々なかたちで絵はがきに登場した（小暮 2014）。つまり，海女は異郷らしさ，女性の美しさ，性的魅力といった「見る者」のまなざしを十分に意識したイメージを表象するための被写体として，長らく受動的におみやげ開発に関わってきたといえる。

　それが近年，海女自身が特産品のプロデュースに主体的に参加し始めている。2014年に海女を含む「里海を創る海女の会」がブランド名「海女もん」

写真 9-2　海女もんマークの海藻と，セーマン・ドーマンがあしらわれた手ぬぐい，マスク（2020年，筆者撮影）

を商標登録して，鳥羽・志摩地域の海女が採集し，自ら天日干しした海藻に付加価値をつけて販売し始めたことも，そうした動きの一つである。これは，生産者や加工法を特定し，消費者に安心・安全な食材であることを伝える全国的な流れに歩みをそろえるものだが，パッケージには自宅で乾燥テングサを煮出しておいしいところてんを作るためのレシピなども同封されており，鳥羽駅近くの農水産物直売所や海の博物館のミュージアムショップでは観光者に人気のおみやげとなった。これはとりわけ，当地をまわるなかで海女と直接交流したり，博物館や資料館の展示で海女の歴史や仕事に触れたりした観光者にとって，帰宅後の食卓でも旅先で得た忘れがたい記憶や知識を呼び起こしてくれるものとなるだろう（写真 9-2）。

　また，各地の観光地は，2020年の年明けごろから世界に大きな打撃を与えた新型コロナウイルス感染症拡大への対応にも迫られている。鳥羽市の海の博物館では，昔から鳥羽・志摩地域の海女が磯シャツ・水中眼鏡・手ぬぐい・磯ノミなど水中で用いる衣服や道具につけている「セーマン・ドーマン」の印をマスクにあしらって販売したところ，オンライン・ミュージアムショップで大人気になったという。これはそもそも，危険と隣り合わせの海女が潜水時の安全を祈念し，魔除けとして用いるものだが，本来の文脈から魔除けの印だけを切り離して，ウイルスという目に見えぬ脅威を避けるという新たな意味をもたせ成功した例といえる。

(4)　出会いと交流の場としての観光

　SNS の普及によって，誰でも自らの「旅のものがたり」や訪れた先の率

直な情報を，世界中の「関係のない人」に向けて発信することができる時代になった。多くの人が，観光業者の作る豪華なパンフレットやホームページよりも，SNSで拡散された経験者の生の声の方を信用して旅の計画を練る。アーリはこれを，「消費者」であるはずの観光者が観光商品の「生産」に積極的に関与するようになったことを示す重要な変化と捉えた（アーリ／ラースン 2014）。

　また，インバウンド政策に力を入れる日本には，多様な観光のまなざしをもつ外国人がやってきて，私たちが日常を過ごす何ということもない空間のなかにも，日本らしさ・伝統・先進性・癒しといったものを見出しており，それに触発されるように私たちもまた，改めて身近にある事物や文化の価値や魅力を再評価するということが珍しくない。このようにして，この章で取り上げた，見る者／見られる者，表象する者／表象される者，文化を買う者／文化を売る者の間の境界は，今後ますます曖昧で，複雑に入り組んだものになっていくだろう。

　自らとは異なるモノ・コト・人との出会いと交流を不断に生み出す観光の場は，私たちに，真正なる文化とは何か，伝統とは何か，地域らしさ・民族らしさとは何かと問いかける。それらを考えるためには，観光という営みを可能にする国家間の政治的関係や市場原理，ゲストとホストの間の権力関係，観光がもたらす恩恵と弊害といったものへの細かな目配りが必要だ。たかが観光，されど観光……あなたも，この教科書で学んだ様々な視点を活かして，観光を人類学してみよう。

参考文献

アーリ，J／J・ラースン　2014『観光のまなざし』増補改訂版，加太宏邦訳，法政大学出版局。

太田好信　1998『トランスポジションの思想——文化人類学の再想像』世界思想社。

小暮修三　2014「甦る戦前の〈海女〉——絵葉書に写る〈眼差し〉の社会的変遷」『東京海洋大学研究報告』10：6-19。

鈴木涼太郎　2007「観光商品のつくり方」山下晋司編『観光文化学』新曜社，65-69頁。

スミス，Ｖ・Ｌ　2018『ホスト・アンド・ゲスト――観光人類学とはなにか』市野澤
　　潤平・東賢太朗・橋本和也監訳，ミネルヴァ書房。

橋本和也　2011『観光経験の人類学――みやげものとガイドの「ものがたり」をめ
　　ぐって』世界思想社。

ブーアスティン，Ｄ・Ｊ　1964『幻影の時代』後藤和彦・星野郁美訳，東京創元社。

ブレンドン，Ｐ　1995『トマス・クック物語――近代ツーリズムの創始者』石井昭夫
　　訳，中央公論社。

ホックシールド，Ａ・Ｒ　2000『管理される心――感情が商品になるとき』石川准・
　　室伏亜希訳，世界思想社。

ホブズボウム，Ｅ／Ｔ・レンジャー　1992『創られた伝統』前川啓治他訳，紀伊國屋
　　書店。

マキャーネル，Ｄ　2012『ザ・ツーリスト――高度近代社会の構造分析』安村克己他
　　訳，学文社。

マライーニ，Ｆ　2013『海女の島　舳倉島』新装版，牧野文子訳，未來社。

吉村真衣　2019「海女漁の遺産化と地域社会――三重県鳥羽市の海女小屋観光を中心
　　に」『旅の文化研究所研究報告』29：59-74。

（ウェブサイト）

国際おもてなし協会「『おもてなし』とは？――語源からひもとく本当の意味／サー
　　ビス・ホスピタリティとの違い」https://omotenashi.fun/omotenashi/info/（2021
　　年3月6日閲覧）。

日本政府観光局　2020「2019年1月〜12月国・地域別／目的別訪日外客数（暫定値）」
　　https://www.jnto.go.jp/jpn/statistics/data_info_listing/pdf/2019_december_
　　zantei.pdf（2021年3月6日閲覧）。

World Tourism Organization 2019. "Tourism Highlights 2019"（日本語版）https://
　　unwto-ap.org/wp-content/uploads/2020/02/Tourism-HL2019_JP.pdf（2021 年 3
　　月6日閲覧）

●課題●

1 最近，観光で訪れた場所を細かくリストアップしてみよう。また，それらの場所で体験したことや撮った写真，買ったお土産もリストアップしてみよう。なぜ，その場所やコトやモノを選んだのか思い出しながら，あなたがその旅で求めていたこと，満足した／不満だった点とその理由を考え，話し合ってみよう。

2 あなたは，観光ガイドとして訪日外国人観光客を案内することになった。観光客の出身地・人数・関係性（一人・友人・恋人・同僚・家族など），旅行の目的・日数・出発地・目的地・交通手段・宿泊先などを自由に設定し，具体的なプランを立ててみよう。プラン作成に当たって，あなたが目指したこと，気をつけたことについて，話し合ってみよう。

3 あなたの住んでいる地域や出身地の市町村は，地域の魅力を発信するために，どのようなモノや体験を取り上げているか，調べてみよう。それぞれのPR内容にはどのような特徴があるのか，それらが消費されることでどのような団体・人が利益を得るのかを考え，話し合ってみよう。

●読書案内●

『観光と文化──旅の民族誌』
エドワード・M・ブルーナー，安村克己・遠藤英樹他訳，学文社，2007年
世界の観光地を舞台に，観光客向けの文化が創り出されるさまを民族誌的に記述する一冊。著者は時に，単なる調査者ではなく，団体旅行のガイド（実践者）として観光の現場に参与する。観光の裏側や矛盾を旅行者たちに考えてもらおうと奮闘し，失敗する場面が特に示唆的だ。

『観光文化学』山下晋司編，新曜社，2007年
日本で文化人類学の立場から観光研究に先鞭をつけた山下氏が，各領域の研究者とともに観光にまつわる多様なトピックについて考える入門書。観光を生み出す政治的・経済的要因，観光が社会・文化に与える影響，観光の経験が意味することなどが簡潔にまとめられた必読書だ。

『観光のまなざし──現代社会におけるレジャーと旅行』増補改訂版，
ジョン・アーリ／ヨーナス・ラースン，加太宏邦訳，法政大学出版局，2014年
観光は，近代的な行為だ。ステータスや身心の健康に旅行が必要との考えが幅広い階級に広まったのは，200年ほど前だからだ。観光を成り立たせるまなざしの誕生と発展を考察する名著に，改訂版ではデジタル化，パフォーマンス，観光のリスクといった新たな話題が加わった。

ゆるキャラブーム

上水流久彦

　2020年，ゆるキャラグランプリが10年の歴史に幕を閉じた。2011年にグランプリを獲得したのがくまモンだ。その後全国の多くの自治体でゆるキャラが生み出され，その地域の観光促進やご当地商品の販売促進に活用された。だが，くまモンのように成功したゆるキャラは稀で，多くのゆるキャラが知られることなく終わった。それでも，なぜ，ゆるキャラはこれほどまでに生まれたのだろうか。その理由にくまモンの影響，「可愛さ」と「ゆるさ」の組み合わせが時代にあった点もあろうが，いわゆる自治体文化も見落とせない。

　2000年以降，日本社会は，離島や農村・漁村のみならず，多くの地方で人口減，産業の衰退が進んだ。そして地域活性化は，全国の自治体の課題となったといっても過言ではない。地場産業の振興，移住促進，地域の観光地化など，地元を売り出すことが自治体の重要な仕事となった。

　「売る」行為において重要なのは，ブランド化，すなわち自らの強みを強化し，特徴を出し，認知度を上げることである。だが，自治体文化ではこれが難しい。広島県では生産量が日本一である，強みのレモンに目をつけ，その特産化とレモンの生産地である瀬戸内海に軸足をおいた宣伝が行われた。だが，そのとき，広島県の山間部からは不平等だとの声があがった。自治体が特定の地域，企業，産業，人を支援することは，公平さを大原則とする自治体文化に反するからだ。特別に支援するには，みんなが納得する相応の理由と手続き（選定委員会や外郭団体をつくり，特別な対応を正当化すること）が必要である。

　公平性の点でゆるキャラは便利だった。特定の地域，企業，産業などと結び付いておらず，その自治体全体のシンボルだからである。面倒な手続きも不要だ。そして，くまモンのように有名になれば，地域のあらゆるモノのPRに絶大な力を発揮する。そう考えると，多くのゆるキャラは，自治体文化のなかで地域を売らざるをえなかった自治体の工夫の産物ともいえよう。

第10章

移動する

私たちもまた移民である

松本尚之

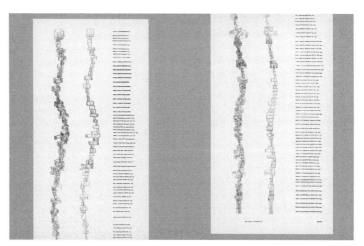

ス・ドホ《My Home/s: Staircases - 2》作家が生まれた韓国から最終的にイギリス
で暮らすまでの55年間の住まいの記録（貝島・ロラン・井関 2018：32-33）

1　日常のなかの移動を振り返る

(1)　私たちの暮らしと移動

　上掲の絵画は，韓国出身のアーティスト，ス・ドホ（Suh Do Ho）の，「My
Home/s: Staircases - 2（マイホーム，階段　その2）」と題した線描画であ
る。この作品においてスは，自分自身が暮らしてきた家を描いている。数多
くの家々を階段でつないだ作品は，当時55歳であった作者の住まいの記録で
あるとともに，複数の場所を渡り歩いた移動の来歴を表したものでもある

（貝島・ロラン・井関 2018）。

　読者のみなさんの場合はどうであろうか。仮に同じような作品を描くとしたら，それはどのくらいの長さになるのだろうか。

　静岡県の旧村落地域に生まれた私の場合，高校を卒業するまではずっと同じ家に暮らしていた。しかし，大学進学をきっかけに郷里を離れた後は，40代後半となった現在までに10度の引っ越しを経験した。進学や就職，転職などをきっかけに県境をまたいで移動した場合もあれば，ただ住んでいる場所が気に入らないという理由から市内で居を移した場合もある。

　みなさんのなかにも，同じような理由で，これまで移動を経験してきた人がいるのではないだろうか。仮に過去に引っ越しの経験がないにしても，将来の予定について聞かれれば，就職や結婚，家族の形成や定年退職など，人生の転機とともに今とは違うどこかに移動していると漠然と考える人は多いだろう。今日では，生涯を一つの家で暮らし続ける人の方がまれである。人生の選択肢が増えるなか，自分に合った暮らしを見つけるためには，一所にとどまるのではなく，移動しなくてはならない。その意味では私たちは，よりよい人生を求め移動する「移民」なのである。

(2)　移動から場所を問い直す

　私たちの多くは，一所に腰を据えて暮らすこと（定住すること）を正しい状態と捉え，移動することを一時的な，何か特別なことと考えている。しかし，グローバル化とともに人々の流動性がますます高まるなか，人々と場所とのつながりは多様化している。移動を通して人生のなかで複数の場所を渡り歩くことは，多くの人が経験することだ。また，通学や通勤のため，県や地方自治体の境界をまたいで日々移動することも，もはや珍しいことではない。

　マイホームを手にすることは，未だに多くの人々にとって人生の一大イベントである。しかし改めて考えてみると，人々は通勤や通学，買い物やレジャーなど日々の移動にかかる時間や出費，自分や家族が将来どこで生活しているかという移動をめぐる未来設計を思い描きながら，住まいを選択する。住処を定めることで，移動を続ける自分を必死に一所につなぎとめよう

としているかにもみえる。

　今日，移動や移住を扱った文化人類学や社会学の研究においては，定住ではなく移動を常態として捉えること，「場から移動を捉える」のではなく「移動から場を捉える」ことの重要性が指摘されている（伊豫谷 2007）。移動を中心に据え社会を捉えるまなざしの転換であり，社会学者ジョン・アーリはこれを「移動論的転回（mobility turn）」と呼んだ（アーリ 2015）。移動を単にある場所から別の場所へと動く行為として捉えるだけでなく，人間やモノがもつ能力や特性，すなわちモビリティとして捉え直す視点である。

　本章では，この移動論的転回をふまえつつ，日本人の移動について論じる。特に，多くの日本人にとって物理的にも心理的にも遠いであろうアフリカへと向かう人の移動を事例として紹介する。遠いアフリカへと渡る日本人の移動の営みを通して，私たちがもつ移動・移住のイメージを相対化することが目的である。

　なお，本章が対象とする「日本人」とは，「日本国籍を有する者」とする。国境をまたいだ人の移動や出会いは，国籍やエスニシティに基づく「日本人」のアイデンティティを問い直す重要な機会である。ただしこの問題については，日本文化論やナショナリズムとの関わりから第 2 章で取り上げた。そのため本章においては，「日本＝移民の受け入れ国」とみなす私たちの前提を問うてみたい。今日，様々な動機から海外へと移動する日本人を論じることで，私たちのなかに移民としてのポジショナリティを見出すとともに，移民を他者として捉える認識を再検討することが本章のねらいである。

2　移動・移住と日本人

(1)　海を渡る日本人の歴史

　日本では，2018年12月に外国人労働者の受け入れ拡大に向けた改正出入国管理法が成立し，翌年 4 月に施行された。この法律の成立をめぐっては国会で盛んな議論が交わされた。政府は一貫して「移民」という言葉の使用を避け，法の改正は外国人労働者を受け入れるためのもので，「移民政策」では

ないとの主張を繰り返してきた（朝日新聞2018年11月10日朝刊）。外国人労働者の受け入れは定住を前提とはせず，期間限定の受け入れであるため，「移民」には当たらないというのが発言の趣旨である。

「移民」とは，広義には他所に移り住む（移住する）人々を指す言葉である。しかし上記の発言からもわかる通り，実際にはこの言葉は，その使用が避けられるようなネガティブな含蓄をもち，より狭義の意味で用いられてきた。そのような文脈において「移民」という言葉は，経済的な目的をもち，特に貧しい国から豊かな国へと，定住や長期滞在を前提として移動する人々を表す。

今日，日本人は自国について移民を受け入れる側として認識している（コラム11参照）。しかし歴史を振り返れば，日本は移民を送り出してきた国の一つである（木村 2018）。明治時代以降に限定して論じれば，日本政府がハワイ王国との間に結んだ条約に基づくハワイ官約移民を皮切りに，アメリカ合衆国やカナダ，ペルーなどに移民が送られた。さらに，20世紀初頭にアメリカやカナダで日本人移民に対する排斥運動が起こると，主な移住先はブラジルをはじめとした中南米諸国となった。加えて，アジアや南洋諸島の植民地・勢力圏へと向かう人の移動もあった。これらの人々は，工場や農園で労働者として働く場合もあれば，店を構え商業を営む者もいた。さらには，人身取引によってセックスワーカーとして海外に送られた「からゆきさん」や「あめゆきさん」の存在も忘れてはならない。

(2) よりよい人生を求めて

しかし国境を越えた移動が容易となるにつれて，人々が移動する背景や様態も多様化している。今日の移動・移住研究においては，移動の目的や滞在期間の長短によって，「移民」概念を捉えることは困難であると考えられている（森本・森茂 2018）。

高度経済成長を経て移民の受け入れ国に転換した日本においても，現在でも数多くの人々が日本を離れ海外へと移動している。『海外在留邦人数調査統計』によれば，2018年10月現在，139万370人の日本人が「長期滞在者」あ

るいは「永住者」として日本国外に在住している。一方で，中長期の在留資格をもち日本に暮らす外国人の数は，2018年12月時点で273万1093人である（『在留外国人統計』）。日本が受け入れている外国人の数の方が多いとはいえ，その半数にあたる日本人が海外に在留しているのである。ただし，今日の日本人の海外への移動は，多くの場合，かつてのように労働を主たる目的とした移動ではない。人々の移動の目的は多様化しているのである。

　経済的な理由に限定されない，多様な目的をもった人の移動を指して，近年「ライフスタイル移住（lifestyle migration）」という言葉が用いられるようになった。カレン・オライリー（Karen O'Reilly）とミカエラ・ベンソン（Michaela Benson）は，「ライフスタイル移住」を以下のように定義している。

> あらゆる年齢の，相対的に裕福な人々の空間的なモビリティであり，当事者が様々な理由から，よりよいクオリティ・オブ・ライフを享受できると考える場所に，パートタイムあるいはフルタイムで移動すること。
>
> （O'Reilly and Benson 2009: 2）

　つまり，この概念は，主として先進国の中間層以上の人々が，理想のライフスタイルや自己実現を求め，時には所得の減少をも顧みずに行う移動を念頭においた概念である。

　日本においてライフスタイル移住は，1990年代以降に増加したとの指摘がある（長友 2013）。「失われた20年」と呼ばれる日本経済の低迷期には，企業の多くが様々な経営合理化を推し進めた。その結果，終身雇用制や年功序列といった，それまでの日本の企業文化が失われるとともに，雇用の非正規転換など，労働市場の流動性が高まった。雇用をめぐる変化は，人々の仕事観や人生観にも大きな影響を及ぼし，自己犠牲的な労働観が否定され「自分らしい生き方」を模索する「立身出世から自己実現へのパラダイムシフト」（長友 2013：86）が起こった。また，1990年代はそれまで団体旅行が中心であった海外旅行において，個人向けのパッケージツアーが普及した時代でもある。その影響もあり，理想のライフスタイルを模索したり，「自分探し」

をしたりする場所として，海外に目を向ける人々が増加した。若者たちを中心に海外留学やワーキングホリデー，バックパッカーが流行するとともに，国際結婚や定年退職後の移住（リタイアメント移住）も増加した。

(3) 多様化する移動のかたち

また，移動の動機の多様化とともに，移民概念を滞在期間の長さで定義付けることの困難さも指摘されている。従来，移民という概念は，期間限定で移動する「一時滞在者」と区別して，定住や長期滞在を前提として他所に移動する人々を指して用いられてきた。しかし，本章冒頭で紹介したス・ドホの作品から想起されるように，移動を一時的な状態として捉えることをやめ，人々の生涯を通して辿る軌跡として捉えるのであれば，一時滞在者と移民の区別は曖昧となる。

ライフスタイル移住を扱った研究においては，観光などの一時滞在の経験が，後の移住を導くことが指摘されている。「自分探し」を目的にカナダのバンクーバーに渡来する日本の若者を扱った研究において，加藤恵美子（2009）はワーキングホリデーや学生ビザで一時滞在する若者たちが，移住への転換を考える「移民予備軍」であると論じている。また，長友淳（2013）も，日本からオーストラリアへのライフスタイル移住を扱った研究において，観光や留学，ビジネス渡航が後の移住や国際結婚につながる事例が多いと指摘している。

そもそも，経済移民を扱った文化人類学の研究においても，移民たちの多くが自らをいずれ故郷に帰る一時逗留者とみなしていることが指摘されてきた。しかしその一方で，移民が思い描く故郷への帰還が，見果てぬ夢に終わる場合が多いことも論じられている（Plotnicov 1970 [1965]）。定住するか否かは，当事者のある時点での意識や状態をもって語ることはできないのである。

加えて，国境をまたいだ移動が容易になるとともに，人と場所との関係はもはや一対一の関係ではなくなっている。その結果として，複数の国をまたいでトランスナショナルな生活を営む移民も多い。配偶者ビザや永住権を取得し日本に暮らす移民たちのなかには，日本で貯めた資金を元手として故郷

や第三国で起業したり，貿易業などトランスナショナルな経済活動を行ったりする者もいる。日本では「出稼ぎ労働移民」でも，故郷では立派な起業家という例もある（松本 2014）。ライフスタイル移住についても，日本での渡航費用を貯める生活と海外渡航を繰り返すバックパッカーや，引退後日本で支給される年金をもとに生活費の安い途上国で暮らすリタイアメント移住者の例がある。

(4) 「カネ」か「やりがい」か

　移動の多様化へのまなざしは，従来の経済活動を前提とする移民概念についても再考する契機となる。これまで移民を扱った研究の多くは，移動の主たる目的とされる経済活動のなかでも，特に「労働」と呼ばれるような，「やりがい」よりも「カネを稼ぐこと」に焦点を当てた研究が中心であった。その背景には，移動を定住から逸脱した，できれば避けるべき消極的な実践とする理解があったのではないだろうか。しかしながら，移民の動機となる経済活動を「やりがい」やキャリアアップと結び付いた行為として捉えるのであれば，専門・熟練労働者や企業が派遣する駐在員（エクスパトリエイト，expatriate）なども研究の対象となる。海外の日本人社会のなかには，日本人会や日本人学校の設立にあたって日系企業の駐在員とその家族が，中心的な役割を果たしている場合もある（水上 2018）。

　移動の目的の経済性を考えるうえでは，オペア制度を用いてオーストラリアに渡る日本人の若者を取り上げた大石奈々と小野綾（2020）の研究は興味深い。オペアとは，受け入れ国において，住み込みで育児や家事労働に従事するワーキングホリデーに類する制度である。文化交流や語学学習に関心がある若者向けのプログラムであり，一種の「留学」として宣伝する斡旋業者も多い。しかし，オペアは労働法から除外された存在として，時に融通の利く手頃なケア労働者を求めるホストファミリーの搾取の対象になる。しかし，日本人オペアたちの多くは，たとえ不利益な状況におかれたとしても，ホストファミリーと交渉することなく沈黙を守るという。その理由の一つとして，大石と小野（2020）は，日本人オペアたちが文化交流を目的として渡

航したことから，自らを労働者として考えておらず，権利意識が希薄なため
と指摘している。この例は，単一の移動主体（日本人オペア）であっても，
労働者としてみるか，文化交流の担い手としてみるかは，視る者の立場に
よって異なることを表している。日本において途上国の「人づくり」を謳っ
た制度であるはずの外国人技能実習制度が，安価な労働力の受け入れに利用
されているという批判にも通じるだろう。

　さらに，経済的に貧しい国（南側諸国，グローバル・サウス）から豊かな国
（北側諸国，グローバル・ノース）へという移動の方向性についても，今日で
はこれに当てはまらない事例が数多く存在する。「BOP ビジネス（Base Of
the Pyramid)」（低所得者層向けビジネス）という言葉によって，途上国向け
の経済活動に注目が集まっており，それと同時に先進国から途上国へと向か
う人の移動が生まれている。以下で論じる，東アジアからアフリカへ向かう
人の移動もその一つである。

3　アフリカへ渡る日本人

(1)　日本人のアフリカとの出会い

　多くの日本人にとってアフリカ大陸は，物理的にも心理的にも遠い場所で
はないだろうか。しかし歴史を振り返れば，日本とアフリカの間にも，様々
な人やモノの交流があった。

　文字史料が残る有史以降に限定して論じるなら，アフリカから日本への人
の移動については，安土桃山時代にまでさかのぼる（藤田 2005）。当時，南
蛮貿易やキリスト教の宣教活動のために渡来したヨーロッパ人たちは，従者
や奴隷としてアフリカ人を使役していた。16世紀から17世紀にかけて描かれ
た一連の南蛮屏風には，渡来した南蛮人の従者として，アフリカ人が描かれ
ている。宣教師の従者として来日し，後に織田信長の家臣となったアフリカ
人，彌助については映画やドラマを通して知る人も多いだろう。

　モノの移動についても，私たちの身の周りには，あまりよく知られていな
いがアフリカ産の物品がいろいろとある。その最たるものはスイカであろ

う。今日，日本で夏の風物詩となっているスイカは，アフリカ南部のカラハリ砂漠が原産である。そのほか，オクラやモロヘイヤ，ゴマなど，日本食に用いられる食材のなかにはアフリカ原産のものがいくつもある。

　一方，日本からアフリカへの人の移動に目を向ければ，明治時代に入り日本から世界各地へと人の移動が盛んとなるなか，商業目的でアフリカに渡る人々が存在した。青木澄夫（2000）によれば，現在の南アフリカやタンザニア，モザンビークなどに，商店や洗濯店，写真店などを営む日本人がいたという。また「からゆきさん」たちのなかには，アフリカの売春宿に送られた人々もあった。加えて，この時期，アフリカに渡った日本人は経済的な目的をもった人々のみではない。1903年には探検家中村直吉が，アフリカ南部から東部にかけて訪問している。「無銭旅行」を標榜した旅であり，今でいうバックパッカーの先駆けともいえる存在であろうか。

　さらに，日本の工業化が進むなか，アフリカ諸国は紡績製品の輸出先であった。1930年代には東アフリカの綿織物輸入額の65％を日本製品が占めるようになった。また英領西アフリカでは，日本は綿布輸出において宗主国であるイギリスの脅威となっていた（岡倉・北川 1993）。日本からの綿織物の輸出は第二次世界大戦期に途絶えるも，戦後には再開された。そして「アフリカの年」と呼ばれる1960年を前後してアフリカ諸国の独立が続くなか，現地に駐在所を設置した日本の商社の手によって販路を拡大していった。今日では日本でも人気のアフリカの布織物が，かつては日本の紡績工場で製産されアフリカに輸出されていたことは，あまり知られていない歴史であろう（並木・上田・青木 2019）。

⑵　ナイジェリアへ渡る日本人

　以下では，私が調査を行っているナイジェリアを例に，20世紀後半以降のアフリカと日本を結んだ人の移動の詳細を論じたい。

　ナイジェリアは，南アフリカ共和国と並ぶアフリカの大国である。アフリカ第１位の人口大国であり，その人口は2019年の時点で約２億96万人に上る。2050年にはインド，中国に次ぐ世界第３位の人口に達すると予想されて

いる。さらにナイジェリアは，豊富な天然資源を抱えた資源大国でもある。なかでも石油は，アフリカ第2位の埋蔵量，第1位の生産量を誇る。その一方で，ナイジェリアは，様々な悪評を抱えた国である。政情不安であり，過去には8度のクーデター，1度の内戦（ビアフラ戦争，1967～70年）を経験している。1999年に4度目となる民主化を果たすまで，1960年の独立以降，39年のうち29年間を軍事政権下にあった。民族や宗教，地域など様々な対立要素を抱えた国であり，今世紀に入ってからも，油田地帯の少数民族による反政府ゲリラや，イスラム過激派組織ボコ・ハラムが日本でも話題となっている。つまり，アフリカ大陸が「地球上最後のフロンティア」と呼ばれるなか，経済的にはたいへん魅力的だがリスクは高い，というのが海外企業からみたナイジェリアである。

(3)　日系企業の駐在員として

　読者のみなさんのなかには，アフリカといえば，貧困や紛争などネガティブなイメージをもつ人が多いのではないだろうか。日本人にとってアフリカ諸国といえば，「経済的なパートナー」というよりは，「支援の対象」と考えることが一般的であろう。だが，かつては1960年代に数多くのアフリカ諸国が植民地支配からの脱却を果たすなか，希望に満ちた大陸として，その経済成長に人々が関心を寄せた時代もあった。

　ナイジェリアに在留する日本人の人口は，2000年代以降はおおよそ150人を前後して推移しており，極めて少ない数値となっている。だが，過去を振り返れば，日本人が大挙してナイジェリアに渡った時代もある。そのピークは1979年で，現在の10倍以上，1855人の日本人が同国に滞在していた。永住の意思をもつ者はわずか2人であるが，残りの長期滞在者数（1853人）は，国別在留邦人人口としては世界で23番目に多かった。1979年は日本が第二次オイルショックに喘いだ時期である。それは同時に産油国ナイジェリアが原油価格の高騰でオイルブームを迎えた時期でもある。ナイジェリアの好景気は多くの日系企業を引き付け，日本人を駐在員として送るきっかけとなったのである。

1970年代半ばに駐在していた日本人の回想によれば，当時はナイジェリアに持って行けば何でも売れるといわれた時代であったという。商社や製造業社が数多く進出し，駐在員をおいていた。火力発電所の建設など大きなプロジェクトもあった。プロジェクトの敷地には100人以上の日本人がプレハブ住宅で集住していたという。敷地内にはソフトボールのグラウンドがあり，日本人コックも駐在し日本食を労働者たちに提供していた。駐在員が集まる日本人会も盛況で，西アフリカ最大の都市であるラゴスのホテルの宴会場を貸し切って行われる忘年会には，ナイジェリア各所から日本人が集まり地区対抗の歌合戦が催された。人々は異国滞在のストレスを発散するべく，日本から衣装を取り寄せたり，2～3ヶ月かけて練習したりと，熱心に準備に取り組んでいたという。家族を帯同する者もおり，日本人会は日本から教師を呼び寄せ，小学生向けの日本人学校を運営していた。

　今世紀には中国がアフリカ諸国に進出し，国際的な注目を集めている。ナイジェリアにも現在，ラゴスの郊外に巨大な中華街がある。中国製品を売る商店のほかに，中国人のための居住区があり，バスケットボールのコートやレストランも完備している（松本・川口 2020）。アフリカ諸国で存在感を増す中国については日本でもしばし報道されているが，西欧諸国や日本のまなざしは冷ややかなものだ。だが歴史を振り返れば，支援ではなく経済的な目的をもった日本からナイジェリアへの人の移動が盛んであり，衆目を集めた時代があったのである。

　しかし，1980年代に入りナイジェリアの経済状況が悪化するとともに，日系企業の撤退が相次ぎ，それと同時に在留邦人数も減少していった。80年代後半に駐在員を務めたインフォーマントによれば，軍事政権下にあった当時，ナイジェリアの政府関係者は日系企業の撤退を容易に認めなかった。そのため，駐在員たちは海外出張や休暇と偽って，後始末を現地スタッフにまかせ「夜逃げ」さながらにナイジェリアを後にしたという。駐在員の子弟のために設立された日本人学校は「夜逃げ」とともに児童数が減少し，1980年代末には閉鎖となった。閉鎖時には，日本人学校に通う児童は，大使館スタッフと日本人学校の教師の子どもたちのみという有様であった。

近年，アフリカが「地球上最後のフロンティア」として注目を浴びるなか，大国ナイジェリアに関心を抱く企業は増加している。しかし，ナイジェリアの悪評ゆえに日本人駐在員を派遣する企業は未だ少ない。2019年9月の時点で，ナイジェリア日本人会の会員数は約60人である。そのうち，日本人会の活動に実質的に関わるのは約30人のラゴス在住の駐在員たちのみである。家族（配偶者）を帯同している駐在員はわずか1人であり，単身赴任の男性中心のコミュニティとなっている。会員たちは，中国人が経営する中華料理店やカラオケ店，あるいは会員の自宅に集まって不定期に親睦会を開いている。

⑷　ナイジェリア人の妻として，子として

　ナイジェリアが石油ブームに沸いた1970年代末と比較して，日本人会の規模縮小が顕著な一方で，その外に目を向ければ日本からナイジェリアへの人の移動について新しい動きもみられる。近年では，ナイジェリアの日本人社会の構成は大きく変化しているのである。

　在ナイジェリア日本大使館によれば，2019年9月時点の在留邦人数は157人である。先述した通り日本人会の会員数が約60人であり，ナイジェリアに滞在する日本人の過半数が会に所属していないこととなる。では，日本人会に所属していない人々は，どのような経緯でナイジェリアに暮らす人々であろうか。

　少し年を遡るが，『在留邦人数統計』をもとにナイジェリアに滞在する日本人の詳細を確認すると，2017年10月の時点でナイジェリアに暮らす日本人の数は141人であり，そのうち18人は永住の意思をもって滞在している。また，男女比をみてみると，男性が89人であるのに対し，女性が52人おり，全体の36.8％を占めている。さらに年齢別人口をみれば，141人の日本人のうち45人（31.9％）は20歳未満の未成年者である。集計の対象となった年月が異なるため単純比較できないが，単身の男性中心である日本人会のみでは，現在の在ナイジェリア日本人社会の男女構成や年齢構成を説明できない。

　在ナイジェリア日本人に一定数の女性や未成年者が存在する背景には，ナ

イジェリア人と日本で出会い結婚した女性とその子どもたちの国際移動がある。

ナイジェリアへ向かう日本人の移動と，日本へと向かうナイジェリア人の移動は，対照的な軌跡を辿っている。1980年代以降，ナイジェリアの政治経済情勢の悪化とともに，ナイジェリア在住の日本人の数が減少していったのに対し，日本に暮らすナイジェリア人の数は，母国の情勢悪化がプッシュ要因となって増加していった。『在留外国人統計』（旧登録外国人統計）によれば，1984年末に日本に滞在していたナイジェリア人はわずか44人であった。その後，1990年末時点で193人であった在日ナイジェリア人の人口は，1992年末には一挙に1315人まで急増している。そして今世紀には2000人を超え，2018年末の時点で3245人となっている。そのうち77.8％（2526人）が成人男性である。

日本でナイジェリア出身者が急増した1990年代初頭，彼らのほとんどが短期滞在資格をもって来日していた。しかし2018年末には，3245人のナイジェリア人のうち14.1％（456人）が「日本人の配偶者等」の在留資格を，49.1％（1592人）が永住権を取得しており，およそ3分の2の在日ナイジェリア人が中長期の在留資格をもつに至っている。

配偶者ビザや永住権の取得は，一見すると日本への定住化を意味する実践であるかにみえる。しかし，単純労働に従事する外国人に対し就労ビザの発給を認めてこなかった日本では，ナイジェリア人たちの多くが非正規滞在を経験する。そして，日本人配偶者と結婚することで，改めて正規の在留資格を獲得するとともに，就労の自由，移動の自由を手にすることとなる。したがって，配偶者ビザや永住権の取得は，ナイジェリア人たちが改めて故郷との関係や国境をまたいだ移動について考える契機となる（松本 2014, 2019）。彼らのなかには，日本での活動に見切りをつけて故国ナイジェリアに，日本国籍をもつ妻子とともに移り住む者もいる。

私がナイジェリアで出会った日本人女性の一人は，大学3年生のときに日本で当時留学生であったナイジェリア人男性と出会い，後に結婚した。2004年当時，外資系企業に勤めていたが，会社が早期退職者を募っていたことからよい機会と考え，3歳となった子どもを連れて夫の母国であるナイジェリ

アに移住した。彼女は現在，首都アブジャで夫とナイジェリアで生まれた3人の子どもたちとともに暮らしている。日本で生まれた長女は今はアメリカに渡り，大学に通っている。

　ナイジェリア人の配偶者として同国に暮らす日本人女性のほとんどは，日本人会に所属していない。2019年9月の時点で日本人会に所属していたのはわずか3人である。ナイジェリアでの暮らしが合わず，夫と離婚し帰国する者も少なくないという。

　また，故郷に戻らず日本に滞在を続けるナイジェリア人たちの場合も，子どもの成長とともに，子どもたちと故郷とのつながりを意識した様々な取り組みを行うようになっている。その一つとして，在日ナイジェリア人たちのなかには，子どもを故郷に送り，母国の学校で教育を受けさせる者もいる。

　ナイジェリアで学校教育を受ける子どもたちは，いうまでもなく，ナイジェリアと日本の2つの国籍をもち，日本大使館からは「日本人」の一人として認知される存在である。彼らのなかには，両親は日本にとどまり，父方の親族のもとに預けられナイジェリアで暮らす例も少なくない。日本においては育児放棄とも受け止められかねない現象ではあるが，親族や知人の子どもを預かり育てる養取・養育はアフリカの諸民族に広くみられる習慣であり，特異なことではない（梅津 2021）。

4　私たちもまた移民である

(1)　終わりなき旅としての移動

　2020年に，ナイジェリア人の父と日本人の母をもつ一人の若者にインタビューを行った。彼は，小学校6年生から高校卒業までの間，一つ下の妹とともに日本に暮らす両親のもとを離れナイジェリアで暮らした経験をもつ。日本でいう中学校，高校の6年間を父の故郷の地方自治体にある全寮制の学校で過ごした。寮生活は，日本では考えられないような出来事が多かったが，楽しい思い出だと語っていた。

　「仮に故郷はどこかと尋ねられたら，自分にとっては（ナイジェリアで通っ

た学校の）寮だ」と彼はいう。十代のうちの7年間をナイジェリアで過ごしたが、そのうちの6年間は学生寮での暮らしであった。そのため、彼にとっての子ども時代を彩る原風景は学生寮そのものなのであろう。故郷に対する彼の答えは、本章冒頭で紹介した、複数の住居の連なりからなるス・ドホの作品を想起させないだろうか。

　彼の答えが特別なのではない。振り返ってみれば、私たちもまた「日本」という言葉で想起するのは、これまで暮らしてきたごく限られた場所の記憶と、メディアを通して得た知識の入り混じった「想像上の共同体」に過ぎない。場所をめぐる私たちの想像は、移動と移動で結ばれた複数の点から成っているのである。

　高校卒業後、彼は日本に戻り現在は東京で暮らしている。その一方で、彼とともにナイジェリアに滞在した妹は、同じ全寮制の学校を卒業後、カナダの大学に進学した。ナイジェリアにつながる若者たちのなかには、彼女と同じように欧米の大学に進学する者も多い。ナイジェリア人と日本人の両親をもつ子どもたちにとって、居場所と関わる選択肢は、ナイジェリアか日本かという二者択一ではない。両親の経験を通して学んだ移動や場所に対する柔軟な考えは、住む場所についてより広い選択肢を与えているのである。父の故郷を学ばせるという実践は、一見すると移民としての過去を振り返る行為にみえるが、それはまた未来の移動の可能性を生み出す行為なのである。よりよい生活を求めた移動は、「終わりなき冒険の旅」（O'Reilly and Benson 2009）であり続ける。

(2)　移動をモビリティとして問い直す

　2020年に起きた新型コロナウイルスの蔓延は、私たちが移動について、改めて考える重要な機会となった。感染拡大のリスクを抑えるために、国や地方自治体は、人々に日常的な移動の自粛を呼びかけた。特に、メディアを通して都道府県ごとに感染者数が日々公開され、たびたび県境をまたいだ移動の自粛が要請された。他県のナンバープレートをつけた自動車への嫌がらせなども話題となった。私の身の回りにも、家族から帰省を止められ一人暮ら

しを続ける学生や，祖母の葬儀に参加できなかった同僚がいた。それまで，一つの国のなかで移動の自由が保障されていたのが，突如として見えない境界の存在を意識した人も多いのではないだろうか。

しかしながら，新型コロナウイルスによって物理的な移動は減退する一方で，人々のモビリティはますます増加しているともいえる。会社におけるテレワークや教育機関における遠隔授業の実施によって，私たちは自宅にいながらも遠い場所とつながり，様々な活動を行うことが可能となった。今日移動の自粛が可能であった背景には，物理的な移動をせずともバーチャルな移動によって社会生活の一部を営むことが可能となったことがあるだろう。テレワークや遠隔授業が浸透すれば，国境をまたいだ就業や修学はますます容易となっていく。様々な業種で，労働者に代わって現場で働く，遠隔操作ロボットの開発も進んでいる。もはや，労働力としての移民の受け入れなど問う必要もなく，遠隔地にいながら雇用することも可能となる日が来るかもしれない。

だが，人々が移動する動機は，経済的合理性のみでは語れない。ライフスタイル移住者が求めるクオリティ・オブ・ライフや，経済活動に付随した「やりがい」を考えた際，バーチャルな移動は従来の移動のどこまで代わりとなるのだろうか。物理的な移動からバーチャルな移動まで。移動の有り様がますます多様化するなか，改めて私たちは移動によって人と人が出会うこと，交わることの意味を考えていく必要があるだろう。

参考文献

青木澄夫　2000『日本人のアフリカ「発見」』山川出版社。
アーリ，J　2015『モビリティーズ——移動の社会学』吉原直樹・伊藤嘉高訳，作品社。
伊豫谷登志翁　2007「方法としての移民——移動から場をとらえる」伊豫谷登志翁編『移動から場所を問う——現代移民研究の課題』有信堂，3-23頁。
梅津綾子　2021『親子とは何か——ナイジェリア・ハウサ社会における「里親養育」の民族誌』春風社。
大石奈々・小野綾　2020「ケア労働者の『北−北移動』——豪州における日本人若年女性の低賃金労働とその課題」森千香子・松尾昌樹編『移民現象の新展開』グ

ローバル関係学叢書 6，岩波書店，205-228頁。

岡倉登志・北川勝彦　1993『日本－アフリカ交流史──明治期から第二次世界大戦期
　　まで』同文館。

加藤恵美子　2009『「自分探し」の移民たち──カナダ・バンクーバー，さまよう日
　　本の若者』彩流社。

貝島桃代／ロラン・シュトルダー／井関悠　2018『建築の民族誌』TOTO 出版。

木村健二　2018「近代日本の出移民史」日本移民学会編『日本人と海外移住──移民
　　の歴史・現状・展望』明石書店，31-49頁。

長友淳　2013『日本社会を「逃れる」──オーストラリアへのライフスタイル移住』
　　彩流社。

並木誠士・上田文・青木美保子　2019『アフリカンプリント──京都で生まれた布物
　　語』京都工芸繊維大学美術工芸資料館監修，青幻舎。

藤田みどり　2005『アフリカ「発見」──日本におけるアフリカ像の変遷』岩波書店。

松本尚之　2014「在日アフリカ人の定住化とトランスナショナルな移動──ナイジェ
　　リア出身者の経済活動を通して」『アフリカ研究』85：1-2。

松本尚之　2019「都市と移民──移動から世界を問い直す」松本尚之・佐川徹・石田
　　慎一郎・大石高典・橋本栄莉編『アフリカで学ぶ文化人類学──民族誌がひらく
　　世界』昭和堂，61-79頁。

松本尚之・川口幸大　2020「アフリカと中国を結ぶ人とモノ──ナイジェリアの中国
　　人コミュニティとホスト社会の関係」森千香子・松尾昌樹編『移民現象の新展
　　開』グローバル関係学叢書 6，岩波書店，133-159頁。

水上徹男　2018「シンガポールの日本人社会──海外駐在家庭を中心としたエクスパ
　　トリエイト・コミュニティ」栗田和明編『移動と移民──複数社会を結ぶ人びと
　　の動態』昭和堂，243-259頁。

森本豊富・森茂岳雄　2018「『移民』」を研究すること，学ぶこと」日本移民学会編
　　『日本人と海外移住──移民の歴史・現状・展望』明石書店，13-30頁。

O'Reilly, K. and M. Benson 2009. Lifestyle Migration: Escaping to the Good Life? In
　　M. Benson and K. O'Reilly (eds.), *Lifestyle Migration: Expectations, Aspirations
　　and Experiences*. London and New York: Routledge, pp. 1 -13.

Plotnicov, L. 1970 (1965).　Nigerians: The Dream is Unfulfilled. In W. Mangin (ed.),
　　Peasants in Cities: Readings in The Anthropology of Urbanization. Boston:
　　Houghton Mifflin Company, pp.170-174.

外務省『海外在留邦人数調査統計』。

法務省『在留外国人統計』。

1 本章冒頭で紹介したス・ドホの作品を念頭に，身の周りの人々に移動歴を聞いてみよう。

2 本章で扱った２つの統計資料（『在留外国人統計』と『海外在留邦人数調査統計』）を使って，あなたが関心がある国について調べてみよう。在留資格やジェンダー，年齢などについて，２つの国を結んだ移動にはどんな特徴があるか考えてみよう。

3 新型コロナ感染拡大前と後では，私たちのモビリティはどのように変わっただろうか。身の周りの人々と議論してみよう。

●読書案内●

『モビリティーズ——移動の社会学』
　　　ジョン・アーリ，吉原直樹・伊藤嘉高訳，作品社，2015年
　　　「移動論的転回」を論じた社会学者ジョン・アーリの理論書。アーリは，それまで学問において別々に論じられてきた様々な移動（物理的な移動からバーチャルな移動まで）を総じて「移動パラダイム」と称し，社会をモビリティから再考することを試みている。

『日本社会を「逃れる」——オーストラリアへのライフスタイル移住』
　　　長友淳，彩流社，2013年
　　　日本からオーストラリアに渡ったライフスタイル移住者について扱った民族誌。19世紀後半から始まる日本人の移動史をふまえつつ，今日の多様な移動の実態が描かれている。1990年代以降増加したライフスタイル移住者の経験や日本との関わりは，今日の日本人の移動を考えるうえで参考になる。

『アフリカで学ぶ文化人類学——民族誌がひらく世界』
　　　松本尚之・佐川徹・石田慎一郎・大石高典・橋本栄莉編，昭和堂，2019年
　　　アフリカをフィールドとした本書の姉妹書。日本に来住するナイジェリア人の移動を扱った筆者による章を収録している。本書で論じたナイジェリアへと向かう日本人の移動に関心をもった読者は，ぜひ２つの事例を比較してみてほしい。

「日本人」になる

上水流久彦

　自宅にある宝物を鑑定するテレビ番組がある。その収録が2000年代後半に台湾でも
行われ、台湾の知人に誘われて見に行った。登場した数人の高齢の台湾人男性が、
「私は昔、あなたと同じ日本人だったのですよ」と司会者に語った。筆者自身も何度
も台湾でのフィールドワークで聞いた言葉であった。司会者は戸惑うと同時にその言
葉に応答することはなかった。そして、日本で放映された番組では彼らのそのような
言葉さえカットされていた。

　日本の統治期の台湾や朝鮮半島では、彼らに「日本人」になることが強制された。
特に1937年以降、彼らは天皇の赤子であるとして皇民化運動が進められた。日本語の
習得、神社への参拝、日本式の名前にする創氏改名（朝鮮半島）や改姓名（台湾）な
どである。台湾では家族全員が日本語を話せる家は「国語家庭」とされ、戦中の配給
で優遇された。ある知人は、台湾の現地の言葉が日本語に影響するとよくないという
ことから、親から台湾人と付き合うことも、現地の言葉を話すことも禁じられた。第
二次世界大戦中、彼らは「日本人」ということで、軍属などとして戦争にも駆り出さ
れた。

　だが、彼らがいわゆる日本人と対等になることはなかった。彼らには参政権もなけ
れば、台湾には地方議会もなかった。成績が優秀でも学級委員にはなれなかったとは
よく聞く話だし、進学でも自分より成績が悪い日本人が合格して自分は不合格だった
という語りも台湾で何度も耳にした。国語家庭でなければ、日本人よりも質の悪い物
が配給された。

　1945年、日本は敗戦する。朝鮮半島はもちろん台湾でも日本からの解放は、歓迎さ
れた。「日本人」にならされた人々は突然「日本人」ではなくなり、日本に見放され
たと感じた人々もなかにはいた。

　番組収録でどう応答すれば正解だったのかは、わからない。ただ「日本人」になら
された歴史を知らなければ、彼らの言葉に応答できないことだけは、確かだ。

第11章

ともに暮らす

「外国人」を通して日本社会を考える

渋谷　努

愛知県豊田市の保見団地で開催される「ほみにおいでん」でのサンバの
様子。観客の盛り上がっている様子が窺える（2018年，筆者撮影）

1　「外国人」に直面する社会

(1)　ある朝突然に

　ある日，隣の家に日本語が通じない外国籍の人が住み始めたら，あなたは
どうするだろうか。愛知県豊田市にある保見団地は，日本のなかでも外国籍
住民，特にブラジル出身者が集住している団地である。保見団地にブラジル
からの住民が住み始めたのは1987年ごろといわれている。これは後で詳述す
る1990年の入管法改正以前であり，自治体や企業も外国籍住民とともに暮ら
すことに関して何ら準備をしていない時期だった。さらに日本人住民からす

ると事前に何ら外国籍住民が住むことを知らされることなく，いわばある朝突然，隣からポルトガル語が聞こえるという状況から外国籍住民とともに暮らすことが始まった。

　このような外国籍住民とともに暮らすことに，受け入れ社会側が恐怖感を抱くことがある。ヨーロッパにおけるシリア難民の受け入れが，近年日本でも多く報道された。シリア内での政情不安から内戦となり，そこから逃げ出した人が隣国のトルコやヨルダンに移動していった。さらに地中海を超えて，またトルコから地続きでヨーロッパ諸国へと難民として渡ろうという人も現れた。シリア近隣の国々に住むシリア難民は560万人（2019年現在）であり，ヨーロッパに渡った人のなかには難民として認定を受けた人もおり，例えばドイツでは4万人程度受け入れられている（アムネスティ日本）。しかしEU諸国のなかにはシリア難民受け入れに消極的な国もあり，それがブリクジットとして話題となったイギリスのEU離脱を引き起こした原因の一つともいわれている。

(2) 「外国人」に向けられる偏見

　なぜヨーロッパ諸国のなかでは，難民受け入れに消極的な対応が生じたのだろうか（一方，日本の難民認定数は，ヨーロッパの主要国と比べて圧倒的に少ない）。そこには，外国籍住民を受け入れることへの恐怖感，さらにその外国籍住民がムスリム（イスラーム教徒）であることへの恐怖感や偏見があるといわれている。フランスを例に考えてみよう。フランス人が抱くムスリムへの偏見を表しているのが，日本でも話題となった小説の『服従』である。この小説は近未来（2022年）のフランスを舞台にしており，その世界では既成政党が支持を失い，極右政党とイスラーム系政党との間で大統領選が争われる。その結果ムスリムの大統領が誕生し，親イスラームの政策が進められていき，いわばフランスがイスラームに服従していく過程を描いている（ウエルベック 2015）。

　主人公はイスラーム勢力が政治に浸透していくことに初めは大きなショックを受けるが，徐々に慣れていき，自分自身もイスラームへの改宗を考える

ようになっていく。ここで描かれている世界は，近未来に本当にフランスに
起こりうるものであり，そのような現状の諦めとともに，自分たちが服従し
てしまうかもしれないイスラームへの恐怖があるからこそ，この小説はフラ
ンスで支持されたのだろう。

　もちろん，ムスリムが大統領になったからといってフランスがイスラーム
を国教にするとは考えにくい。しかしフランス社会のもつイスラームへの恐
怖感やそこから生じる偏見がもたらすものを現実世界でも見出すことができ
る。例えば，スカーフ着用について，学校だけではなく，職場での禁止を企
業が行うのを認めたり（朝日新聞2017年3月14日デジタル版），後に違憲と判
断されたが，ブルキニといわれる全身を覆うムスリム女性用の水着を海水浴
場やプールなどで着ることを禁止するといったことが起きている。

　このような外国籍住民や自分たちとは異なるものへの恐怖感や偏見は，日
本にも見出すことができる。ヘイトスピーチやヘイトクライムという言葉を
聞いたことがあるだろう。朝鮮学校の周辺で授業時間に「国に帰れ」などと
いった言葉を子どもたちに浴びせて脅している映像を見たことがある人もい
るだろう。このようなヘイトスピーチは2016年に成立した「ヘイトスピーチ
解消法」によって認められない行為となっている。しかし，インターネット
の世界をみれば，在日コリアンに関する否定的な意見が多く出てくる。最初
に紹介した保見団地に関しても，インターネットで検索すると，「外国人が
多く住む危険な団地」として紹介されているサイトを見つけることができる。

　なぜ，このように外国籍住民に対する嫌悪感や否定的な動きがみられるの
か。その要因として，日本人住民に，日本で日本人として暮らす自分たちは
マジョリティであり，特権を有しうる位置にあるという認識が欠けているこ
とを挙げられるのではないだろうか。さらに，日本人住民のなかに，外国籍
住民または外国の文化を固定的で不変的なものと捉え，自分たちとは異なる
「他者」いわば「外国人」として区分してしまう考え方に一因があるのでは
ないか。自分たちの「我々」と「外国人」という二項対立的イメージを崩し
ていく必要があるだろう。

2　日本に住む外国籍住民と多文化共生

(1)　日本に住む外国籍住民の現状

　まず日本に住む外国籍住民の特徴についてみていこう。法務省の統計によると，2019年12月末時点で，日本で暮らしている外国籍住民の数は約293万人だった。この数は前年の2018年12月末と比べて20万人多く，過去5年間の推移をみても，毎年，過去最高の記録を更新し続けた。次に非正規滞在者数をみていくと2019年12月末で約8万人となっている。つまり2019年末で，日本で暮らす外国籍住民の数は非正規滞在者も加えて300万人を超えることになる。

　これを日本の総人口約1億2000万人に占める割合でみると，日本に暮らす外国籍住民は人口の2.4％となる。これを他の国の状況と比べてみよう。例えばフランスでは2018年の「移民」の割合が9.7％，ドイツでは2010年で19％，イギリスでは2015年で13.3％となっている。韓国をみても，2018年で4.6％で，およそ日本の2倍となっている。

　これらの数値をみると，ヨーロッパ諸国や韓国と比べて日本はまだ外国籍住民が少ないように思える。しかし，少子高齢化による労働力不足を補うものとして海外から労働者を積極的に受け入れる政策がとられており，今後，今まで以上に外国籍住民の数が増えていくことが予想される。またすでに現状でも，日本国内に外国籍の住民は暮らしているのであり，外国にルーツをもつ住民とどのようにともに暮らしていくのかは，すでに課題となっている。

　次に外国籍住民の出身国別推移についてまとめた図11-1をみていこう。ブラジル出身者は，日系人に「定住者」という滞在資格を与え，就労も可能とした1990年の入管法改正から急激に増加した。しかし彼らの定住は，雇用・居住環境といった点から，日本語や日本人コミュニティと触れ合う機会が少ないままで進んだ。このことから梶田らはブラジル出身者の状況を「顔の見えない定住化」として論じた（梶田他 2005）。その後ブラジル出身者はリーマンショックや東日本大震災の影響を大きく受け，多くの人たちが解雇

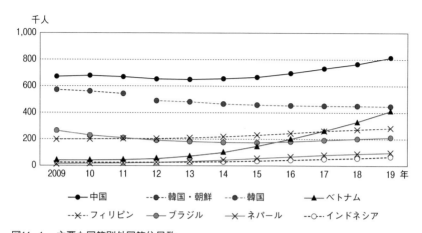

千人

図11-1　主要な国籍別外国籍住民数
出所：法務省「国籍・地域別在留外国人数の推移」に基づき筆者作成。

された。そのため2009年に約26万人いたブラジル出身者は，2014年には17万人まで減った。しかし，2016年以降は増え，2019年では20万人を超えている。ほかに，中国からの移住者は震災後の2012年にいったん減少したが，2014年には増加傾向になり，2019年には80万人を超えた。

　リーマンショックや震災の影響もなく増え続けたのがフィリピン出身者だ。2009年に19万人だったのが，2019年には28万人に増加している。そして2010年以降，フィリピン以上に急激な勢いで増えているのがベトナム出身者である。2009年に４万人だったのが，2019年には40万人つまり10倍に増えている。同様にインドネシア出身者も2009年に２万4000人だったのが，2019年には６万人に増加している。この増加分を詳しくみていくと，ベトナムおよびインドネシアから技能実習生として日本に働きにきた人たちが，前年比で30％以上増えている。さらに急激に増えているのがネパールからの移住者である。2009年に１万4000人だったのが2019年には９万人になり，ほぼ９倍になっている。留学ビザで来日し日本語学校に通っている人たちが多く，次いで技能の在留資格をもちインド料理店などで調理師として働いている人たちが増えている。

(2) 多文化共生の始まりと取り組み

　外国籍住民とともに暮らすことは日本の地域社会にとっても必要なことになっている。日本の地域社会の多くでは少子高齢化が進み，町内会を維持することが困難になっているところもある。例えば愛知県内にある公営住宅の団地の町内会の場合では，エレベーターがないため，行政からの案内の配布が高齢者には困難であり，さらに夏祭りなどのイベントを運営することができなくなっている。そのような地域では，町内会の役人に外国籍住民がなっているところもあり，それは外国籍住民の社会参加を促すとともに，地域組織を維持するために必要になっている。

　多様な出身国から来ている人たちとともに暮らす生活のあり方として政府が出した指針に「多文化共生推進プラン」がある。多文化共生という言葉を最初に用いたのは，1980年代の川崎市内で在日コリアンを支援していたグループだといわれている。そして，この言葉が日本中で知られるようになったのは，1995年に起きた阪神・淡路大震災以降だった。

　2006年に総務省は，日本に住む外国籍住民を日本社会に統合するための指針として「多文化共生推進プラン」を策定した。そのなかで，多文化共生を「国籍や民族などの異なる人々が，互いの文化的違いを認め合い，対等な関係を築こうとしながら地域社会の構成員として共に生きていくこと」と定義している。

　この定義には3つのポイントがある。1つめは「互いの文化的違いを認め合い」の部分である。これは日本のなかに多様な文化をもった人がおり，自分たちと異なる文化を認めるという意味と捉えることができる。

　2つめは「対等な関係を築こうとしながら」の部分である。外国籍住民は文化的な違いなどによって差別されることなく，日本人住民と同じような権利を認められなければならない。つまり外国籍住民が他の住民と同じ機会や権利，そして義務をもてるようにし，さらに外国籍住民に他の住民と同じ条件で労働，住宅，福祉，教育を提供することが求められている。ただし，「築こうとしながら」という表現からもわかるように，このような外国籍住

民と日本人住民との間の平等は，まだ達成されておらず，それは将来的に達成しなければならない目標という意味と考えることができる。

　３つめは「地域社会の構成員として共に生きていく」という点である。これは外国籍住民と日本人住民とがお互いに受け入れあい，連帯して暮らしていくということを意味している。さらに外国籍住民も政治に積極的に参加する機会が与えられ，自分たちの伝統的な文化に関わる活動を行い，広く知ってもらう機会が拡大されることも必要になる。

　上記の町内会の例でもわかるように，地域社会を維持するためには，もはや外国籍住民を「お客様扱い」をする余裕がない地域がある。そこで多文化共生推進プランが示すように，外国籍住民を日本人住民と同じ地域社会の住民として受け入れ，同じ地域社会の構成員として行動してもらうことが求められている。

3　外国人問題が生じる背景

(1)　ゴミ出しの問題から

　日本において外国籍住民集住地域で問題とされることが多いのが「騒音」「におい」「ゴミ」問題の３つである。騒音問題の例では，金曜日の夜にパーティが行われ，それが夜中まで続くために周りの住民からクレームが出ることがある。これは，出身国で習慣的に行われていた週末のパーティを日本でそのまま開いてしまったために起きた問題である。においに関しては，においの強い食べ物を周りの住民が嫌い，クレームを申し立てることがある。

　外国籍住民，特にブラジル出身者が集住している愛知県内の団地では，日本人住民と外国籍住民との間で様々なコンフリクトが生じた。その一つがゴミ出しの問題である。日本では，多くの自治体でゴミを可燃ゴミと不燃ゴミもしくは資源ゴミに分けて出すことになっている。しかし外国籍住民が曜日に関係なくゴミを出してしまうことで「外国人はルールが守れない」と日本人住民から問題視されるようになった。

　なぜ，このようなゴミ出しの問題が起きるのかを考えてみよう。まず一つ

に，外国籍住民の出身国では日本のようなゴミの仕分けをやっていない場合があるからである。つまりゴミの仕分けが習慣化していないため，なぜ仕分けをするのかが理解できないという場合がある。日本人にとっての当たり前が外国籍住民にとっても当たり前とは限らないという例だ。

　日本のなかでも，ゴミの仕分けは，どれを燃えるゴミとし，どれを不燃ゴミにするのか，あるいは資源ゴミにするのか，自治体によってその基準が異なっている。それゆえ，日本国内であっても引っ越しをした場合は，新しい地域のルールを理解しなければいけない。日本人でも慣れるまでは面倒であり，なぜこれが不燃ゴミなのか，なぜこれを燃えるゴミにするのか，理解できない場合もある。ゴミ分別がそれほど定着していない，または日本とは異なるルールで行っている国の出身者にとっては，なおさらだ。

　さらにゴミの仕分けをめぐり，外国籍住民にとってまた別の問題がある。愛知県内のある団地では，外国籍住民が住み始めたときに渡されるゴミ出しについてのチラシは，1990年代では，日本語で書かれたものだけだった。日本人住民ならそれで充分かもしれない。それに対し日本語が堪能ではない，もしくは日本語の読み書きができないブラジル出身者にとってみれば，日本語で書かれたチラシを渡されても何の意味もなかった。

　ゴミ出しの問題に直面していた自治会は，当時団地を運営していたUR都市機構とも相談し，ゴミ出しのルールを日本語とポルトガル語の2言語で表記し，掲示した（写真11-1）。これでやっとブラジル出身者もゴミ出しのルールを理解しやすくなった。また，ゴミ出しの曜日にだけ柵を開くことのできるゴミステーションが設置された。さらに，自治会の役員を中心に，ゴミ出しの朝には日本人

写真11-1　愛知県名古屋市の九番団地に掲示された2言語による生活のルール。ゴミ捨てや騒音に関する注意が日本語とポルトガル語で書かれている（2020年，筆者撮影）

住民がゴミ捨て場に集まり，ゴミが正しく捨てられているかどうかチェックし，違っているときは正しいやり方を教えた。この指導を行っていた元役員の人たちは大変だったと語っていたが，このように外国籍住民にもわかるように情報を提供し，また使わないときは鍵を閉めてゴミを入れられないようにすることによって団地のゴミ問題はいったん収まった。

　しかし，しばらくするとまた燃えるゴミでない日に燃えるゴミを出したり，資源ゴミでない日に資源ゴミを出したりする人が出てきた。自治会の人たちはおそらく外国籍住民がやっているのだろうと思い，「犯人」探しのためにゴミ捨て場で「見張って」いた。その結果，「犯人」は見つかったが，外国籍住民ではなく日本人住民だったということがわかった。

(2) 「私たち」が陥りやすい「特権」意識

　このゴミ出しの問題からみえてくるのは，1点目として日本人側が自分たちのゴミ出しのルールを自明のものとみなしている点である。行政や都市再生機構，さらに自治会においても，ゴミ分別を徹底し，屋外で収集するという自分たちのやり方以外のものがあるとは想像できず，いわば自分たちのやり方を「当たり前」とみなし，押し付けていた。さらに日本語で伝えれば十分という情報提供に関しての日本人住民の外国籍住民への配慮のなさが垣間見える。そして，このように日本人住民にとっての当たり前を外国籍住民に押し付けてしまうという問題は，ゴミ出しだけでなく災害の際などにも当てはまるだろう。

　このような自分たちのやり方を当たり前とみなしてしまう考え方を，第1章でも取り上げたように，文化人類学では「自文化中心主義」と呼んでいる。この考え方が強い社会では，自分たちのやり方とは異なるあり方に配慮をすることなく，自分たちのやり方を押し付けるために，異文化をもつ人にとっては非常に生活しにくい環境になることがある。

　そして2点目としてみえてくるのが，日本人住民などマジョリティ側がもつ外国籍住民に対する偏見が，いったん問題が解決したとしてもマジョリティ側に残り続けるということである。「見張った」結果，ゴミ出しのルー

ル違反の犯人が日本人だとわかったという例を思い出してほしい。こうした偏見は，本章の冒頭に挙げたヨーロッパ社会におけるイスラームへの恐怖感と同じように，世界の多くの地域で外国籍住民や自分たちとは異なる者に対する排除意識として見出すことができる。またこのような恐怖感や排除意識が，自分たちは優位だという自文化中心主義を強めることになる。

　つまり多文化共生を実現するためには，マジョリティ側にある者は，自分たちのルールを「当たり前」と捉えて，他者に対してそれに従わせる「特権」を有していると思い込んでいないかと疑う必要がある。このような「特権」意識は，他者を排除することが自分たちの権利であり，正当な行為であると考える，先に紹介したようなヘイトスピーチを引き起こす原因でもある。

4　私たちと他者との境界のゆらぎ

(1)　「八尾国際野遊祭」の場合

　大阪府八尾市では「八尾国際野遊祭(やゆうさい)」という祭りが行われている。「トッカビ子供会」という在日コリアンの，特に子どもたちの教育支援を行う団体が中心になって開催してきた。この祭りのきっかけは，1983年から始まった「生野民族文化祭」にある。この祭りは，差別的な状況におかれている在日コリアンの人たちが自分たちの文化を発信するとともに，次の世代に自分たちの文化を伝えることを目的として，踊りや劇の上演を行っていた。祭りの運営に日本人住民が関わることはあっても，基本的に在日コリアンによって行われていた。この生野の祭りに参加し，これを地元でも開催しようとする在日コリアンは多く，朝鮮文化を楽しむ祭りが関西圏を中心に各地で開催されるようになっていく。八尾国際野遊祭もその一つである。

　しかし八尾国際野遊祭が，生野民族文化祭から派生した他の祭りと異なるのは，朝鮮半島の文化だけでなく多文化的側面をもっているところである。野遊祭の始まりは1993年に開催された「八尾市民族交流まつり」で，この祭りでは八尾市に住むコリアン同士のつながりを形成し，楽しむことが目的とされた。そこで朝鮮文化を全面に出したポスターやステージ演目の内容に

なっていたが，参加した屋台のなかには日本人の店もあった。

　これは，八尾市に住む在日コリアンの数がそれほど多くなく，自分たちのみで祭りを開催するのは難しかったために，近隣に住む日本人に声をかけたからである。部落問題や障がい者問題に取り組む日本人住民のグループが協力した。また，難民として入国し市内に集住していたベトナム人のグループも協力した。

　2回目からは名称を「八尾国際野遊祭」とし，開催趣旨では，コリアンだけでなく八尾市内に住む中国，ベトナム，フィリピン，インド出身者，そして日本人住民が集まってつながり，楽しむことを謳っている。ベトナム人の屋台も出店し春巻きを売るようになった。その後，屋台は多文化化し，様々な国籍の人による店が出されるようになっていく。ステージの演目でも同様に，4回目からはベトナム人グループが歌や踊りを披露し，その後さらに多様な国の歌や踊りが披露されるようになった。2019年には16の舞台発表，26店の出店があった。

　そのステージで披露される各国の伝統的な踊りや歌の担い手は，その国出身者とは限らない。フィリピンの踊りを披露するチームは，フィリピン出身者と日本人住民の混成チームである。また，朝鮮半島の太鼓と踊りを演じる地元グループ「チームポンゴンズ」は，かつて小学校の授業の一環として，在日コリアンの男性が朝鮮半島の太鼓や踊りを指導したことに端を発する。やがて興味をもった学生が集まりチームポンゴンズは始まった。このように当初から在日コリアンの若者だけでなく，日本人の若者たちも参加して，朝鮮文化が共有されている。八尾国際野遊祭は，多様な文化的ルーツをもつ人同士が互いの文化を学んで実践する機会でもある。学び合いにより自他の境界は曖昧になる。文化の実践の相互乗り入れをし，その成果を披露する機会なのである。

(2)　「ほみにおいでん」の場合

　次に取り上げるのは愛知県豊田市の保見団地の例である（渋谷 2020）。保見団地では例年6月になると「ほみにおいでん」という祭りが行われる。こ

れは豊田市全域で行われる「おいでんまつり」の地域参加版の「マイタウンおいでん」の一つとして2011年から開催されている。この祭りでは，「おいでんまつり」で共通に踊られる「おいでん踊り」を踊りの連（グループ）ごとに踊り，その審査が行われる。

　そのほかに「ほみにおいでん」の特徴といえるのは，内容が多文化にわたっている点である。ステージでの演目には，おいでん踊りと地元有志による太鼓の演奏のほかに，エイサーや，60年代のアメリカ音楽の演奏，さらにサンバの音楽と踊りをみることができる。屋台で売られている食べ物をみても，焼き鳥やお好み焼きといった日本の祭りでよくみられるものや，五平餅といった東海地域の伝統的なものに加え，シュハスコという焼肉やコロッケ風の揚げ物のパステルなどのブラジル料理が売られている。

　住民にとっての「ほみにおいでん」は，異文化に触れる機会であるとともに，それが地域の伝統として認識・実感されていく機会でもある。保見団地に住む日本人住民にとって，シュハスコやパステルなどのブラジル料理を食べることは，それほど特別なことではない。特に保見団地で育った者にとっては，夏祭りなどでも食べることができ，祭りの屋台の「定番」になっている。現在20代前半の男性は，

　　焼肉（シュハスコ）はお祭りのたびに食べている。（夏祭りなどで）祭りの手
　　伝いをしているとおごってくれたりする。パステルも食べることはあるけれ
　　ど，焼肉の方が好きだな。もちろんブラジルの料理だということは知ってい
　　るけれど，それ以上に祭りで売っているのが当たり前でしょ。

と言う。このように，彼にとって夏祭りや「ほみにおいでん」で売られるブラジル料理は，外国の料理というよりは地元の祭りの定番食になっている。

　60代の日本人女性に「ほみにおいでん」について聞いてみると，

　　「ほみにおいでん」はおいでん踊りもあって豊田のお祭りだと思うけど，エイ
　　サーが踊ってベイリーズ（アメリカの60年代の音楽を主に演奏するバンド）

があるでしょ。それに最後はサンバじゃない。なんでもあるでしょ。いろいろな音楽を聴いたり踊ったりすることができて，このごちゃっとした感じが保見っぽいよね。

と語ってくれた。「ほみにおいでん」は，豊田市による豊田おいでん祭りの地域版である。しかし保見では，団地住民の構成から，食や衣装，音楽に多文化的要素が混淆しており，その混淆した状態が保見の住民のなかで伝統化して「保見らしい」祭りとみなされている。自他の境界が曖昧になり，新たな地域の伝統文化が生まれている例である。

(3) 多文化共生と文化

多文化共生における「文化」の捉え方に関して，文化人類学者の竹沢泰子は，本質主義的だとして 2 点に基づき批判している。1 点目は多文化共生に関する議論で用いられる「文化」が国民のみと結び付けられて硬直的に考えられがちであるという指摘である（竹沢 2011：5）。

国民，すなわち国籍をもっていることを基準にして文化によって集団を区分することは，日本人住民と外国籍住民との違いを明確にする。それは外国籍住民への日本語教育や行政上の支援にとって重要な措置といえる。しかしこのように 2 つに明確に分けることで，一方にとっての他方をそれぞれに対して他者化し，そのイメージを固定化する結果にもなる。自他を明確に分ける本質主義的な文化観をもつことが，ヘイトスピーチのような排除意識を生じさせる前提となることは，容易に想像がつくだろう。

もう 1 点として，竹沢は外国籍住民を国別で取り扱うことから，文化を担う社会のなかにみられる地域，性別，世代などに基づく違いに注意を向ける必要があるという。さらにそのサブカテゴリーでもそれぞれが変化していくものであるが，そのようなサブカテゴリーの存在やその変化する性格を認識していないため，文化を「純粋」な固定したものと捉えてしまうと指摘している（竹沢 2011：5）。外国籍住民を国籍別に捉えることによって，同国出身者内部での多様性を見失わせてしまう。例えば，ブラジル出身者というと

日本からの移住者の子孫である「日系」ブラジル出身者を思い浮かべるが，現在ではヨーロッパ系やアフリカ系のブラジル出身者も来ている。またブラジル出身者のなかでも学歴や出身地の違いによってポルトガル語の方言や自分の子どもに希望する教育のあり方にも違いがみられる。フィリピンの例をみても，島によって言語が異なる多言語社会であるが，現在の多文化共生では出身国の文化的多様性について配慮されることはなく，その結果，様々なサービスを受けるにあたって集団間に格差が生じている。

　一方，流動的で混淆的な文化観を提唱している研究者もいる。例えば文化人類学者の戴エイカは在米の日系人の子どもたちの文化的な営みを研究したうえで，文化の境界が固定化されたものではなく，流動的であると指摘している（戴 1999）。またこの節で紹介した八尾市の国際交流野遊祭や保見団地の「ほみにおいでん」の例のように，地域レベルで異文化同士が境界を越えて融合し，新たな文化の創造が営まれるようになっている。このような例は日本各地にあるだろうし，そのような地域レベルでの共生の実践にもっと注目する必要がある。

⑷　自文化批判としての文化相対主義

　以上から明らかになってきたことをまとめよう。現在，日本には，様々な国から来た人々が暮らしている。彼らの生活をよくみると，自分の出身国の文化に固執しているわけではないし，かといって単純に日本社会に同化しているわけでもないことがわかる。

　今後，多様な国籍の人を迎えることになる日本社会で「多文化共生」を実現するために求められているのは，マイノリティ文化の積極的な受け入れと，民族間の政治・経済的な格差解消である。それと同時に，移民たちにホスト社会への文化的適応を求めるだけではなく，マジョリティ側である日本人が自分たちの生活や文化を見つめ直すことが必要だ。自分たちが当たり前だと思っていることが，異なる文化的背景をもつ人にとっては「異常な」やり方であるかもしれず，さらに自分たちのやり方を他者に押し付けることができる「特権」をもっていると勘違いしていることに気づく必要がある。

しかしゴミ出しの例からもわかるように，自分たちの「当たり前」を問い直すことは難しく，そのためには同じ文化を共有している「私たち」だけで暮らすのではなく，異なる文化をもつ「他者」との出会いが必要である。そのような出会いがあったからこそ，本章で取り上げた団地の人たちは，外国籍住民がルールを共有できるよう工夫を行った。このように自文化中心主義を意識するためには他者との接触が必要となるが，それは一時的な触れ合いだけではなく，ある程度長期にわたる協働作業であることが望ましい。八尾市や豊田市でのフェスティバルも一時的なものだったら，異文化を表面的に体験するだけで終わってしまうが，これらのフェスティバルは20年以上続けられたことにより，それぞれの地域で伝統となり，多様な国・地域に由来する食や音楽，踊りを自分たちのものと感じる人たちが出てきている。そこでは「自分たち」と「あの人たち」という国籍に基づいて観念されるような境界が揺らぎ始めており，地域への帰属意識に基づく「私たち」意識が，新たに醸成される可能性を示している。

　このような地域意識を醸成するために必要なのは，自分たちとマイノリティとの関係を改めて認識することである。自分たちマジョリティはマイノリティに対して「特権」をもっていると錯覚しがちであることを意識したうえで，マジョリティである「我々」内部も決して同質的なものではなく，出身地，性別，世代，階層など多様な属性をもつ人々からなっていることを認識し，マジョリティとマイノリティとの関係を相対化する必要がある。外国籍住民とともに暮らす際に私たちに求められているのは，自分たちとは誰なのか，そしてそのような自分たちは他者に対してどのような位置にあるのかを問い続けることであり，そのきっかけとなる協働の機会に積極的に関わることである。

参考文献

ウエルベック，M　2015『服従』大塚桃訳，河出書房新社。

梶田孝道・丹野清人・樋口直人　2005『顔の見えない定住化』名古屋大学出版会。

渋谷努　2020「多文化共生のまちづくりとイベント・祭りのミクロコスモス」丹辺宣彦他編『変貌する豊田』東信堂，220-242頁。

戴エイカ　1999『多文化主義とディアスポラ』明石書店。

竹沢泰子　2011「移民研究から多文化共生を考える」日本移民学会編『移民研究と多
　　文化共生』御茶の水書房，1-17頁。

（ウェブサイト）

アムネスティ日本「難民の今シリア」https://www.amnesty.or.jp/landing/refugee/
　　syria.html（2021年3月26日閲覧）。

法務省「国籍・地域別在留外国人数の推移」http://www.moj.go.jp/isa/policies/
　　statistics/toukei_ichiran_touroku.html（2021年3月26日閲覧）。

●課題●

1　あなたが住んでいる都道府県や市町村などの自治体では，どの国の出身の人が多いか調べてみよう。
2　あなたが住んでいる自治体での，多文化共生に関わる政策には何があるか調べてみよう。
3　あなたは外国籍住民が多く住む地域に住んでいるとする。ゴミ捨て以外で，自分たちの当たり前が押し付けになるかもしれないものはないだろうか？　思いつくものを挙げてみて，周りの人とそれが押し付けになるかどうか議論し，押し付けとなるのを避けるためにはどうすればいいのか話し合ってみよう。

●読書案内●

『ふるさとって呼んでもいいですか』ナディ，大月書店，2019年
　　　この本を書いたナディさんはイラン生まれで，6歳のときに家族とともに日本に来た。日本語もわからない状態から学校経験，結婚に至るまでの日本での生活や日本育ちの外国籍住民の困難が描かれている。また，筆者の視点を通して日本文化をみることもできる。

『データでよみとく　外国人"依存"ニッポン』NHK取材班，光文社新書，2019年
　　　1990年以降日本への外国人労働者の数は日系人を中心に増え，2019年には新たな滞在資格が設けられ様々な国からの住民が増えている。そのなかで，この本は外国籍住民への日本人住民の「依存」をキーワードにして，日本社会の現状を描き，さらにこれから起こりうる問題も指摘している。

『レイシズム』ルース・ベネディクト，阿部大樹訳，講談社学術文庫，2020年
　　　人種差別に関するこの本は，ルース・ベネディクトが1940年代に出版した本だ。1部では人種の非科学性を論じ，2部では広く差別問題を扱い，差別から脱する解決策として民主主義に基づく公平性の重要性を述べている。

在日外国人の多様性

渋谷　努

　日本に住んでいる外国人といえば，みなさんはどのようなイメージを浮かべるだろうか。留学生や工場労働者，または IT 関連でバリバリ働くエリート。中国やブラジルといった国の出身者。つまり，日本に住む外国人といえば，特定の国から来た若い世代というイメージがある。

　このイメージは現実を反映しているだろうか。2019年末で愛知県名古屋市の例でみてみよう。名古屋市の人口は約230万人，そのうち外国籍住民は約 8 万8000人で，市内人口に占める割合は3.78％だった。名古屋市には，もともと在日コリアンの人々が多く住んでいたが，1990年からリーマンショックの前まで，ブラジル出身者が大幅に増加した。その後中国出身者が増え，さらにベトナムやネパールからもたくさん来ている。しかしそれだけではなく，名古屋市に住む住民登録者を国別に数えると150ヶ国になる。そのうち1000人以上が住んでいるのは11ヶ国のみで，それに対して10人に満たない国は71ヶ国と半数に近い数であり，多様な国の出身者がいることがわかる。

　それでは，彼らの年齢層はどうなっているだろう。同時期での名古屋市内に住む外国籍住民の年齢層をみてみると，20代が最も多く，外国人人口の30％にあたる。それとともに70代以上の人が 5 ％，高齢者予備軍の60代も 5 ％となっており，数年後には高齢化がいっそう進むことが想定できる。それに対して，10歳未満の子どもの数は約6000人で 7 ％となっており，外国籍住民の間でも少子高齢化が進んでいることがわかる。

　また，外国籍住民の間でも身体的および精神的障害を抱えている人がいる。愛知県には約500人の外国人外国籍の聴覚障害者が暮らしていると推計されている。発達障害をもった外国籍児童に関しては，具体的な数値はまだわかってはいないが，すでに小学校や養護学校に通っていることが確認されている。もちろんセクシャルマイノリティの人も暮らしている。このように，外国人外国籍の住民には私たちが抱きがちなイメージよりも多様な属性をもつ人々がいる。

第12章

自然とつきあう

自然災害をめぐる科学知と生活知

藤川美代子

宮城県気仙沼市に打ち上げられた船。東北地方太平洋沖地震による津波の大きさを物語る。これらの大きな被害をもたらす自然現象と、私たちはいかにつきあってきただろうか（2011年，筆者撮影）

1 自然とは何か

(1) 人間も自然の一部？

　「人間も自然の一部」「自然と人間の共生」といった言葉は1980年代ごろから注目され始め，今やどこでも聞かれるようになった。これは，あまりに人間中心的になりすぎた自然との関わり方に対する反省を込めた主張であり，樹木・動物・山河などに霊が存在すると考える日本人の伝統的な自然観とも親和的な思想であるといわれる。だが，私たちは日常のなかで，どれほど自

然を身近に感じているだろうか。また，私たちはどのように自然と向き合っているだろうか。

　多くの人が自然の存在を強く意識するのは，甚大な自然災害が発生したり，環境破壊や資源の枯渇などが取りざたされたりするときだろう。自然との関係が問題化されるとき，私たちはしばしば，科学的な見地から自身の行動や自然そのものを制御し，リスクを最小限に抑えようと試みる。しかし，一方で，私たちの暮らしには，自然とは好悪含むあらゆる種の不確実性を抱える存在であるという，諦念や達観にも似た感覚やそれに基づく知識があるのも事実である。この章では，主に自然災害との向き合い方を取り上げることで，日本各地には，自然を人間の制御下におくことができるとみなす人間中心主義的見方と並行して，自然の不確実性とともに生きるための知恵が息づいてきたことを考えてみよう。

(2)　「自然」の辞書的意味——人間の存せぬ自然？

　「自然」とは何だろうか。試しに広辞苑を引いてみよう。そこには，「①（ジネンとも）おのずからそうなっているさま。天然のままで人為の加わらないさま。あるがままのさま。②人工・人為によりなったものとしての文化に対し，人力によって変更・形成・規整されることなく神の，おのずからなる生成・展開によって成りいでた状態。③山川・草木・海など，人類がそこで生まれ，生活してきた場。特に，人が自分たちの生活の便宜からの改造の手を加えていない物。また，人類の力を超えた力を示す森羅万象。④人の力では予測できないこと」といった言葉が並んでいる。どうやら，自然とは，人のあずかり知らぬところで存するものとして想定されているらしい。そのことをより強く示すのは，「自然界」を説明する「①天地万物の存在する範囲。②人間界に対して，それ以外の世界」という項目のうち，後者だろう。人は自然の内には存しない……。この人間と自然の距離感は，自然とは人智の及ばぬものだという畏怖を示すのだろうか。それとも，人は自然から離れて独自の文化世界を作り上げているという驕りを示すのだろうか。自然や自然界をめぐる定義は，私たちに様々な問いを投げかける。

⑶ 自然と文化——荒れ果てる自然？

　もう少し踏み込んで，人間と自然の関係性について考えてみよう。住民が他所へ集団退避した集落に，山からイノシシ・シカ・サル・クマといった野生動物が下りてきて，農作物や草木を食い尽くすという例を耳にすることがあるだろう。「荒れる自然」として語られる現象だが，実は，野生動物たちは，集落から突如として人が消えたから，田畑や人家に闖入するのではない。野生動物は臆病で警戒心が強く，危険のないことが確認できぬかぎり，集落には下りないからだ。

　それではいったい，野生動物はいつから，なぜ人の生活空間に近づくようになったのだろう。そこには人と野生動物の攻防の歴史がある。人が狩猟採集をやめ農業を始めるまで，野生動物は平野部にも生息していたはずだが，日本では近世に灌漑技術が発展し，丘陵地や谷まで開墾されると，野生動物は山間部に追いやられ，「山＝野生動物／平野＝人の集落」という棲み分けができた。山と集落の境界領域に当たる里山は，人が食料・燃料・肥料・建築材などをとるための生活空間だった。野生動物の一部は里山に棲息したが，捕獲対象でもあったので人を恐れて接近することはなかった。だが，明治時代になると人と動物の棲み分けに変化が起こる。国内外で毛皮の需要が増大し，猟銃の使用が解禁となったため，人々はより深い奥山へと分け入って野生動物を狩るようになったからだ（田口 2004）。また，相次ぐ戦争で奥山の木が燃料や建築材として大規模に伐採され，第二次世界大戦終結時には野生動物の生息域は最小になった（室山 2017：12）。

　次いで訪れた転換期は，1950年代のエネルギー革命だ。燃料ばかりか，日用品・肥料から食品に至るまで石油由来の製品があふれ，人が里山を利用する機会が極端に減ったのだ。また，多くの農村の集落では過疎化・高齢化が進み，耕作放棄地が増加した。さらに，戦後復興に必要な木材を確保するために，建築材に向かない広葉樹を伐採し，成長が早く建築材に適した針葉樹種を植林する拡大造林政策が国主導で進められ，全国の奥山の環境はがらりと入れ替わった。しかし，せっかく植えたスギ・ヒノキなどの成長を待つ間

に安価な建築材が海外から輸入され，折からの人手不足もあいまって，手入れの生き届かぬ植林地だけが増えていった。特に，未管理の針葉樹植林地では太陽の光が地表まで達しないので，ほかの植物の成長が妨げられ，野生動物にとっても食べ物が少ない無用の森だけが広がることになった（室山2017）。こうして，1980年代には，エサを求める野生動物が人の暮らす集落の近くの里山に来て，定着する現象が全国で出現していたのだ。

　こうみると，野生動物は好んで集落に進出し，獣害をもたらすわけではないことがよくわかる。それは，人が多方面で自分たちの欲求に応じて変更を加え，失敗した結果にほかならないからだ。この例は，私たちの見慣れた自然，例えば「緑あふれる自然」「自然とつながる憩いの森」「自然豊かな山村」などとして想起されるものが，人の手で周到に管理された「人工の自然（二次的自然）」であることを逆説的に教えてくれる。つまり，「荒れた自然」とは，自然が荒れたのではなく，人間による管理の裂け目から，「真の自然」が顔を出しただけのものともいえる。

　ここで改めて，「自然」という日本語を振り返ってみよう。そこには，先の広辞苑の説明とは別の，2つの位相があるのではないだろうか。一つは，明確な操作・制御の意図の有無にかかわらず，人の働きかけが及ぶなかで成立するもの，もう一つは人智を超越したところに存するもの（＝広辞苑が扱う自然）である。よくよく考えると，人類が歴史上，親しんできた農耕や牧畜といった生業様式は，真の自然を人智で改変し，その不確実性を予見・制御したいという欲望に基づくものである。また，「文化」を表す英語のcultureは，「耕す」という意味のラテン語colere／culturaに由来する単語である。そう思うと，人はずいぶん昔から，自らが編み出した道具や技術（＝文化の領域）によって自然を飼い馴らしてきたといえる。つまり，ある位相において，人は自然界から離れて独自の文化世界を作り上げているという驕りとともに，自然を飼い馴らす対象としてまなざしているのだ。

(4) 進歩の所産としての人新世

　一方，近年では，文明の担い手としての人間も，結局のところ自然の一部

なのだということに気づかされることも多い。その好例が，地球の新たな地質年代を示唆する「人新世（アンソロポシーン）」の概念が登場したことだ。2000年に開かれた国際会議の場において，ノーベル賞受賞者で大気化学者のパウル・J・クルッツェン（Paul Jozef Crutzen, 1933-2021）は，「私たちはすでに人新世のなかにいる！」と叫んだという。人新世とは，産業革命以後のわずか250年ほどの間に，人間が地球環境に及ぼしてきた汚染物質の拡散，気候変動，生物多様性の低下といった変化が，地層にまでその痕跡を残しており，それがもはや，「完新世」（約1万年前の最終氷期の終わりから今日までを指す地質年代）とは別ものになりつつあることを示す。この新たな地層には，プラスチック・殺虫剤・合成ホルモン剤・放射性同位体など，人間が生み出した数多くの新物質が含まれており，おそらく永続的に残存して生態系を破壊し続けることになるだろう。人間が生きるために地球に与える影響力は，地球の「プラネタリー・バウンダリー（惑星としての限界値）」をはるかに上回り，人類という種は自らを着実に絶滅へ追い込んでいるとの問題提起は，自身が加害者であるという意味で「人間も自然の一部」なのだという真実を私たちに突きつけるものだ。

　特に厄介なのは，人新世は，人間が資本主義や科学主義の拠りどころとする「進歩」という至高の価値観を追求した結果として，登場したという点である。つまり，自然は人間が無知だったから破壊されたのではない。人間が生産の効率化，利益の追求，リスクの排除などを目指して，理性的に文明化の手段を先鋭化させるたびに，自然はより大規模に破壊されるようになったのだ（ボヌイユ／フレソズ 2018）。さらにいえば，「人間が自然を破壊している」と考えることもまた，驕りなのかもしれない。人間の所業によって，地球はたしかに人類という生物種の生存には適さない環境へと変化するかもしれないが，人類が消滅すれば別の種がそれに取って代わるというだけのことともいえるからだ。

2 自然災害と災因の追究

(1) 災害大国ニッポン——自然現象と「災害」という認識

　ところで，「日本は災害大国だ」といわれることがある。世界規模で個々の現象の発生率や被害の規模を示す詳細な統計データが存在するわけではないので，厳密な意味で他国と比較することは不可能である。しかし，内閣府も「我が国は，その位置，地形，地質，気象などの自然的条件から（中略）災害が発生しやすい国土」（内閣府 2008）などと指摘して警戒を緩めぬよう促しているくらいだから，日本は各種の自然災害が発生しやすく，それぞれが甚大化しやすい地域の一つであるというのは自他ともに認めるところといってよいだろう。

　ひと口に自然災害といっても，私たちに被害をもたらすことになる自然現象は，大きく2つに分類できる。第一は，襲来時期や規模がある程度予測でき，直前に準備や避難が可能な台風・高潮・集中豪雨・豪雪などである。これらはほぼ毎年，同地域に高確率で起こりうるという意味で常襲的な自然現象といえる。第二は，具体的な発生時期や規模が現時点では予測困難な，地震・津波・火山噴火などである。こちらも長いスパンでみれば，ある地域にある程度の確率で起こるという意味では常襲的なのだが，数年単位で考えると，前者に比べ突発的に発生する自然現象といえる。

　ところで，今挙げた数々の自然現象は，たとえ発生時の規模が大きくても，必ず災害を引き起こすとは限らない。なぜなら，ある自然現象が発生したとき，人間の暮らす社会が対応できずに人命，家屋などの財産，社会資本に何らかの被害や損失が及ぶ場合にだけ，自然災害と捉えられるからだ（環境省 2016：7など）。つまり，人里離れた山の頂で雪崩が起きたとしても，人間に「災い」や「害悪」がもたらされて社会生活に支障が生じないかぎり，それが自然災害として認識されることはない。自然災害という言葉一つをとってみても，私たちが自然をいかに人間中心的に捉えているかがわかる。

⑵ 「人災」という解釈

特に甚大な自然災害が発生するとき，私たちがまざまざと見せつけられるのは，自らが生きるのはまさに自然という環境の内であり，それは時に荒れ狂い，命をも奪いかねない，人智や科学知ではほぼ制御不可能なむき出しの自然なのだということだ。しかし，同時に私たちは，こうした「自然現象＝自然の力」によって引き起こされるはずの災害の多くを，様々な意味で「天災ではなく，人災なのではないか……」と考えるようになっている。

例えば，2014年夏の広島土砂災害は，速やかな対応が困難な夜中に，数百年に1回よりはるかに低い確率でしか生じるはずのない集中豪雨が，密集した人家の背後の山で降り続けたという，複数の要因によって発生し，多くの人命を奪うことになった。一見すると，これらが重なったことは偶然の結果であり，避けようとして避けられる類のものではなかったように思えるだろう。しかし，後の調査では，土砂災害には次のような背景のあることが明らかになった。

まず，経済発展や人口増加を受けて1960年代に始まった市内のニュータウン化は，太田川の氾濫を避けるために相対的に安全とされた山側に向かって進められ，土石流や地滑りの危険性が認識されつつも山裾の斜面に人家が多く建てられていた。また，1999年に県内で起きた土砂災害の反省から設けられた「土砂災害特別警戒区域」も，調査の難航により，本来なら家屋の建築や居住が制限されるはずの地域が指定されなかったほか，多くの地域で土石流を防止・制御する砂防ダム・治山ダム・保安林が未整備のままになっていた。さらに当日，強雨の合間に小康状態が訪れたことで，住民への避難勧告に遅れが生じ，結果的に土砂災害の後で勧告が発出された（広島市安佐南区自主防災会連合会 2015）。

調査は，都市計画・防災計画という「人間による選択（の失敗）」が50年以上積み重ねられた結果，集中豪雨＝「自然現象」が土石流・がけ崩れ＝「自然災害」を引き起こし，それが多数の人命・住まい・生活の手段を奪う「人的被害」につながるという連鎖を生じさせたことを浮き彫りにした。こ

の例に限らず，自然災害が発生すると，私たちは，「あのとき，手を打っていれば」という後悔の念とともに，過去の時点のどこかに，「危険を予見し，回避する責任を果たさなかった」という行政や個人の過失があったものと考え，詳しい原因を探ろうとする。この種の調査は災害の教訓を活かすために必要な手続きであり，そこで用いられるのは極めて専門的で先進的な科学知である。科学知に基づき災害の原因を究明することは，私たちが災害に直面した際に取る対応の一つのあり方である。

3　人智による防災

(1)　防災の歴史

　いつ，どこで，どのような規模で発生するかを人智で正確に測ることは不可能という意味で，自然現象とは本来的に「想定外」のものである。しかし，自然への人間中心的な見方を取り続けながら，人は多種の自然現象を「必ず，いつか，ここで，最大級のものが発生する」と読み替えることで，自然現象の結果としての災害を「想定内」のものとして引き受け，それに万全に備えなければならないという責任を負うようになった。この予見と備えを支えるのは，過去の反省の積み重ねにより日々更新されるシステムと科学技術・科学知にほかならない。

　例えば，1995年1月17日に発生した阪神・淡路大震災は，私たちにとっても身近なシステムに大きな変化をもたらした。震度階級（通称「震度」）の情報もその一つである。それまで，各地の観測員が体感と建物の被害状況などを観測した結果から震度を算出していたが，より迅速かつ客観的に，微細な地域差を反映した震度を算出するために，体感による測定が全廃され，震度計による測定に一本化され，震度がより細分化され10段階で表示されることになった。震度を含む地震情報の観測・分析・伝達技術は進化し続け，今では私たちは地震発生の直後にテレビやスマートフォンで，震源地・震源の深さ・地震の規模・津波の発生可能性および到達時間といった詳細な情報を手に入れ，次の行動の指針とすることができるようになった。また，この地震

では死者の約8割が建物の倒壊により圧死したことから，国は直後に「耐震改修促進法」を制定し，住宅・商業ビル・宿泊施設・病院などの耐震補強工事を促してきた。さらに，地震後の生活再建対策の一つとして地震保険が知られるが，阪神・淡路大震災では都市部の住宅密集地で火災が拡大し，その衝撃も大きかったことから，全国で加入率が増加し，保険制度そのものが充実するきっかけともなった。

　一方，2011年3月11日に起きた東北地方太平洋沖地震の津波の教訓は，住民の行動と自然環境の双方に変更・改変を迫ることになった。前者の代表例は，浸水が想定される海に近接した低地で住宅の建築を制限し，人々の居住空間を高台へと移す高台移転である。また，後者には，海と住宅地の間に防潮堤・防災林・防災緑地・農地・盛土道路・産業用地・盛土鉄道などを帯状に建設する試みが挙げられる。従前の防潮堤が津波に耐えられなかったのなら，それを凌ぐ高さ・強度の防潮堤を広範囲に張り巡らし，さらに別の構造物で人々の生活空間を海から隔てれば被害は抑えられるとする予防策だ。

　また，自然災害を含む各種の危険の経験は，教育現場でも蓄積され，活かされている。小中学校では，地元の災害の歴史と記憶を継承するための独自の単元が用意され，いざというときの避難経路について家庭で話し合うよう指導することも多いだろう。特に2009年に改正された「学校保健安全法」では，事故・加害行為・災害・不審者の侵入などによって児童や生徒に生じうる危険を未然に防ぐとともに，実際に危険・危害が生じた場合でも適切に対処できるよう，校長の責任のもとに校内の施設を整備しておくことや，それぞれの学校の実情に合わせた危機管理マニュアルを策定して日ごろから児童・生徒を安全な環境に誘導するための訓練を重ねておくことを義務付けている。

　これらはほんの一例に過ぎないが，私たちは「防災」という考え方のもとに，自然現象を自然災害にしないで済むような，「災害に強い」社会を作り上げようと試みてきた。近年の自然災害による死者・被災者の80％以上は開発途上国で発生しているとのデータからもわかるように（林 2016：17），自然災害の被害の規模は，原因となる自然現象の規模，例えば地震のマグニ

チュードや津波の高さ，台風の気圧の低さなどだけで決まるのではなく，それと対峙する社会の側の技術や仕組みに左右される部分が大きいからだ。このように，「想定外」の現象によって脆弱性が確認されれば，より強固で高度な技術を開発して災害を未然に防ぐための策を講じ，次々と「想定内」の領域を広げていくというのが，科学知に基づく防災の考え方だといえる。

(2) 科学知とリスク管理社会

　人間は，科学知・科学技術を進化させながら，自然の変化を感知し，人々の行動を規制・強化したり，自然を改変したりすることで，自然現象による被害を最小限にとどめる努力を重ねてきた。ここには，「人智は自然を制御しなければならない」という人間中心的自然観に基づく責任感が見出せる。他方，科学技術が進化し，管理・制御が強固かつ厳密になればなるほど，人と自然とが分断され，人は自然の摂理に対する生活感覚や実感を伴った理解から遠ざかっていき，今度は想像を超えるようなまったく新しいかたちの「想定外」が現れることもある。

　一例を挙げよう。原子力発電所は，種々の課題の克服を企図して1960年代より日本に導入された施設である。謳い文句は，①安定的に大量の電力が供給可能（＝国家の経済発展への寄与），②発電量当たりの燃料単価が安く，経済性が高い（＝コスパが高い），③地球温暖化の原因となる二酸化炭素の排出量が少ない（＝環境への配慮），④酸性雨や光化学スモッグなど大気汚染の原因となる酸化物を排出しない（＝環境への配慮），⑤発電所を設けた地域では雇用・税収の増加が見込める（＝地域の過疎・貧困対策への寄与）などで，どれも基礎にあるのは私たちにとって馴染みのある論理である。しかし，東北地方太平洋沖地震の津波の影響で引き起こされた福島第一原子力発電所事故は，これまで私たちが信奉してきた「安全神話」を揺るがし，ひとたび「想定外」の事態が起こると，その危険性は他の発電方法と比較にならないレベルに達することを浮き彫りにした。

　このような状況を近代の特徴と捉えたドイツの社会学者ウルリヒ・ベックは，これを「リスク社会」と命名した。リスク社会とは，人間は科学知を基

礎とした確率や統計といった数値化の手法を駆使して，環境に潜む好悪を合わせた不確実性を掌握でき，科学知を用いながら環境を管理・制御することによって，将来人間に迫るだろう不利益や損害の規模をできるだけ小さく抑えるよう行動しなければいけないという考えに基礎付けられた社会である。しかし，現代社会は高度に発達した科学技術によって予期せぬ危険に満ちあふれ，また社会は複雑に機能分化して流動的であるため，一様に想像される「みなの危険」を回避してみなに安心や安定を与えてくれる制度や万能な人物の存在を期待することはできない。こうして，多方面に散りばめられた種々のリスクを回避するという難題は個々人に任せられ，私たちは自らが過去に行ったこと／現在行っていることの結果として未来に起こりうるリスクを想定しながら，自らの行動や選択を決定する責任を負わされているのだ（ベック 1998）。

　ベックはリスクを，事故や危険を表すデンジャーと明確に区別するが，それは彼が，リスクとは人による意思決定の帰結として想像されることを強調するからだ。こう考えると，広島土砂災害が人災とみなされたことや，2020年の年始ごろから世界をパンデミックに陥れてきた新型コロナウイルスをめぐって「成功は一人一人の行動にかかっている」の言葉とともに次々と打ち出される感染拡大防止策などは，日本もまた，リスク回避の責任を個々人に押しつけるリスク社会のただなかにあることを示している。

4　生活知と災害

(1)　生活感覚・生活知により災害と向き合う

　先に見た通り，現代日本もまた人間中心主義的自然観に基づくリスク管理型の社会であり，私たちはそのなかで科学知や科学技術から大きな恩恵を受けていることもたしかだ。一方で日本には，自然を制御の対象と考えるのでもなく，また絶対的他者とみなして距離をとるのでもなく，自らを自然の内にあるとしてその摂理を上の世代から継いだ知識・経験で読み，自然に寄り添い生きるという構えが息づいてきたことも忘れてはならないだろう。この

ように，科学的思考法に裏付けられた知識・技術とは異なり，家庭や地域社会のなかで生活の知恵・地域の文化として受け継がれる知識・技術を，「生活知」あるいは「在来知」と呼ぶ。

　例えば，2014年の広島土砂災害で被害を受けた安佐南区八木地区の一部は，一説には江戸時代まで「蛇落地悪谷（じゃらく じ あくだに）」（＝蛇がのたうつような土石流が起こる場所）と呼ばれていたという（中日新聞 2017年11月23日付中濃版朝刊）。また，日本各地に海底から津波で浮き上がり流された「津波石」が残されており，人々は「これより下に家を建てるべからず」とのメッセージを読み取ってきた。これらの地名や遺物は先人の苦い経験を生々しい記憶とともに後世に伝える装置として機能してきた。

　また，「被害を最小限におさえる」ことに対する姿勢にも，様々なものがありうる。奄美大島は台風の常襲地として知られるが，昔から人々は屋根には茅を用い，柱を桁と梁に貫通させて造った平屋建ての小さな家屋を浜で採ってきた大きなサンゴや石のうえに載せ，それを横につないで面積を広げる分棟式の「ガヤブキヤ（茅葺屋）」に住まってきた。大風が吹くと茅が吹き飛び，柱・桁・梁などはその構造を保ったまま礎石から横滑りする。壊れやすいが，「ユイワク」と呼ばれる集落内の共同作業によって再建や補修が簡単にできるという点に特徴がある。奄美大島の各地では，建築材が茅と木からトタンと木に代わっても，家屋を礎石のうえに載せて，外からはわからないが内部構造としては分棟式をとるという形式が保たれていることも多い。これは，同じく台風の通り道である沖縄では，がっしりとした鉄筋コンクリート造の家屋が目立つのとは対照的である。奄美大島の例には，「威力の強い自然現象には，より堅牢な構造物で対抗する」という防災技術でよくみられる考えとは異なる，「物質的には脆弱だが，ふだんから社会関係資本（＝信頼や協力関係によって成り立つ人間関係）を強固にしておくことで，災害に備える」という知恵が込められているといえるだろう。

　さらに，宮城県女川町出島のある漁師は，東北地方太平洋沖地震の2日前に地震が発生したとき，家族で「船は浜に上げてつながれているし，もし津波が来たら船を捨て裏山へ逃げよう」と話していた。しかし，実際に大地震

が起こると「言葉と体は違っていた」。家は高台にあり津波の被害に遭わなかったが，彼とその息子は2艘の船を助けに一目散に浜へ下り，船に乗ったところで津波が来た。父の船は波に流されるうちに松に引っかかったので，枝に自分の体を縛り一命をとりとめた。息子の船は，津波に向かって全速力で直進し，津波を越えることで船とともに助かった。「家より船を救え」「津波が来たら船を海に出せ」とは漁師に伝わる在来知だが，これは単に経済的な理由によるものではない。漁師にとって船は生業・生活の場であり，自分の「身と一体となっているような感覚」があるからだ（川島 2012：90-91）。「津波から命を守るためには高所へ逃げよ」という防災上の鉄則は頭にあっても，いざとなれば生活知とも生活感覚とも呼べるものが身体を突き動かすこともあるのだ。

　ただし，現実の災害の現場では，生活知がうまく機能しないこともある。三陸地方には「津波起きたら命てんでんこ（各自てんでんばらばらに高台へ逃げろ）」という言葉がある。そこには，自分の親兄弟が怪我をして倒れていても助けず，一人でもよいから助かって「一家の血筋を絶やさないでくれ」との意味が込められる（桜井 2019：17）。東北地方太平洋沖地震では，津波てんでんこを実践して市内の小中学生の99.8%が津波の難を逃れた「釜石の奇跡」がよく知られるが，一方で，なかなか避難を決断できなかった高齢者たちのもとをまわり，避難するよう説得していた消防団員の青壮年たちが逃げ遅れて命を落とした地域もあった（櫻井 2019：23）。

　津波てんでんこの考えには，イエを存続させるために入り婿をとったり，分家するはずの一族に本家を継がせたり，紹介でまったく血縁のない人に家産を相続させたりして，イエの廃絶を防ぎ仏壇を守ってもらうという古くからのイエ観念も深く関係している（山口 2011）。こうした生活知が，実際の避難の場面においては「災害の現場では平等な人命救助を図るべし」とする人道主義の立場と衝突しうることがわかるだろう。

⑵　「どうして」という問いかけ——アザンデの妖術

　人は自然災害に限らず，災いや不運に見舞われたとき，その原因を追究

し，可能なかぎりそれを取り除いて解決に当たろうと試みるものだ。長島信弘は，多くの文化には，「どうして，災いや不幸が起こったのか」を解釈・説明し，それに対処するための行動を指示する論理の体系が備わっているとして，このような文化装置を「災因論」と名付けた（長島 1987）。

例えば，アフリカの南スーダン・中央アフリカ・コンゴ共和国の国境地帯に位置するアザンデ人社会では，「マング」と呼ばれる妖術の存在が，様々な不運を引き起こす原因として語られる。大切な作物の落花生が枯れたこと，狩りに出かけたのに獲物がなかったこと，倒壊した穀物貯蔵小屋の下敷きになった人が怪我をしたこと，ブッシュの小道で切り株を踏み足の指に傷を負ったこと，妻が不機嫌で夫に不従順なこと，王子の態度が冷たく家来によそよそしいこと……実に多岐にわたるこれらの出来事は，妖術師が妖術をかけたせいで起きるというのだ。どれも，その因果関係の説明としては荒唐無稽なものにみえるかもしれない。エドワード・E・エヴァンズ＝プリチャード（Edward Evan Evans-Pritchard, 1902–1973）はこれについて，はじめは「アザンデ人の妖術信仰は，現象や出来事の自然の因果関係を完全に無視した，神秘的な因果関係の信仰なのではないか？」（エヴァンズ＝プリチャード 2001：78）と考えた。

しかし，彼はやがて，現象の存在や原因を説明するアザンデ人の語りには，2種類のものがあることに気づく。アザンデ人たちは，落花生は腰枯れ病にかかって枯れることや，通り道にあった切り株を不注意にも踏んだから傷を負い，傷口を清潔にしなかったから化膿したことを理解しているし，それらを妖術のせいにすることはない。こちらは，私たちにも簡単に理解できる因果関係の説明といえる。一方，彼らが妖術と結び付けて語るのは，「ある個人を，特異なあり方で傷つけることになった自然の出来事に関係づける，特定の状況」についてである（エヴァンズ＝プリチャード 2001：80）。つまり，なぜ数ある畑のなかでも自分の畑の落花生が腰枯れ病で枯れてしまったのか，いつものように注意深く歩いていたのに，なぜその日に限って切り株を踏みつけたのかといったことを説明するときに初めて，彼らは妖術に言及するのだ。

支柱がシロアリに喰われて腐ったというのは，穀物貯蔵小屋が倒れたことの原因だ。また，日中の炎暑を避けるために小屋の下に座り，おしゃべりや手仕事をするのが快適だというのは，穀物貯蔵小屋が倒れたときに人々がそこにいたことの原因だ。私たちの考えでは，これら別々の2つの出来事が時間と空間を同じくして発生したことを，「偶然の一致」「運」としか説明できない。なぜなら，これら二連の因果関係の間には相互の依存関係がないからだ。だが，アザンデ人は妖術の作用をもちこむことで，2つの間の「失われた環」を埋めることができる。その小屋が倒れたときに，その人々が小屋の下にいたのは，妖術のせいである。もし妖術の作用がなかったなら，その人々がそこにいたときに小屋は倒れなかったか，小屋が倒れたとしてもその人々はそこにいなかったはずだというわけだ。このように考えるアザンデ人は，いつ妖術による攻撃を受けてもそれに対抗できるように，自らも妖術師との接触を保ち，それが誰からかけられた妖術なのかを特定し，かけられた妖術の方向を変えたり，妖術から身を護って撃退したりすることで自らの運命を制御しようと試みる（エヴァンズ＝プリチャード 2001）。

　アザンデ人の災因論の例は，私たちがしばしば拠りどころとする科学的な説明体系では，ある出来事がどのように・いかにして発生したのか（How）という意味の「どうして？」には答えられても，その出来事が，そのときに，その場所で，ほかでもない自分の身に起こったのはなぜか（Why）という意味の「どうして？」には答えられないことを，逆説的に教えてくれる。

⑶ 「寄りもの」＝「天からの恵み」という解釈

　日本には，一見すると「災害」，つまり災い・害悪でしかないような現象を，超自然的な存在からのいただきものと捉えるような観念が存在する。岩手県宮古市磯鶏の黄金浜に立てられた「龍神碑」は1895年の高潮で打ち上げられた石を漁師たちが祀ったものだが，これは「蛭子石」とも呼ばれており，豊漁をもたらす石であるとみなされている。沖縄県多良間島には畑に1771年の大津波で上がった大きな津波石が置かれているのだが，耕作の邪魔になるはずの津波石を畑の所有者が取り除けないでいるのは，それが神から

の贈り物として捉えられているからだという（川島 2012：100–102）。これら
には，時に人に甚大な災いをもたらす津波や高潮ですら，一種の「寄りも
の」，すなわち浜辺に漂着する海や海の神からの恵みであると捉える感覚が
反映されている。

　寄りものの観念は，公害に対しても向けられることがある。熊本県の水俣
湾では1932年から1966年まで，化学工業メーカーのチッソからほぼ無処理の
まま有機水銀が流され続けた結果，多くの人が「水俣病」を発症した。水俣
病は，発覚から原因究明，責任所在の判定までの紆余曲折，補償金をめぐる
住民の分断，風評被害といった経緯を考えれば人災の典型例とみえる。だ
が，家族が水俣病を発症し，半農半漁の生活もままならなくなり，患者の存
在を隠そうとした集落の人々から村八分にされるという経験をするなかで，
ある漁師の夫妻は「天の恵み」を示す「のさり」という昔からの言葉に救い
を見出していた。今日のさっても（大漁でも）明日はわからぬ，自分がの
さっても隣人はのさらん（不漁）という海の怖さについて身をもって理解し
てきた夫妻は，家族と自身を蝕んだ水俣病すらも天から授かったのさりとし
て受け容れ，日々の「痛苦を前向きに捉まえ，憎しみも悲しみも心の底に収
めてきた」という（藤崎 2013：7）。これらの例は，自然の力や人間の行い
が好悪の双方を含みもつ不確実性に満ちていることを受け容れて生きるしか
ないという諦念と，幸運・悪運をこちらに投げかけてくる超自然的存在に対
する畏怖とをよく表している。

　人にとって脅威であるはずの自然現象や公害を「寄りもの」や「恵み」へ
と転換するこれらの見方は，理不尽にも自分の身に降りかかった災いや不幸
を独自の方法で受け容れ，折り合いをつけようとするという意味で，アザン
デ人の災因論と相通じる部分をもつといえるだろう。

⑷　生活知や災因論による科学知の問い直し

　この章では，人間は「自然の有する不確実性を操作・制御・克服すること
で，安全で豊かな暮らしを手に入れることができる」とする使命感ととも
に，科学知や科学技術を進歩させ，自然と対峙してきたことを概観した。現

代社会では，このような科学主義的な知識や技術のあり方があまりにも前景
化しており，私たちもそこから多くの恩恵を受けているので，しばしばこれ
だけが自然を理解するうえで正しく確かなものだと考えがちである。しか
し，科学は必ずしも万能ではない。それは，一つには，科学技術の発展に
よって実現したインフラや施設の存在が，想像を絶するような「想定外」の
災いを引き起こすことがあるからである。そしてもう一つは，自然や自然の
うえに成り立つ人間社会で起こる様々な現象や出来事は不確実性にあふれて
おり，科学知や科学技術で制御しきれるものではないからだ。人智が誇る科
学をもってしても自然の不確実性を制御・凌駕できないことを，私たちは悲
観すべきだろうか。

　日本に限らず，世界のほとんどの社会には，今みたような人間中心主義的
な自然観と並行して，自然現象やその結果として引き起こされる災害を制
御・克服しようと試みるのではなく，自らを自然の内にあると考えてその摂
理に寄り添うための生活知・在来知や，自分の身に降りかかる理不尽なこと
を独自の方法で解釈する災因論が伝承されてきた。それらは，体系化され理
路整然とした科学知とは異なり，捉えどころのないものかもしれない。しか
し，人間の自然に対する認識は文化によって多様であり，それぞれに豊かな
内容をもつことを知る鍵となるだろう。そして，そこから自然との新たな付
き合い方のヒントも得られるのではないだろうか。

参考文献

エヴァンズ＝プリチャード，E・E　2001『アザンデ人の世界——妖術・託宣・呪
　　術』向井元子訳，みすず書房。

川島秀一　2012『津波のまちに生きて』冨山房インターナショナル。

桜井慶哉　2019「語り部タクシーとして語り継ぐ」南山大学人類学研究所編『東日本
　　大震災を語り継ぐ——宮城県被災地から』じんるいけんブックレット2019年5
　　巻，7-18頁。

櫻井広行　2019「震災から学んだこと，命を守るということ」南山大学人類学研究所
　　編，前掲書，19-37頁。

田口洋美　2004「マタギ——日本列島における農業の拡大と狩猟の歩み」『地学雑
　　誌』113（2）：191-202。

長島信弘　1987『死と病いの民族誌——ケニア・テソ族の災因論』岩波書店。

林勲男　2016「災害にかかわる在来の知と文化」橋本裕之・林勲男編『災害文化の継承と創造』臨川書店，14-28頁。

広島市安佐南区自主防災会連合会　2015『平成26年8.20広島市豪雨土砂災害の記録』広島市安佐南区自主防災会連合会記録誌編集委員会。

藤崎竜士　2013『のさり——水俣漁師，杉本家の記憶より』新日本出版社。

ベック，U　1998『危険社会——新しい近代への道』東廉・伊藤美登里訳，法政大学出版局。

ボヌイユ，C／J＝B・フレソズ　2018『人新世とは何か——〈地球と人類の時代〉の思想史』野坂しおり訳，青土社。

室山泰之　2017『サルはなぜ山を下りる？——野生動物との共生』京都大学学術出版会。

山口弥一郎　2011『津浪と村』復刻版，石井正己・川島秀一編，三弥井書店。

（ウェブサイト）

環境省　2016『自然と人がよりそって災害に対応するという考え方』https://www.env.go.jp/nature/biodic/eco-drr/pamph02.pdf（2021年5月6日閲覧）。

内閣府　2008「平成20年版防災白書」http://www.bousai.go.jp/kaigirep/hakusho/h20/index.htm（2021年5月6日閲覧）。

●課題●

1 「自然」という言葉を聞いて思い浮かべる風景・情景を，絵・写真あるいは文章で表現してみよう。ほかの人のものと比較し，それぞれの特徴について話し合ってみよう。

2 あなたの住んでいる地域や出身地の市町村には，自然の不確実性をコントロールするための施設・設備・制度として，どのようなものがあるだろうか。調べてみよう。

3 あなたの住んでいる地域や出身地の市町村では，自然の不確実性と付き合うためのどのような生活知・在来知が受け継がれているだろうか。調べてみよう。

●読書案内●

『津浪と村』復刻版，山口弥一郎，石井正己・川島秀一編，三弥井書店，2011年
1943年発刊の著作の復刻。山口は，「津波被害を受け，高台移転した集落はなぜ元の場所に戻るのか」と問い，その理由を実直に考察する。災害をめぐる記憶や生活知が，被害の生々しい経験を伝える語り手の死によって途絶えるとの気付きは，今もなお重要である。

『災害文化の継承と創造』橋本裕之・林勲男編，臨川書店，2016年
人類学や民俗学は，災害下の地域社会をいかに理解できるのか。在来知は災害でいかなる影響を受けるのか，災害復興において在来知はいかなる役割を果たすのか，災害や復興の過程で新たな在来知はいかに形成されるのかを考える論集。

『マツタケ──不確定な時代を生きる術』アナ・チン，赤嶺淳訳，みすず書房，2019年
人間がかく乱して荒れ果てたアメリカの山に生えるマツタケは，住まいや職を失ったヒッピーや難民が狩り，やがて高級食材として日本人の口に運ばれる。資本主義により蝕まれた土地で生きる術を，資本主義の周縁に生きる人々とマツタケから見通す，新鮮な視点に満ちた一冊。

【コラム⑫】

闘牛・闘犬・闘鶏

尾崎孝宏

　日本では，動物（牛，犬，鶏，山羊など）や昆虫（蜘蛛など）同士を戦わせる行為が娯楽，あるいは民俗行事として行われている。こうした行為はアジア各地で広くみられるが，現在では動物福祉や賭博禁止の観点から開催を規制されることもある。

　ギアーツは，『文化の解釈　2』で，バリ島の闘鶏をめぐり「ディープ・プレイ」論を展開した。バリ島の闘鶏では賭博が行われるが，高額が賭けられる「深い試合」においては，物質的利益よりも尊敬や名誉など，バリ人が重要視する「地位」が賭けられているという。ただし実際には誰の地位も変化しないという意味で，闘鶏は，地位に対する関心の演劇化なのだと彼は解釈する。闘鶏はあくまでも真剣なゲーム，つまり「火傷をしない火遊び」なのである。日本の闘牛をみるかぎり，「尊敬，名誉など」が闘牛の場で完結し，日常へ持ち込まれないという解釈には疑問が残る一方，ディープ・プレイ論の大枠は適用可能である。地域差はあるが，彼らは経済的利益のためでも，また単なる娯楽のためだけでもなく，威信のためにこそ闘牛に参加すると解釈しうる。

　だが，仮に「日本の闘牛・闘犬・闘鶏はギアーツ的意味でディープ・プレイだ」と論じるだけでは，個々の行為の解釈として不十分だろう。闘犬・闘鶏に関しては土佐犬や軍鶏といった専用品種が開発されているが，闘牛は畜産の流通ルートから調達される和牛やF1（ホルスタインとの一代雑種）を使う。その背景には，牛の物理的大きさや成長に必要な時間の長さなどの経済的制約があることは想像に難くない。ゆえに，これらをいかに解釈するかは地域や生物種，あるいは研究者ごとに多様たりうる。

　文化人類学では往々にして「総合性」が強調される。しかし総合性の構成要素は研究対象，あるいは研究者ごとに異なる。読者のみなさんも，既存の人類学の言及範囲のみにとらわれることなく，自分なりの総合性を模索していただきたい。

第13章
食から学ぶ
食べることはきっと最も身近なフィールドだ

川口幸大

「餃子定食」。中国では主食である餃子が，焼き餃子として白いごはんのおかずになり，前菜やスープとともに「定食」というミニ・コース料理のかたちで提供される。日本独特の食のかたちである（2018年，筆者撮影）

1　食からみる日本社会

(1)　食べるという文化

　あなたの好きな食べ物は何だろうか。今日，起きてから今まで，何を，誰と，どのように食べただろうか。人は，いや，あらゆる生物は，食べなければ生きていけない。しかし，生きていけるなら何を食べてもよいかというと，とりわけ人はそうではない。仮に栄養価を完璧に満たす献立があったとしても，毎日三食それが続けば嫌気がさすだろうし，一粒のカプセルのよう

235

なもので食事のすべてがこと足りるとしたらどうであろうか。あるいは特に身体に有害なわけでもないのに食べてはいけないものを決めたり（食のタブー），あえて食べ物を摂取しなかったり（断食やダイエット），あるいは極端に多くの量を食べてみたり（フードファイト），またはときに過剰なほど食べずにはいられなかったり，逆に食べられなかったりするのは人だけである。つまり食とは，生命体としてのヒトの欲求と，それだけではすまさない／すませられない人間の営みの深遠な領域，つまり文化とが最も生々しく交わり，あるいは衝突する主題なのである。

　これまで学んできた日本をめぐる文化人類学の様々な主題のうち，あなたにはどれが印象に残っているだろう。生／死，性，信じること，動くこと，人のつながりなどの各テーマは互いに個別のようでいて，実はそれぞれが密接に関連していることが読み取れたであろうか。ここで扱う食もまた，いや食こそまさに，あらゆる主題と密接につながる文化人類学の研究領域である。本書の「トリ」としてのこの章では，日本の食の視点から文化人類学に迫りながら，研究主題としての食の展開を示してみたい。ようこそ，日本の食から学ぶ文化人類学へ。

⑵　好きな料理は何ですか

　「どんなものを食べているか言ってみたまえ。君がどんな人間であるかを言いあててみせよう」とは，洋菓子にもその名が冠された，フランスの法律家にして美食家のブリア＝サヴァランの言葉である。食には，それを食べる者の人となりから好みや主義主張，経済状態や金銭感覚に至るまでが投影される。みなさんも，あるいはみなさんの周りの人も，そもそも食べものや味にあまりこだわりのない人や，とにかくおいしければよいという人もいれば，カロリーや糖質，生産地や添加物の有無にまでこだわる人，ベジタリアンや宗教的な戒律を意識する人まで様々であろう。それらはごく個人的な好き嫌いもあれば，育った家庭での影響や暮らしてきた環境など，多種多様な要素の関数から成り立っている。つまり，食はそれを食べる一個人にとどまらず，社会の特質をも鮮明に映し出すのである。

博報堂の調査によると，日本における好きな料理ランキング（2020年）の1位はすしで，2位は焼肉，3位はラーメン，以下は4位：鶏のから揚げ，5位：カレーライス，6位：刺身，7位：餃子，8位：ステーキ，9位：うどん・そば，10位：パスタと続く（博報堂 2020）。同様の調査は各国でも行われていて，例えば「フランス人の好きな100皿」調査によると，1位は鴨胸肉のソテーであり，以下，2位：ムール貝とポテト，3位：クスクス，4位：仔牛の煮込み，5位：リブステーキ，6位：仔羊の腿，7位：ステーキとポテト，8位：牛肉のブルゴーニュ風，9位：ラクレット，10位：トマト肉詰めであった（Art de Vivre 2016）。このなかでクスクスはフランスがかつて植民地としていた北アフリカのマグリブ地方の料理だが，それ以外はいわゆるフランス料理の定番か，もしくはムール貝はベルギー，ラクレットはスイスというように，フランスと国境を接した地域にルーツがあるとされる料理である。日本や中国など遠い外国のメニューはまったく入っていない。一方これとは対照的に，先に挙げた日本のランキングでは，ごく普通の感覚として日本料理とみなして異論はないであろうと思われるのはすし，刺身，うどん・そばの3つしかないことに気がつくだろう。それ以外の，例えばカレーライス，ステーキ，パスタなどは外来の食というイメージが強いに違いない。では，焼肉やラーメン，鶏のから揚げや餃子はどうだろうか。焼肉は韓国料理？　餃子やラーメンは中華料理？　では，日本で我々が一般的に食べるような餃子やラーメンを中国の人たちも食べているのだろうか。焼肉は韓国が本場なのだろうか。いや，そもそもなぜ日本では海外にルーツをもつとおぼしき食がかくも好まれるのだろうか。

(3) 「日本の食」とは

　こうしたことをあれこれ考えていくと，結局は一つの問いに行き着いてしまう。つまり，何をもって「日本の食」とみなせばよいのだろうか，という問いである。しかし，少し考えてみると，これに答えるのは非常に難しいことに気がつく。そもそも，「日本の食」にせよ「日本料理」にせよ，それらが成り立つためには，まず「日本」が定義され存在している必要がある。で

は，日本とは何か，いつ成立したのか。あるいは仮に国としてのまとまりが
ある時点でできていたとしても，西と東をはじめとする地域差や，海と山な
ど環境や生業形態の違い，社会階層やルーツの差異によって，同じ国のなか
でも食べられていたものには大きな多様性が見出せよう。例えば，好きな料
理ランキング１位に輝く日本料理の代表的存在であるかのようなすしも，今
広く食べられている握りずしは単身の男性が多く暮らした江戸の屋台で
ファーストフードのように売られていたもので，他の地域では巻きずし，ば
らずし／ちらしずし，押しずしなどの方が広く食べられていた。私の祖母
（大正末，大阪生まれ）はよくちらしずしを作って振る舞っていたが，彼女が
生の魚，つまり刺身や江戸前のすしを食べているのを私は見たことがなかっ
た。日本は周囲を海で囲まれているとはいえ，いわゆる「海なし県」がある
ことからもわかる通り，海から遠い地方も多く，全国各地で海産の生魚を今
のように気軽に食べられるようになったのは冷蔵と流通が発達して以降のこ
とである。そもそもすしの原型は保存のために魚と米と塩を乳酸発酵させた
馴れずしであり，今のすしは鮮度を最優先させねばならない生ものの筆頭格
のようになっている点で原初的なすしの意味を完全に変えるという興味深い
変遷を辿りながら，日本で最も好まれる食べものになっているのである。こ
うしてみてくると，第２章「『日本人』を問い直す」でも学んだように，政
体としての国のまとまりと，実態としての人々の暮らし方や生き方の多様性
は，互いに影響を及ぼしあいつつも常にぴったりと合致することはないので
あって，それは食についても見事に当てはまるわけである。

(4) 「日本料理」の誕生

　ともかく，「日本料理」という言葉が初めて活字で登場するのは1880年代
のことで，「西洋料理」「支那料理」との分類のなかで使われ始めたのだった
（東四柳　2019：155）。とりもなおさずそれは，明治維新を経た日本が他国と
様々なかたちで向き合い接触する機会をもつようになった時期である。他者
の存在が知覚されない状況では自分自身の存在も知覚することはないのであ
り，逆に自分について認識し考え始めるのは他者に接してからのことであ

る。これと同じで，人々が「日本料理」というものを意識して前面に打ち出すようになったのも，他国との関係のなかで日本が国民国家としてのあり方を模索する過程で他国の料理とも出会いはじめたときであった。

　ただし，いくら日本料理という外枠が設けられてその中身が規定されようとしても，上でみたように，食の実状は様々であった。それはあたかも，日本各地で習慣や方言が多様であるかのごとくだった。では，様々な方言のなかにも日本語としてそれらを貫く文法があるように，日本の食に共通する文法のようなものはあるのだろうか。

2　日本の食の特徴とは

(1)　米からみる日本

　日本を統治しようとしてきた人たちや，後に日本の食の特徴を指摘しようとした研究者たちが追求してきたもの，それは米である。8世紀に成立したとされる『古事記』『日本書紀』において語られる日本創造の物語は，荒野を天照大神の指示によって豊かに米の実る「瑞穂国」につくりかえ，その直系子孫である天皇が米の収穫儀礼を司る最高位の司祭として国を治めていたという内容である（大貫 1995：95）。今日でも，天皇が行う儀礼のうち最も重要なものは新穀，主に米を神に捧げる大嘗祭と，毎年の収穫を感謝する新嘗祭（勤労感謝の日）であり，米と天皇の象徴的重要性が示されているわけである。政策の面においても，飛鳥時代701年の大宝律令によって定められた班田収授法，それを改正した三世一身法，そして墾田永年私財法という一連の法と施策によって水田開墾と米づくりが広く進められてきた。こうしてみると，古代国家としてのヤマト王権による支配の拡大は，米栽培が定着させられていくプロセスでもあったということになる。そして時代は下り，豊臣秀吉の太閤検地に始まる農地の測量は，江戸時代に至って米の生産量，つまり石高によって土地を評価し税を米で徴収する体制として確立し，また石高の大小が藩の力の指標ともなった。

　こうして，米は名実ともに国の食糧と経済の根幹となっていったのだが，

ただしすべての人が米を好きに食べていた／食べられていたわけではない。米の生産者として農業にたずさわっていた人たちは，米を税として納める必要があったので自分たちの口に入れることは満足にできず，雑穀などを食べることも少なくなかった。また漁業や狩猟をなりわいとする人たちも主食として米を食べる機会は決して多くなかったであろう。1942年の食糧管理法によって米の生産と流通を政府が一律管理し米を配給制にしてからも，戦時下で不足する米が人々に十分行き渡ることはなかった。おおよそすべての人が米をお腹いっぱい食べられるようになったのはようやく1960年代に入ってからのことであり，一人あたりの年間の米の消費量は1962年に118キロのピークを迎えた。ときはあたかも高度経済成長期のまっただなか，東京オリンピックの2年前のことであった。しかし，米の消費量はその後，下降の一途を辿り，今日では一人あたり年間50キロ程度と，ピーク時の半分以下になっている。つまり，日本に暮らす人たちが名実ともに米食を完全に実現させたのは歴史的にみればつい最近のことであり，その後は実態としては米をそれほど食べなくなってしまっているのである。

(2) 米への偏愛，あるいは「信仰」

ただし，消費量を減らし続けているとはいえ，米が多くの日本の食卓において絶対的な主食である点は，少なくとも今日のところまで揺るがないだろう。冒頭で挙げた好きな料理ランキングのうち，はたして米と一緒に食べないものが見当たるだろうか。焼き肉やから揚げはもちろん，中国では主食の餃子でさえ日本ではご飯のおかずだし，ラーメンやうどん・そばの麺類なども，ラーメンライスやラーメンと炒飯セット，そば（うどん）定食などをはじめ，ご飯を伴うことは珍しくない。パスタだけはさすがにご飯と食べないだろう，と思われるかもしれないが，米粉パスタという驚くべき商品が日本にはある。パスタは本来，小麦粉を練った食品という意味であるから，米粉パスタは厳密には語義矛盾であるが，米粉パン，米粉ケーキなど，小麦粉を米におきかえた食品は食物アレルギー対策の点からも大いに注目され開発が進んでいる。食の展開は当然ながら身体とも密接な関係があるのだ。またこ

のほか，モスバーガーやマクドナルドといったハンバーガーチェーンにさえ米で具をはさんだライスバーガーやごはんバーガーがあるし，ケンタッキーフライドチキンはご飯のおかずとしてのフライドチキンを広告した。米が日本の食卓においていかに主要な存在であるかがわかるだろう。

　もちろん朝鮮半島や中国南部，東南アジア一帯をはじめとして，米を主食とする地域は他にも多くあるが，日本における米の位置付けはやはり特殊であると認めないわけにはいかない。それを示す興味深い事例として「お米マイスター」を挙げることができる。お米マイスターとは，日本米穀商連合会が認定する資格で，「お米に関する幅広い知識を持ち，米の特性（品種特性，精米特性），ブレンド特性，炊飯特性を見極めることができ，その米の特長を最大限に活かした『商品づくり』を行い，その米の良さを消費者との対話を通じて伝えることができる者」に与えられ，三つ星と，最高位の五つ星がある（お米マイスターウェブサイト）。このマイスター資格制度に見て取れる日本における米の扱いは，フランスをはじめとする他国のワインを彷彿とさせる。米を主食とする国でも，これほどのこだわりがみられる例はほかにない。

　また日本における米の重要性は，皇室行事にとどまらない象徴的領域にまで及んでいる。第二次大戦中は「まずい」外米ではなく国産の白米を食べられるように難局を耐えて勝つという愛国主義と戦意高揚が謳われたし，1980年代から1990年に米の輸入自由化が検討されていたときには少なからぬ日本の人々はあたかも日本の精神が損なわれるかのような感情的な反応を示していた（大貫 1995：174-175）。1993年の冷害による米の不作のためにタイ米をはじめ外国米を輸入しなければならなくなったときにも同様の反応が起きた。また，私たちの多くは「米を食べないと力が出ない」とか「すぐにお腹が減る」という認識を共有しているだろう。私に娘が生まれる際，陣痛が始まって食欲はないがドーナツなら食べたいと言い張る妻に，助産師さんは「お母さん，ご飯を食べましょう。ご飯を食べると力が出て，元気な赤ちゃんが産めます」と，米の摂取を強く勧めたのだった。ドーナツは小麦粉からできているし，油で揚げたうえに砂糖もたっぷり使われているので糖質や脂

質は摂れそうなものだが，こうなると成分や栄養価の問題ではなく，米のもつシンボリズムや宗教的な力の働きを認めないわけにはいかない。第5章「信じる」で学んだ通り，宗教といえばキリスト教やイスラーム教などがまずイメージされて，日本ではあまり身近ではないと思われるかもしれないが，見方によっては私たちも宗教や信仰に囲まれて暮らしているのだ。

(3) 肉食と油脂の欠如

　米の重要性と並んで，日本の食における文法のようなものとして指摘できるのが，肉食と油脂の欠如である。日本では海外にルーツがあるメニューがなぜこれほど広く定着し好まれるようになったのかを考えるとき，長らく食事に動物の肉と油を欠いていたことが，逆説的ではあるが，その最大の理由として挙げられる。飛鳥時代675年に天武天皇は肉食禁止令を発布した。これは仏教の戒律による施策だとされているが，加えて，肉食の禁止は4月から9月という水田稲作の作業期間に限定され，しかも，食べることを禁じられた動物は主に役畜・家畜・家禽に限られた一方で，それまでも主要な食肉とされてきたシカやイノシシは対象とはされていないことから，むしろ稲作を定着させ米を確保するために打ち出された政策だという理解も有力になっている（原田 2005：40-43）。つまり日本の古代国家は，上述した通りの米中心の国づくりを進めるために，肉を引き替えにしたのである。

　もちろん，こうしたタブーが定められたからといって，まったく肉が食べられなくなったわけではなく，例えば「薬喰い」と称して，イノシシやシカ，あるいは地域によっては牛も食べられていたという。興味深いことに，イノシシは「山くじら」や「ぼたん」，シカは「もみじ」と隠語のように呼ばれていた。とはいえ，総じて広く肉食はなされず，さらにそれ以前には一部にみられた乳製品の利用もほぼ途絶えてしまった。動物の脂肪も乳製品のバターもなくなり，また非常に高価だったゴマは油としては広く用いられなかったために，日本の食事においては肉だけでなく油脂の欠落ももたらされたのだった（石毛 2015：89-90）。1952年の大阪府西能勢村での油の消費量は年間720〜900cc（1日あたり小さじ半ほど）に過ぎなかったが，同じ頃の中国

242

では貧しい農民でも3.6l を消費していたという（奥村 2016：210）。

　こうして，肉と油脂の欠如は日本の食の大きな特徴となり，動物性蛋白質は主として魚から摂取する米・穀物中心の食の体系が確立していった。大正末から昭和初期の生まれであった私の2人の祖母は大阪と奈良という，都市的な生活がそれなりに近くにあった環境で生まれ暮らしたが，2人とも肉類はまず口にしなかったし，調理に油はほとんど使わなかった。明治が始まって半世紀が経ったころに生まれた世代でも，一般の人々にとって肉食と油脂はまだまだ馴染みがなかったのである。逆にいうと，近代日本の食の歩みは肉食と油脂をいかに取り入れるかという試行錯誤とともにあったのだ。

3　日本の食の展開

(1)　肉を食べて欧米に追いつけ

　明治維新後の日本は「脱亜入欧」をかかげ，政治，経済，軍事，教育などほぼあらゆる面での欧米化が目指された。もちろん食も例外ではない。欧米の人々のような屈強な体躯を手に入れようと，肉を食べ牛乳を飲むこと，つまり食生活の欧米化が大いに奨励された。まず率先して西洋式の食事に馴染む模範を示したのは当時の天皇だった。明治が幕を開けてまだ間もない1871年の天長節，すなわち天皇誕生日の宴は西洋式で行われたし，天皇が牛肉とマトンを食べ，牛乳を飲んでいる様子が国民に向けて報じられた（Cwiertka 2006: 11-24）。米の儀礼を司る存在だった天皇が今や食の欧米化をも推し進める象徴となったのは極めて興味深い。

(2)　とんかつの誕生

　こうした上からのプロモーションのみならず，人々もまた貪欲に新たな食のかたちを広め消費した。ここではその代表例として，とんかつを紹介しよう。さて，とんかつの「とん」は「豚」だとして，「かつ」とは何だろう。実は「かつ」とは，羊や牛の肉に衣をつけて油で焼いたカットレット（cutlet）→カツレツの短縮形である。豚のカットレットなので，「とんか

つ」。名前の由来は単純だが，しかし豚などそれまで口にしたことがなかった人々の間に，この西洋由来の料理が定番メニューとして定着するには並々ならぬ改変の苦労があった。すなわち，多めの油で揚げ焼きにするカットレット式から天ぷらに着想した油にくぐらせて揚げるディープフライ式を導入し，醤油の洋風版としてやはりこの時期に急速に広まったウスターソース（とんかつソース）をかけ，薬味として和がらしを添え，ご飯のおかずとして箸で食べられるように一口大にカットして，みそ汁と，そしてサラダ代わりのキャベツのせん切りとともに定食として提供するという，見事なまでに日本ナイズされて定着したのである（岡田 2012）。

(3) 定食と一人食

　しかも，この定食という日本の外食に特有の提供形態は，前菜，サラダ，スープ，メインディッシュ，主食，そしてデザート，さらに店によってはドリンクにまで及ぶ，西洋料理や懐石料理では一品ずつ順に運ばれてくるコース料理が一つの盆のうえで一気に完結してしまうという極めて特殊なサーブのかたちである。こうすれば一人でも気軽に立派な食事を楽しむことができるのだ。例えば欧米や中国を一人で旅していて，たまには麺類など軽食やファーストフードではなく，少し本格的なものを食べたいと思うときほど困ることはない。一人でレストランのコース料理を頼むことは普通ないし，中国での外食の料理は一品が複数人分の量だからである。それでも何とか頑張って一人でコース料理を頼んで食べても，楽しげな周囲の雰囲気のなかでいたたまれない気持ちになってくるし，中国では多くても２品頼むのが限度で，それでも完食できずに大量に残してしまって申し訳ない思いでいっぱいになる。つまり，欧米や中国のある程度のランク以上のレストランにおいては，一人で食べることなど想定されていないのである。対照的に，日本では一人の食事でもまったく困ることはない。和食も，中華も，洋食も，さらにエスニック料理でも，たいていのレストランでは定食あるいはセットメニューが用意され，「お一人さま」でそれを楽しんでいる人も少なくないからだ。

「人間は共食する動物である」とは文化人類学における食文化研究のパイオニアである石毛直道の有名なテーゼである。もちろん日本でも飲食を伴った様々な集いや付き合いがあり，また「同じ釜の飯を食う」という言葉が示すように，食は人と人とを結び付けるメタファーとしても認識されている。しかしその反面，日本においてこれほど一人の食が定着した背景には，第7章「人とつながる」で描かれた日本社会の同調圧力からの逃避という面もあるのだろう。一人で食べるのは食事を軽んじているからではなく，むしろ食事が大切な行為であり大切な時間であるからこそ，「食事くらい他人を気にせず一人でさせてよ」という志向の現れなのかもしれない。だとすれば，食と社会関係について文化人類学の視点から今一度，考え直すべき時期に来ているということであろう。

⑷　餃子は世界をめぐる

　とんかつが日本の食としてすっかり定着したように，ほかにも海外由来の料理が数多く日本でアレンジされて広まり，好きな料理ランキングの大半を占めるに至っているのは冒頭で見た通りである。さらに，今度はそうした料理が日本のものとして海外に出て行き，そこでまたアレンジされて，再び日本に入ってくるという例もみられる。興味深いそのケース・スタディとして，ここでは餃子に注目しよう。

　餃子が，中国から来た食べ物であるのはよく知られているだろうが，では共通中国語では「ジァオズ」と発音されるこの食べ物が，なぜ日本では「ぎょうざ」と呼ばれているのだろうか。実は，「ぎょうざ」という言い方は中国の山東方言や満州語，あるいは朝鮮語から来ているとの諸説がある（草野 2013：177-179）。中国の北方地域には1932年に日本が傀儡国家の「満州国」を建て，戦前には100万人以上の日本人が暮らしていた（なお軍人も含めると，戦前に海外にいた日本人は600万人を超える）。戦後に満州から日本に戻ってきた人たちによって広められたのが餃子だった。第10章「移動する」で学んだように，「私たちもまた移民」だったのであり，食べ物を含め私たちが消費しているものまで含めるなら，私たちの生活はとどまることのない人の

動きによって成り立っているのである。ただし，ジェームズ・ワトソン (2003) がマクドナルドの研究で示したように，食も含め移動する物ごとは元のままではなく，その社会に合うようにローカル化して普及する，いや，うまくローカル化しないと普及しない。餃子も例外ではない。中国の餃子は一般にゆでて食べる主食であるが，日本では皮を薄くしてパリッと焼いた餃子がご飯のおかずとして定着した。戦後，各地にぞくぞくとできたラーメン店や中華料理店では必ずといってよいほど餃子がメニューに用意され，また皮が市販されたことで家庭でも気軽に作られるようになっただけでなく，冷凍餃子の登場によってより手軽に消費される定番メニューの地位を確固たるものとした。その一方で，餃子は宇都宮や浜松をはじめ各地のローカルフードとしての名物化も進み，近年ではご当地餃子を集めた餃子スタジアムがオープンしたり，餃子祭り／フェスティバルが開催されたりしている。つまり，日本において餃子は日常化と同時に祝祭化も進んでいるわけである。

　そしてこの餃子が今度は海外でも消費されるようになっている。パリにオープンした Gyoza Bar は行列ができるほどの人気を博しているという。値段は 8 ピース 8 ユーロ（約1000円）と，日本の感覚からするとかなり高めで，ワインと合わせる一品として売り出されていることが特徴だ。もちろんフランスにも中国系の人たちがやっている中国料理のレストランはたくさんあるが，Gyoza Bar では，gyoza というその名が示すように，中国の餃子とは別のものとして売られているのだ。しかしながら同時に，日本の餃子のように安くてボリュームのあるご飯のおかずとしてではなく，ワインと楽しむ洒落た一皿料理として消費されているのである。こうした Gyoza Bar はシンガポールやバンクーバーなど各地にできており，さらに興味深いことに，ここ数年のうちに日本各地にもぞくぞくとオープンしている。東京の表参道の店はパリの系列店で，店名の GYOZA BAR Comme a Paris（パリの Gyoza Bar）に示されるように，パリから来たことを前面に出している。いずれも，それまでのいわゆる大衆的な雰囲気の中華料理店や餃子店とは異なり，店内は間接照明を用いたスタイリッシュなデザインで，飲み物もビール

246

からワイン，カクテルまで豊富な種類を揃えていることが特徴である。つまり gyoza は，主食である中国の餃子（ジャオズ）でも，ご飯のおかずである日本の餃子（ぎょうざ）でもなく，洒落たお酒とともに楽しむアペリティフとして日本に還流したのである。

　はたして，この gyoza は何料理なのだろうか。もはやそれを特定することは難しいだろう。一方，ルーツらしきものを探求しようという試みは，例えば浜松餃子や宇都宮餃子などについても常になされていて，発祥の物語が語られ消費されるのも興味深い動きである。ただし，私たちは餃子（ぎょうざ）を食べる際に中国北部や満州を連想することは普通ない。食と記憶とは密接に結び付きやすいが，一部の当事者を除き，日本の人々にとって餃子（ぎょうざ）と中国とのつながりは，第8章「記憶を共有する」で学んだような集合的記憶とはなっていないのである。むしろそれは断ち切りたい過去なのであろう。他方で，フランスの人々が，若きころに友人や恋人とワインを傾けながら食べた美しい記憶とともに，どことも知れないアジア由来の料理として gyoza を追憶する日がいつか来るかもしれない。そのルーツを辿ってゆくと，満州や日本の戦争の歴史に行き着いて驚嘆するだろうか。このように，食と記憶とノスタルジーもまた，豊かな研究の可能性を提示してくれるだろう。

4　日本の食は誰のものか

(1)　様々な担い手による多様な日本の食

　これまで見てきた通り，日本ではかくも様々なものが食べられており，そして日本で食べられているものは世界中でも食べられている。今，日本料理店と分類される店は日本国内に5万軒あまりあるが，海外には15.6万軒，アジアだけで10.1万軒を数える。実は国内よりもはるかに多くの日本料理店が国外に存在し，しかもそれぞれ2年前の3割増，5割増であるから，その数はぞくぞくと増加しているのである（農林水産省 2019）。日本料理とされるものは，様々な場所で，様々な人に，様々なかたちで調理され消費されているのだ。こうした状況は，英国を中心に世界各地に日本料理レストランを展

開する Yo! Sushi の創業者サイモン・ウッドロフの次の言葉，すなわち「私は自分たちを日本のレストランだとは考えていない。私たちは『たまたま』日本の料理を提供する西洋のレストランである」（Cwiertka 2006: 196）によく表れている。

　また，国内に目を向けても，日本の食の担い手や消費者はますます多様になっているし，そもそも着眼の仕方によっては，これまでも十分に多様であった。先住民であるアイヌ，中国の影響も受けてきた琉球諸島はもちろんのこと，鎖国下の江戸時代に貿易港がおかれた長崎では中国の料理を取り入れたハイブリッドな卓袱料理が食べられていたし，開国以降は横浜や神戸など貿易港を中心に中国や西洋諸国出身者たちが集住し，また戦前の最も多い時期で200万人近い朝鮮半島出身の人々が暮らしていた。日本の食は，地域や生業やルーツの多様性に加え，こうした様々な地域出身の人々や物事から成り立ってきたのである。また，第11章「ともに暮らす」で紹介されたように，就労・実習や留学や観光など多種多様なかたちでますます多くの人々が日本に居住したり滞在したりしている今日では，この瞬間にも様々な料理や食材が調理され消費されていることだろう。世界のいわゆる主要国のなかではハラール食やベジタリアン食への対応が驚くほど脆弱な日本でも，今後それらが広まれば，宗教如何にかかわらず様々な理由でお酒を飲めない／飲まない人や魚肉を食べられない／食べない人が会食や宴会で肩身の狭い思いをすることも少なくなるのではないだろうか。そうすれば，その場にいる人みなが――もちろんあなたも含めて――より楽しい時間を過ごせるわけであり，他者の食は常に自分ともつながっているのだ。

(2) 「和食」とスシポリス

　こうして実に多様で明確な定義付けなど不可能のように思われる日本の食であるが，むしろ逆に，確固たる存在として打ち立てていこうという動きもある。2013年にユネスコ無形文化遺産に「和食」が登録されたことはその典型的な例である。そこでは「和食」が「日本人の伝統的な食文化」と題され，「『自然の尊重』という日本人の精神を体現した食に関する『社会習慣』」

だと明言されている。さらに，「正月を始めとして，年中行事と密接に関わった食事の時間を共にすることで，家族や地域の絆を強化」することが特徴として挙げられている（農林水産省 2013）。これまで定義付けが難しいことをさんざん示してきた「日本」や「日本人」があたかも自明の存在であるかのように扱われているし，むしろ多様な要素や人々から成り立っていることこそ日本の食の特徴だったはずなのに，さも「日本人」だけが和食の担い手であるかのような書きぶりである。しかも今では失われつつある年中行事や家族・地域とのつながりがあえて強調されていて，特に「絆を強化」というくだりは当時の政権のイデオロギーをうかがわせる。

　また，数年前には海外に正しい日本料理を広めようというキャンペーンが政府主導で行われた。さすがにこれは「スシポリス」として批判され潰えたが，同様の試みは業界団体などで相変わらずなされているし，海外の日本料理レストランに日本の板前が料理を教えるといった類いの番組を見かけることも少なくない。どうも私たちは，日本料理には「正しい」かたちがあり，それは「日本人」でないとわからない／できないと思っているふしがあるようだ。日本のとんかつ屋にフランスからシェフが文句を言いに来ないだろうことや，日本のカレー屋にインドからカレーポリスが指導に来ないだろうことを考えれば，これこそがいかに日本に特殊な状況かがわかるだろう。第9章「文化を売買する」で学んだ通り，本来はルーツや境界が曖昧なものも，その国や地域に特有の「文化」として発見され創造され，そして売買されていく。海外から日本に来る観光客が最も期待していることの1位は「日本食を食べること」であり（観光庁ウェブサイト），食は観光の大きな資源になる。その際に戦略として「日本らしさ」があえて打ち出されるのであろうが，現在までのところそこでは本論でみたように多様な担い手と要素から成り立っている混淆性（ハイブリティティ）よりは，一国史観的な純粋性が強調されているようだ。

⑶　食に帰属先はあるか

　このように，食や料理——文化といいかえてもよいだろう——に対して

は，その所属や権利を明確にしたい，いやされるべきだという場合が少なか
らずある。ハワイのフラやオーストラリア・アボリジニのアートなどの著作
権が認められているように，知的財産や文化資源の盗用あるいは恣意的な改
変が許されないのは世界的な原則になりつつある。こうした先住民やマイノ
リティと背景は異なるが，日本の食品においても，例えば「さぬきうどん」
は，「手打，手打式（風）であること」や，「加水量は小麦粉重量に対し40％
以上」，「熟成時間は2時間以上」といった細かなルールに加え，「香川県内
で製造されたもの」と規定されている（全国公正取引協議会連合会ウェブサイ
ト）。これによって，いくら上記の作り方に忠実でも，香川県以外で製造さ
れたものは「本場」や「特産」の「さぬきうどん」とは名乗れないのである
（それらをつけなければ可能であることも興味深い）。また商標や本家争いなど，
食も権利や帰属の問題と無縁ではない。ある特定の食や文化は誰のものかと
問われれば，誰のものでもないし，誰のものでもあるというのが実情に近い
という状況と，むしろそれらをはっきりと定めていこうという状況もある。
そこにはどのような経緯があり，誰のどんな意思や思惑が働いているのか。
食から学ぶ文化人類学の可能性の一端はここにも開かれている。

(4) ようこそ，日本の食から学ぶ文化人類学へ

　文化人類学の研究主題として食のもつ広がりと可能性が伝わっただろう
か。食は人間にとって必要不可欠であるがゆえに，あるいは不可欠であるに
もかかわらず，食べること／食べないことも含めて，極めて多岐にわたって
考えをめぐらせることのできる主題である。本書で学んだ他のテーマでいえ
ば，第3章：家，第4章：老いと死，第6章：性などにも食はもちろん深く
関わっている。例えば，家庭での料理は誰がしているだろうか，お弁当は誰
がどんなふうに作っているだろう，そしてそこでは誰のどんな役割が期待さ
れているだろう。妊婦の食，母乳・ミルク，離乳食や，老人への介護食，死
者や祖先にささげる食などに注目すれば，本章で取り上げたものとはまた
違った日本の食の特色が見えてくるに違いない。また第12章の自然と環境と
の関連でいえば，日本の食料自給率はいわゆる主要国で最低の40％以下であ

るにもかかわらず，他方で年間2550万トンの食品廃棄物を出し，そのうち食べられるのに捨てられる食品ロスは世界の食料支援量の1.6倍に相当する612万トンにも及ぶという深刻な状況がある（消費者庁ウェブサイト）。食品廃棄といえば中国がイメージされるが，人口一人当たりに換算すると，実は大差はないのである。日本にはもったいない精神があるとか，日本の食は無駄を出さないとかいうイメージは，こうした実態に即せば再考を迫られよう。しかも私たちが口にするおいしくて安い食は，日本だけでなく諸外国の環境負荷のもとに成り立っているのだ。食はまさに自然から身体と命にまで直結する主題である。

　このように，多くのものを取り入れたり，また拒んだりしながらかたちづくられてきた食のあり方は，今後も様々に変わり，定着し，消え去り，再発見されるだろう。はたしてそれらのなかに日本の食の特徴を見出すことはできるだろうか。あるいは，そんなことはできないのだろうか。それを考えるために，異文化として食に目を向けてみよう。異文化といっても，どこか遠い世界のことである必要はない。まずはあなたがさっき食べたものに思いをめぐらせることから始めてみよう。ようこそ，日本の食から学ぶ文化人類学へ。

参考文献

石毛直道　2015『日本の食文化史——旧石器時代から現代まで』岩波書店。

大貫恵美子　1995『コメの人類学——日本人の自己認識』岩波書店。

岡田哲　2012『明治洋食事始め——とんかつの誕生』講談社。

奥村彪生　2016『日本料理とは何か——和食文化の源流と展開』農山漁村文化協会。

草野美保　2013「国民食になった餃子——受容と発展をめぐって」熊倉功夫編『日本の食の近未来』思文閣出版，164-205頁。

原田信男　2005『和食と日本文化——日本料理の社会史』小学館。

東四柳祥子　2019「『日本料理』の登場——明治〜昭和初期の文献から」西澤治彦編『「国民料理」の形成』ドメス出版，154-175頁。

ワトソン，J編　2003『マクドナルドはグローバルか——東アジアのファーストフード』前川啓治他訳，新曜社。

Cwiertka, K. J. 2006. *Modern Japanese Cuisine: Food, Power and National Identity*. London: Reaktion Books.

（ウェブサイト）

Art de Vivre 2016 "Les 100 plats préférés des Français" https://www.lefigaro.fr/gastronomie/2015/08/06/30005-20150806ARTFIG00147-les-100-plats-preferes-des-francais.php（2020年9月26日閲覧）

博報堂　2020「好きな料理ベスト3は何ですか？」https://seikatsusoken.jp/teiten/ranking/376.html（2021年1月8日閲覧）。

観光庁「訪日外国人消費動向調査」https://www.mlit.go.jp/kankocho/siryou/toukei/content/001345781.pdf（2021年2月27日閲覧）。

農林水産省　2013「『和食　日本人の伝統的な食文化』の内容」https://www.maff.go.jp/j/keikaku/syokubunka/ich/pdf/naiyo_washoku.pdf（2020年9月26日閲覧）。

農林水産省　2019「海外における日本食レストランの数」https://www.maff.go.jp/j/press/shokusan/service/attach/pdf/191213-1.pdf（2020年9月26日閲覧）。

お米マイスター「お米マイスター全国ネットワーク」http://www.okome-maistar.net/（2021年2月24日閲覧）。

消費者庁「食品ロスについて知る・学ぶ」https://www.caa.go.jp/policies/policy/consumer_policy/information/food_loss/education/（2021年1月7日閲覧）。

全国公正取引協議会連合会「生めん類の表示に関する公正競争規約」https://www.jfftc.org/rule_kiyaku/pdf_kiyaku_hyouji/noodles.pdf（2021年2月27日閲覧）。

●課題●

1 あなたがよく食べるものについて，それが日本で広まった経緯，現在の生産と消費のされ方，新しい展開について調べてみよう。
2 あなたが1週間で食べたものをすべて記録し，自分の食生活がどのように成り立っているか考えてみよう。
3 「和食」や「日本料理」を掲げるレストランと，他のカテゴリー，例えば中華料理や韓国料理，洋食，タイ料理やベトナム料理などの飲食店に行って，店の様子，味つけ，値段などについて比較し，それぞれの特徴を指摘してみよう。

●読書案内●

『日本の焼肉　韓国の刺身——食文化が"ナイズ"されるとき』
　　　朝倉敏夫，農山漁村文化協会，1994年
　　　韓国の食文化を長年研究してきた著者が，日本と韓国における食のローカル化を比較分析した本。日韓ワールドカップも韓流ドラマやK-popブームもまだなかった時代から食は国境を越えていた。

『築地』テオドル・ベスター，和波雅子・福岡伸一訳，木楽舎，2007年
　　　アメリカで活躍する文化人類学者が，世界最大のフィッシュマーケットとして名を馳せた築地市場をフィールドワークして記した民族誌。2018年の豊洲への移転によって，ありし日の貴重な記録ともなった。

『なぜふつうに食べられないのか——拒食と過食の文化人類学』磯野真穂，春秋社，2015年
　　　ややセンセーショナルなタイトルの学術書だが，ひろく摂食障害と呼ばれる症状を経験した6人への綿密なインタビューからは，この「病い」が「見られる性」としての女性の位置付け，親や家族との関係，世間に流布した学説など，社会と文化のあり方によって生み出されていることが明確にわかる。

犬食・鯨食

中村八重

　犬を食べる習慣は世界の各地で確認されている。韓国では，4分の1の家庭で犬を飼っているという統計があるから，こういう人たちにとって犬食など言語道断であろう。しかし，犬肉を愛好する人が存在するのも事実である。韓国で犬肉スープは補身湯と呼ばれ，古くから体を温め気を補うとされている。夏バテ予防のためや，大きな手術をした人が退院後に食べたりすることもあると聞く。

　動物を愛することと食べることは完全に違う地平だろうか。当然ながら同じ韓国のなかでも犬肉を食べる人と食べない人がいる。またペットを飼っている人でも，かわいがる犬と食べる犬とを区別することもある。ある動物を幼いころはペットのようにかわいがり，成長したのちに食用にする社会もある。動物を愛することと食べることは同時に存在しえるのである。

　しかし，犬食は動物保護団体などから猛烈に批判されている。韓国政府は，何度も犬食に関して法整備をしようとしたが，うまくいかずにいる。犬食は韓国の食文化と主張されるため禁止は難しいのが現状である。また，犬は法律上家畜でも野生動物でもないため，劣悪な環境での飼育や残酷な方法での屠殺を取り締まることができない。そこで法律で犬を家畜に指定し管理しようとすると，犬は殺して食べてよい動物と国が認めることになってしまうため，国際社会からの批判が避けられない。しかし指定しなければ，残酷な殺しを規制できず，これもまた批判されるというジレンマに陥っている。

　食文化がナショナリズムやアイデンティティの文脈に入れられるとき，違う姿が見えてくるようである。日本がIWC（国際捕鯨委員会）から脱退し商業捕鯨を再開したのが2019年のことである。しかし日本人でも一定の年齢以上でないと鯨肉に対する郷愁はなく，目立って消費は増えていないという。守りたい自国の食文化と国際協調はいかに両立できるのだろうか。犬食と鯨食を通じて考えてみてはどうだろうか。

おわりに
――教室から出る――

　この教科書を読んだみなさんは，自分たちの文化を当たり前とみなすのではなく，少し「斜め」から見る視線が獲得できたのではないだろうか。「斜め」からの視線で見ることで，それまで当たり前に見えていたものや現象を疑えるようになる。つまり，なぜそれを行っているのか，そしてなぜそのようなやり方で行っているのかと疑えるようになっていてほしい。

　この「斜め」から見る視線をもって，教室を出て様々な現場に出てみないか。「はじめに」でも述べたように，文化人類学のなかでは，このような，研究対象となる人々のところに行き，人々のなかで住み込み，話を聞き，儀式や祭りに参加しながら，自分たちが見たものや聞いたものを書き留め，それをデータとして収集する。これをフィールドワークと呼んでいる。フィールドワークは，現在様々な分野で用いられており，それは学問の世界だけではなく，企業や自治体のなかでも重要視されるようになっている調査方法である。

　教室を出て調査をやる場合には，何について行うのかテーマを決める必要がある。テーマとしては，この本でも取り上げたような，祭りや葬式，結婚式などの儀礼，親族関係や家族の現代のあり方といった典型的な文化人類学的なテーマのものから，婚活アプリを用いた男女関係のあり方，SNSを介した人間関係など，より現代的なものまで可能である。気になったことを現場では実際どうなっているのか，調べるといい。ただ，調査の最初から具体的に問題設定をしすぎない方がいいだろう。大まかな調査の方向性を決めるだけにしておいて，調査地に入ってそこから自分の興味を引いたものについて素直に調べるのがいい。

　調査を始める際にはまずその現場をじっと見てほしい。そこで人が何をしているのか，どのような会話をしているのかをじっと見て，じっと聞くこと

から始めよう。現地で行われていることには，可能ならばできるだけ参加してみる。実際に自分が体験することで気がつくこともあるからだ。そのときには，もちろん事前のコミュニケーションや相手の承諾が必要なのはいうまでもない。

そしてその内容をできるだけ早いうちにノートに書いていく。その際にはできるだけ詳しく，細かく書くのが重要だ。初めて見た風景は，同じ日本のなかであっても，みなさんにとって，今まで見たこともない「世界」かもしれない。そこで，自分の知らなかったこと，気がつかなかったことを書き留めていくことになる。しかし，その現場も何日も通うと最初に出会ったときの驚きがなくなっていき，「当たり前」になってしまう。そこで，できるだけ早くにノートに書き写しておく必要がある。

ここで，私が第11章でも紹介した「八尾国際野遊祭」を調査したときに書いたフィールドノートを紹介しよう。このときは，祭りの前日で，関係者がテント張りなどの会場設営をしているときに，私がその手伝いをしながら見聞きしたものの一部である。

約20人の人がテント張りを中心とした準備に関わる。在日コリアン，ベトナム人，日本人合わせて20人程度が参加。ベトナム人の男性，30〜40代くらいと20代，10代，1人ずつ男性。10代の女性？　今年は，若い人が多いという話が出ている。今年は半分の10人程度が10代から20代前半。

共通言語は日本語で，準備に来ている人のなかでそれで不便を感じている人はいない。

テント張りが3時前に終了。その後はトッカビの事務所で作業。若い子たちの多くは，トッカビの卒業生のようで，明日の出し物および出店の準備及び打ち合わせをしたら，多くの子は解散。それ以外の人が準備を続行。

在日の女性（50〜60代？）やはり，野遊祭の中心的人物であり，昔から関わっていそう。

日本人　女性。トッカビのスタッフか。事務的な処理をされているのか。明日は受付で一緒なので，日々の活動について聞いてみる。

このフィールドノートだけを見ても，これがどのような研究につながるのかはわからない。しかし，その後半にもあるように，観察をして少しずつ場になれるようになったら，なぜそうなっているのか，そのようなことを行っているのかなど調査地域や対象に関する疑問が生じてくる。そうしたら，関係する人に対してその疑問をぶつけてみる，つまり質問をしてみることになる。そして自分がどのような問いをしたのかとともに向こうがどのように返答をしてくれたのかも忘れる前にノートに書いておく。このように書き留めていったノートのことをフィールドノートと呼ぶが，フィールドノートが集まったら，今度はそれを整理して自分の問題関心に応じて問いをたて，自分が集めたデータに基づいてその答えを書いてみよう。調査前に考えていた問題設定にあまり捉われすぎない方がいい。現場で見て感じたことのなかから中心となる問いを見出せる方がいいだろう。こうして書かれたものが民族誌と呼ばれるものだが，みなさんが学生の場合には，ゼミの課題や卒業論文になるのかもしれない。

　実際に調査に出るときに気をつけてほしいことを書いておく。調査するうえでの留意点は，現場で教わるという姿勢である。「調べてあげる」のではなく，「教えてもらう」という態度である。調査に行くとか研究をするといった場合，何かたいそうなことをしているイメージに囚われてしまう。しかし，調査される側からすれば，変なやつが家に上がり込んで，「当たり前」のことを根掘り葉掘り聞いている，とか，この忙しいときに，仕事場にいたら邪魔だろと思いながら，相手をしてくれている場合が多い。そのようななかでは調べてあげるのではなく，教えてもらうという態度が必要だ。

　そこから集めることができた情報（データ）を見てみれば，今まで自分が当たり前だと思っていたことが，日本のなかで暮らす人々の間でも当たり前ではないことに気がつくかもしれない。そこには，この本のなかで取り上げられた地理的な違いやジェンダー，世代間の差があるかもしれない。

　さらに，日本での調査や興味だけではなく，海外で見つけることができる，文化の多様性についても目を向けてほしい。海外に目を向けることで日本とは異なる文化，例えば宗教のあり方，人間関係のあり方，食事の内容や

仕方などに出会えるだろう。そうすると日本の文化が当たり前ではなく，それ以外のあり方があることに気がつく。「はじめに」でも書いてあるように文化人類学はヨーロッパで始まった学問分野であるが，その始まりのきっかけは大航海時代やその後の植民地化の時代における異なる文化をもつ先住民との出会いであった。

　フィールドワークや文化人類学的な斜めから見る見方は，文化人類学的な研究をするためだけではなく，みなさんが今後人生を歩むなかで出会う様々な場面で役に立つと思う。「斜め」から見ることは，現在の日本社会で当たり前と考えられていることを鵜呑みにするのではなく，一歩引いて見ることを意味する。それは，今までの日本の当たり前のやり方をなぜそういうやり方をしているのか，それよりも自分や他者が生きていくうえで適切なやり方はないのか，批判的にそして創造的に捉えることができる視点である。

　2021年現在，世界中がコロナ感染に怯え，ソーシャルディスタンスを守った新たな生活様式が求められるようになった。そこでは，これまでとは異なる人とのつながり方が求められるようになってきている。さらにこのような変化は，人とのつながりにとどまらず，働き方のような経済活動や結婚や家族といった生活のあり方そのものまでにも見出せるようになるかもしれない。そのなかで，今までのあり方を理解したうえで，より現状に適したもう一つの（オルタナティブな）生き方を考える必要がある。このような自文化を相対化する手法としての文化人類学的な考え方を，身近な例から習得できることを意図したのがこの教科書である。この本をきっかけに外に出て，斜めの視点から日本さらに国境を越えて様々な地域の社会を見に行こう。

　最後に本書の出版にあたり，昭和堂の松井久見子氏には多大な御助言と御助力を賜った。編者および執筆者一同に代わって，ここに感謝の意を表したい。

　　　2021年8月1日

　　　　　　　　　　　　　　　　　　　　　渋谷　努

索　引

■**執筆者紹介**（五十音順，*編者）

飯高伸五（いいたか しんご）……………………………………………… **第2章，コラム3執筆**
高知県立大学文化学部教授。専門は文化人類学，オセアニア研究。おもな著作に *Memories of the Japanese Empire: Comparison of the Colonial and Decolonisation Experiences in Taiwan and Nan'yō Guntō*（分担執筆，Routledge, 2021），*Leisure and Death: An Anthropological Tour of Risk, Death, and Dying*（分担執筆，University Press of Colorado, 2018）など。

尾崎孝宏（おざき たかひろ）……………………………………………**コラム7，コラム12執筆**
鹿児島大学法文教育学域教授。専門は内陸アジア地域研究，文化人類学。おもな著作に『現代モンゴルの牧畜戦略——体制変動と自然災害の比較民族誌』（風響社，2019年），『東アジアで学ぶ文化人類学』（共編，昭和堂，2017年）など。

*兼城糸絵（かねしろ いとえ）…………………………………………… **第3章，第4章執筆**
鹿児島大学法文教育学域准教授。専門は文化人類学，地域研究（中国）。おもな著作に『奄美群島の歴史・文化・社会的多様性』（分担執筆，南方新社，2020年），『僑郷——華僑のふるさとをめぐる表象と実践』（分担執筆，行路社，2016年），『〈宗族〉と現代中国——その変貌と人類学的研究の現在』（分担執筆，風響社，2016年）など。

上水流久彦（かみづる ひさひこ）………………………………………**コラム9，コラム10執筆**
県立広島大学地域基盤研究機構教授。専門は文化人類学。おもな著作に『グローバリゼーションとつながりの人類学』（分担執筆，七月社，2021年），『帝国日本における越境・断絶・残像——人の移動／モノの移動』（共編，風響社，2020年）など。

川口幸大（かわぐち ゆきひろ）………………………………………**コラム1，第13章執筆**
東北大学大学院文学研究科教授。専門は文化人類学。おもな著作に『宗教性の人類学——近代の果てに，人はなにを願うのか』（共編，法蔵館，2020年），『中国の国内移動——内なる他者との邂逅』（共編，京都大学学術出版会，2020年）など。

久保田亮（くぼた りょう）………………………………………………… **コラム2執筆**
大分大学経済学部准教授。専門は文化人類学。おもな著作に「伝統ダンスを踊ることの意味——アラスカ南西部先住民の事例検討」（『大分大学経済論集』67（6），2016年），「ユピックの在来知と知的財産概念——人と伝統芸能の関係性についての事例検討」『国立民族学博物館調査報告』131，2015年）など。

*渋谷 努（しぶや つとむ）………………………… **第11章，コラム11，おわりに執筆**
中京大学教養教育研究院教授。専門は文化人類学，移民研究。おもな著作に『変貌する豊田』（分担執筆，東信堂，2020年），『ヨーロッパにおける移民第二世代の学校適応』（分担執筆，明石書店，2017年），『大学と地域社会の連携——持続可能な協働への道すじ』（編著，石風社，2016年）など。

玉城　毅（たまき たけし）……………………………………… **コラム5，第7章執筆**
奈良県立大学地域創造学部教授。専門は文化人類学。おもな著作に『グローバリゼーションとつながりの人類学』（分担執筆，七月社，2021年），「王府組織を生きた兄弟——『麻氏兄弟たち』にみる近世琉球の士の生活戦術」（『沖縄民俗研究』36，2020年）など。

＊中村八重（なかむら やえ）…………………………………… **コラム4，第6章，コラム13執筆**
韓国外国語大学日本学部教授。専門は文化人類学，韓国地域研究。おもな著作に『グローバリゼーションとつながりの人類学』（分担執筆，七月社，2021年），『帝国日本における越境・断絶・残像——人の移動』（分担執筆，風響社，2020年），『東アジアで学ぶ文化人類学』（分担執筆，昭和堂，2017年）など。

二階堂裕子（にかいどう ゆうこ）…………………………………………… **第8章執筆**
ノートルダム清心女子大学文学部教授。専門は地域社会学，都市社会学。おもな著作に『地方発　外国人住民との地域づくり——多文化共生の現場から』（共編，晃洋書房，2019年），『民族関係と地域福祉の都市社会学』（世界思想社，2007年）など。

西村一之（にしむら かずゆき）………………………………………**第5章，コラム6執筆**
日本女子大学人間社会学部教授。専門は文化人類学。おもな著作に「閩南系漢民族の漁民社会における『鬼』に関する予備的考察——『好兄弟』になる動物」（『日本女子大学人間社会学部紀要』28号，2018年），『境域の人類学——八重山・対馬にみる「越境」』（共編，風響社，2017年）など。

藤川美代子（ふじかわ みよこ）………………………………… **第9章，第12章執筆**
南山大学人文学部／人類学研究所准教授。専門は文化人類学。おもな著作に『現代民俗学考——"郷土"研究から世界常民学へ』（分担執筆，春風社，2021年），『水上に住まう——中国福建・連家船漁民の民族誌』（風響社，2017年）など。

松本尚之（まつもと ひさし）……………………………………………… **第10章執筆**
横浜国立大学大学院都市イノベーション研究院教授。専門は文化人類学。おもな著作に『移民現象の新展開』（分担執筆，岩波書店，2020年），『アフリカで学ぶ文化人類学』（共編，昭和堂，2019年）など。

＊宮岡真央子（みやおか まおこ）…………………… **はじめに，第1章，コラム8執筆**
福岡大学人文学部教授。専門は文化人類学。おもな著作に *Memories of the Japanese Empire: Comparison of the Colonial and Decolonisation Experiences in Taiwan and Nan'yo-gunto*（分担執筆，Routledge, 2021），『鳥居龍蔵の学問と世界』（分担執筆，思文閣出版，2020年），『台湾原住民の姓名と身分登録』*Senri Ethnological Reports* 147（分担執筆，国立民族学博物館，2019年）など。

日本で学ぶ文化人類学

2021 年 12 月 15 日　初版第 1 刷発行
2024 年 3 月 15 日　初版第 3 刷発行

編　者　　宮 岡 真 央 子
　　　　　渋 谷　　努
　　　　　中 村 八 重
　　　　　兼 城 糸 絵

発 行 者　杉 田 啓 三

〒 607-8494　京都市山科区日ノ岡堤谷町 3-1
発行所　株式会社　昭和堂
振替口座　01060-5-9347
TEL（075）502-7500 ／ FAX（075）502-7501
ホームページ　http://www.showado-kyoto.jp

箕曲在弘
二文字屋脩
吉田ゆか子 編

東南アジアで学ぶ文化人類学

定価2860円

上水流久彦
太田心平
尾崎孝宏
川口幸大 編

東アジアで学ぶ文化人類学

定価2420円

松本尚之
佐川徹
石田慎一郎
大石高典
橋本栄莉 編

アフリカで学ぶ文化人類学
──民族誌がひらく世界

定価2420円

梅﨑昌裕
風間計博 編

オセアニアで学ぶ人類学

定価2530円

川口幸大 著

ようこそ文化人類学へ
──異文化をフィールドワークする君たちに

定価2420円

昭和堂
（表示価格は10％税込）